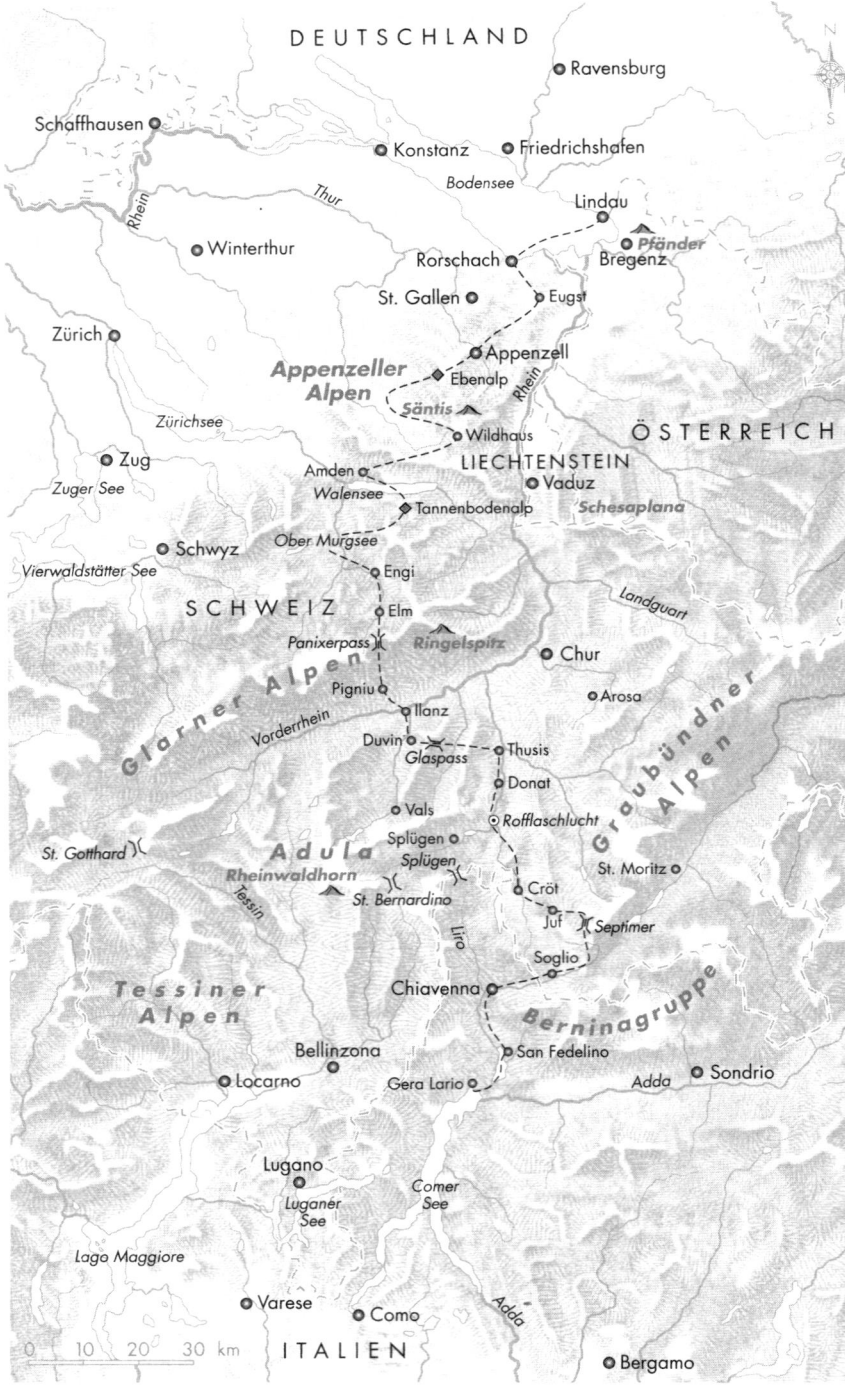

NADJA KLINGER

Über die Alpen
Eine Reise

Rowohlt · Berlin

2. Auflage September 2012
Copyright © 2010 by Rowohlt · Berlin Verlag GmbH, Berlin
Fotos © Julia Spitczok von Brisinski
Karte Peter Palm, Berlin
Satz aus der Adobe Garamond PostScript (InDesign)
bei KCS GmbH, Buchholz bei Hamburg
Druck und Bindung CPI – Clausen & Bosse, Leck
Printed in Germany
ISBN 978 3 87134 654 5

Für Markus Grieshaber,
den Drogisten von Wildhaus,
und natürlich für Heidi.

«Ach ja! Ich bin schon öfters einer begegnet. Und dös muß ich sagen, die haben mir allweil gefallen. Ich bin net gut auf d' Weiberleut z'reden. Aber wann ich merk, daß eine ihr Freud an der lieben Natur und an die Berg hat, da lupf ich mein Hütl net ungern. A bißl Grechtigkeit muß der Mensch auch bei den Weiberleut gelten lassen.»

Förster Kluibenschädl in Ludwig Ganghofer:
«Das Schweigen im Walde» (1899)

Inhalt

Wenn ich erzählte, dass ich im Sommer 2009 vom Bodensee zum Lago di Como, von Deutschland über die Alpen nach Italien gehen will, stellte man mir stets die gleiche Frage: Wie viele Kilometer, wie viele Höhenmeter? Ich wusste es nicht. Bis heute, da ich von der Reise zurück bin, weiß ich es nicht.

Ich will es auch nicht wissen.

Maßeinheiten sind der Versuch, sich eine Vorstellung zu machen. Das Gebirge zu fassen zu kriegen, und zwar auf gewohnte Weise. Maßeinheiten machen das Gebirge kleiner.

Ich habe Kraft gebraucht, um durch die Alpen zu gehen, Ausdauer und Wagemut. Der größte Aufwand jedoch bestand darin, mich auf die Alpen einzulassen. Zu fragen und nach Antworten zu suchen. Zu sehen.

Dennoch stecken in der Geschichte meiner Reise viele Zahlen. Der Mensch hat Jahrtausende gebraucht, um ins Gebirge vorzudringen. Er hat die Höhe der Berge gemessen und die Länge der Gletscher. Der Mensch hat in den Alpen Krieg geführt und unzählige Opfer verschuldet. Heute zählt er die Passagiere der Skilifte, die Übernachtungen in Hotels und Herbergen, sorgt für ein gewisses Verkehrsaufkommen und misst die Verschmutzung der Luft. Das Gebirge hat all die Zahlen nicht hervorgebracht. Es hat die Menschen nicht eingeladen, sich am Berg niederzulassen, und es hat ihnen das Leben dort nicht leicht gemacht. Das Gebirge ist einfach nur da.

Wenn ich mir etwas für die Alpen wünschen könnte, dann wäre es dies: dass der Mensch sie als die mächtige, natürliche Grenze begreift, die mitten in Europa steht und den Kontinent in Nord und Süd teilt. Dass er sich dieser Grenze respektvoll nähert. Dass er innehält und nach angemessenen Wegen sucht, ehe er sich daranmacht, sie zu überschreiten.

Erster Tag: Von Berlin nach Lindau am Bodensee

Samstag, den 15. August

Die Stadt sagt nichts. Sie döst im schmeichelnd fahlen Morgenlicht und atmet eine dieser würzigen Sommernächte aus, die Berlin so attraktiv machen. Sie hat Tauben zum Gurren einbestellt. Die Vögel sind schmutzig, grob und grau, aber sie sind mein Zuhause. Soll ich's mir anders überlegen?

Seit Monaten rüste ich zum Aufbruch. Ich habe mir vorgestellt, wie es ist, die Alpen zu überschreiten, und versucht, die Vorstellung nicht wieder zu verlieren, während ich mich mit der Route beschäftige. Ich habe mir eine Ausrüstung angeschafft, habe «korrosionsbeständige» und «ermüdungsresistente» Aluminiumwanderstöcke mit «integriertem Dämpfungssystem», mit «Neopren gefütterten Systemschlaufen» und «Vari-Flexspitze» gekauft. Mit einer Liste an Wichtigkeiten in der Tasche bin ich an den mit Farben und Stimmen gefüllten Straßencafés vorbeigegangen. Ich konnte mir problemlos vorstellen, in der Stadt zu bleiben. Gestern Abend habe ich Helm, Seil und Biwaksack in meinem Rucksack verstaut. Draußen ging ein Gewitter los. Die Straßenbäume warfen eine große Ladung Laub ab. Plötzlich war Herbst. Und mein Gepäck viel zu schwer.

Ich bin jetzt die Besitzerin einer schwarzen Daunenweste, die das Talent hat, sich im Rucksack ganz klein zu machen, am Körper jedoch riesigen Komfort zu entfalten. Bald werde ich sie nur noch «mein Wohnzimmer» nennen. Ich besitze einen Hüttenschlafsack, der in meine Hosentasche passt. Ich besitze hauchdünnes Papier, das sich in Seife verwandelt, wenn ich draufspucke. Sollte ich mich verlaufen, kann ich in meinem reißfesten roten Biwaksack übernachten, den ich so weit zuziehe, dass nur noch mein Gesicht rausguckt. Ich werde auf dem Rücken liegen, in den Himmel schauen, und wenn der Scheinwerfer des Hubschraubers mich berührt, werden auf meinem Kokon vier Buchstaben aufleuchten: HELP. Meine Retter brauchen nicht einmal zu landen. Sie müssen bloß den Biwaksack, in dem ich liege, an einem Seil befestigen, um mich zu bergen.

Lieber nicht.

Wenn die Wasserflaschen gefüllt sind, dürfte der Rucksack zwölf Kilo wiegen. Die Haustür kracht hinter mir zu. Der erste Schritt fühlt sich anders an als der zweite, der dritte, der vierte … Es geht los.

Aus der Ferne betrachtet, bestehen die Alpen aus unzähligen Höhenlinien in Braun, Schwarz und Blau, die auf den Schweizer Wanderkarten Erdboden, Geröll und Gletscher anzeigen. Die Linien krümmen sich, sind mit Zahlen versehen, halten mal mehr und mal weniger Abstand. Sie teilen einem mit, ob man einen Hang hinauf oder steil bergab muss. Die Alpen bestehen aus Felsblöcken, Moränen und Einschnitten. Es gibt Höhlen, Schlipfe und Dolinen. Es liegt einiges im Weg, und es gilt vieles zu beachten. Einschnitte spalten den Gesteinskörper mitunter sehr tief. Höhlen bieten nicht zwangsläufig Schutz. Wo ein Schlipf ist, bewegt sich die Erde. Möglicherweise. Bei Regen. Wie stark muss es regnen? Manchmal rutscht ein ganzes Dorf ab. Das Gebirge bürgt für nichts. Es bietet Erfahrungen, aber kein sicheres Geleit.

Unter den Alpweiden im Oberen Toggenburg verbergen

14

sich unzählige Dolinen. Große Löcher im Erdboden münden in trichterförmige Röhren von mehreren Metern Durchmesser, die bis zu einem halben Kilometer tief in die Erde reichen. Wenn die Bauern das Weideland von Geröll befreien, werfen sie die Steine in die Dolinen und lauschen, wie sie im Fall gegen die Bergwände schlagen. Sie hören es donnern.

Einmal passieren Heidi und ich bei Nebelwetter den Toggenburger Höhenweg. Wir gehen langsam, weichen den Dolinen aus und bleiben dicht beisammen. Aus der Ferne betrachtet, handelt es sich bei den sogenannten Donnerlöchern eben bloß um Löcher.

Warm ist es an diesem Tag, rasch geht unser Wasservorrat zur Neige, und plötzlich haben wir keinen einzigen Tropfen mehr. Die Alpen bestehen auch aus Quellen, Bächen und Flüssen. Nicht aber dort, wo Regen und Schmelzwasser über Dolinen ins Erdinnere entschwinden. Vor einiger Zeit hat man verschiedene fluoreszierende Farbstoffe in die unterirdischen Höhlengewässer im Oberen Toggenburg gekippt. Dann hat man wochen- und monatelang in den Quellen der näheren und weiteren Umgebung nach dem leuchtend bunten Wasser gesucht. Man fand es, alle Farben vermischt in einer einzigen Quelle, südlich der angrenzenden Gebirgskette. Aus der Ferne betrachtet, sind die Alpen nicht mehr als das, wozu unser Vorstellungsvermögen ausreicht.

Der ICE bremst, rollt ein Stück, bremst wieder, hält. Der Zugführer meldet einen Schaden am hinteren Triebkopf. Einer der Reisenden im Großraumwagen erhebt die Stimme. Er spricht die Worte «hinterer Triebkopf» in einem Atemzug mit dem Wort Eschede aus. In Eschede hat sich vor Jahren ein verheerendes

Zugunglück ereignet. Ein anderer Mann meint, der Triebkopf sei nicht schuld gewesen. Ein Dritter erzählt von einem ICE, der kürzlich arglos durch die Bundesrepublik gerast ist. Nahe der Stadt Offenbach signalisierten ihm die entgegenkommenden Züge, dass sein hinterer Triebkopf lichterloh brennt. Ein vierter Mann mischt sich ein. Er ist sich sicher, dass wir nichts zu befürchten haben. Unterdessen lese ich in einer Zeitschrift, dass Männer im Dunkeln besser hämmern. Frauen wiederum treffen bei Licht die Nagelköpfe mit größerer Zielsicherheit als Männer. Allerdings sei schlechte Beleuchtung heutzutage die realistische Heimwerkerbedingung.

Nach einer Stunde Bremsen, Rollen, Bremsen stehen alle ICE-Reisenden auf dem Bahnhof von Ulm. Ulm hat alle Anschlusszüge fahren lassen. Ulm hat sich auch entschieden, keine Bänke für Wartende aufzustellen. Nur Heidi und ich sind auf unerwartete Zwischenfälle eingerichtet. Wir fläzen uns auf den schmuddeligen Bahnsteig und trinken lauwarmen Prosecco aus der Dose.

Heidi ist bei mir, weil ich Ehrfurcht habe. Weil ich ins Unbekannte will. Weil vier Augen mehr sehen als zwei. Weil Alleinsein gefährlich werden kann. Sie heißt nicht wirklich so. Ihr echter Vorname hat Grazie. Aber in der spröden Natur oberhalb der Vegetationsgrenze hat er nichts verloren. Wenn ich den Namen rufe, zerrt der Wind dran, reißt ihn in Stücke und schleudert ihn an eine Felswand. Heidi hingegen ist eine robuste Buchstabenkonstruktion. Einmal ruhen wir beim Alpenüberqueren auf einem sonnigen Kamm aus. Das üble Wetter staut sich in den Schluchten unter uns, gerade haben wir uns über eine graue Wolkendecke gekämpft. «Das ist alles sehr beeindruckend», sagt Heidi, «aber es kann nicht mein Herz erweichen.» Tage später sucht sie nach einem stundenlangen, steilen Aufstieg über schlechtmarkierte Hänge zwischen riesigen Kuhfladen auf einer hohen Alp einen Platz zum Frühstücken. Sie findet einen Stein, setzt sich drauf, isst aber nicht, sondern heult plötzlich los. «Es ist ... so ... schön», schluchzt sie. Heidi ist stabil, aber auch dünnhäutig. Ein Name wie ein Berg.

Lindau hat ebenfalls einen passenden Namen. Er bedeutet «Insel, auf der Lindenbäume wachsen». Die historische Altstadt steht nicht auf dem Festland, sondern auf einer Insel im Bodensee. Kursschiffe brechen von hier ins österreichische Bregenz und nach Rorschach in die Schweiz auf. Eine prächtige Mauer aus Südtiroler Sandstein umschließt das Lindauer Hafenbecken. Die Schiffe werden durch eine enge Ausfahrt zwischen zwei steinernen Sockeln manövriert. Auf einem steht der einzige Leuchtturm von ganz Bayern, ein Seezeichen, das sein Signal in die Berge sendet. Auch der sechs Meter hohe steinerne Löwe, der auf dem anderen Sockel thront, dreht seiner Stadt den Rücken zu und blickt, auf seine riesigen Vorderpranken gestützt, hinüber ans andere Seeufer, den Nordrand der Alpen.

In der kleinen Lindauer Bahnhofshalle hängt das Gebirge in einer Vitrine. Orte, die auf unserer Wanderkarte dicht beisammen liegen, sind auf der Reliefkarte durch riesige Erhebungen voneinander getrennt. Manchmal weiß man über etwas Bescheid, aber wenn man es tatsächlich so vorfindet, erschrickt man doch.

Ein- bis zweihundert Millionen Jahre ist es her, da trieben auf der Erdkugel die Afrikanische und die Europäische Platte auseinander. Ein riesiges Meer entstand. Auf dem Boden lagerten sich Sedimente ab. Zweihundert Millionen Jahre später driftete die Afrikanische Platte wieder nach Norden zurück. Das Meer wurde gestaut und die gewaltigen Sedimentschichten zu einer Gesteinskette zusammengeschoben. Immer weiter driftete die

Afrikanische Platte, bis sie sich mit der Europäischen verkeilte. Unter dem gewaltigen Druck und der großen Hitze, die dabei entstanden, wurde das Gestein verfestigt und zusammengefaltet. Es bildet den heutigen Alpenhauptkamm. Und immer noch drückt die Afrikanische Platte, schiebt Sedimentdecken übereinander und formt die Alpen zu einem Hochgebirge, das wie Plissee auf dem Europäischen Kontinent liegt. Um es von Nord nach Süd zu überqueren, muss man in andauerndem Auf und Ab die Falten überwinden.

Im Juni 1858 kam der bayrische König Maximilian II. mit einem Tross aus Kammerdienern und 42 Pferden in Lindau an. Die Stadt begrüßte ihn mit einem Spalier von Fackelträgern, das sich vom Bahnhof über die Hafenmauer bis zum Leuchtturm und zum Löwen hinzog. Der 57-jährige Monarch mit dem gezwirbelten Oberlippenbart, unter dessen hoher Stirn sich häufig nervöser Kopfschmerz breitmachte, war viel in seinem Land unterwegs. Dieses Mal brach er zu einer Tour von Lindau nach Berchtesgaden auf, am nördlichen Alpenrand entlang, vorbei an wackeren Menschen, die ein Leben in den Bergen zu meistern hatten. Er war Politiker. Das Wohlergehen seines Volkes, Brauchtum und Tradition lagen ihm am Herzen, denn dieses Herz schlug für einen großen Plan: Er wollte die Selbständigkeit Bayerns im Deutschen Bund durchsetzen. Genau wie Politiker heute zog auch Maximilian nicht allein los. In seinem Gefolge hatte er starke Generäle, die beim Aufstieg die Führung übernehmen sollten, Gelehrte standen für kluge Gespräche zur Verfügung. Der Dichter Friedrich von Bodenstedt dokumentierte die Reise für die Öffentlichkeit.

Maximilian war aber auch ein Wandersmann. Niemand in der königlichen Reisegruppe vermochte es, die merkwürdige Gangart nachzuahmen, in der er Alpenwege passierte, ohne sich mit Matsch vollzuspritzen. Auch bei sintflutartigen Regenfällen hielt er sich an den Marschplan. In den Nächten schlief er tief und fest, selbst wenn ein Sturm das Gasthaus schüttelte. Bei Schönwetter brach der König sehr früh auf und stieg auf einen Berg. Wie heute bei Sommertouren von Kanzlerkandidaten wartete auch damals das Volk schon am Hang und schwenkte die Hüte. An den Dorfstraßen, über die der König zog, trällerten Lehrer mit ihren Schulklassen Lieder. Mitten auf dem Weg wurden Blumenbeete angelegt, sodass der Tross die Pferde umlenken musste. Wein wurde spendiert und Hutzelbrot. Was der König selbst nicht aß, hat man eingepackt und mit herzlichen Grüßen der Königin mitgegeben. Eines Abends formierten sich an einem Berg im Oberallgäu die Untertanen zu einem riesigen M. Jeder zündete eine Fackel an, dann lief der leuchtende Buchstabe auf Maximilian II. zu.

«Ich habe schon manche schöne Reise in ferne Länder gemacht, deren Eindrücke überraschender und gewaltiger auf mich gewirkt haben, aber keine, die mir so andauernd innige Befriedigung gewährt hätte wie diese durch meine heimischen Berge und Wälder, die mir samt ihren Bewohnern größtenteils von früh auf schon so gut bekannt waren, dass ich kaum etwas Neues sehen konnte», diktierte der König dem mitreisenden Dichter, «und doch ist mir diesmal alles in ganz neuem Reiz erschienen, wie ein liebes Buch, in dem man schon oft geblättert und das man nun zum ersten Mal Zeit gefunden, im Zusammenhang zu lesen und in traulicher Gesellschaft seine Gedanken darüber auszutauschen.»

Zweiter Tag: Von Lindau nach Eugst

Sonntag, den 16. August

In der hageren, grauhaarigen Dame in Wanderhose, die am frühen Sonntag als Einzige schon im Speisezimmer des Hotels sitzt, als wir es betreten, steckt ein wenig von dem tapfer tourenden Bayernkönig. Sie hebt die Kaffeetasse, als wäre Champagner drin, und jodelt uns einen Morgengruß entgegen: «Ich schlafe überall besser als zu Hause!»

Ich habe geträumt. Ich war auf einer Insel und kam nicht weg. Man wollte mir kein Schiffsticket verkaufen. Ich habe geschimpft und gefleht, aber niemand konnte mich hören. Es konnte mich auch niemand sehen. Die ganze Nacht habe ich mich verausgabt, um zu beweisen, dass ich existiere. Auch Heidi hat kaum geschlafen, weil vor ihrem Fenster im Parterre die Lindauer Inseljugend zugange war. Für heute sind 35 Grad angesagt. «Na ja, Sie beide sind ja gut beisammen», sagt die Wandersfrau.

Wegen meiner schlechten Erfahrungen in der letzten Nacht übernimmt es Heidi, im Hafen die Schiffstickets zu kaufen. Wir setzen uns ins Heck. Von der «Staten Island Ferry» kennt man es so: Die besten Plätze sind hinten, und die Passagiere fahren rückwärts durch die New Yorker Bucht, um lange genug auf die Insel Manhattan zu schauen. Auf unserem Kursschiff jedoch blicken alle in Fahrtrichtung. Der Bodensee schlägt Wellen, und die Wellen da ganz hinten, die sich nicht bewegen, das sind die Alpen. Die Insel Lindau, der Abmarsch- und Abfahrtort mit dem prächtigen Hafentor, ist schon vergessen. Nach einer guten Stunde Fahrt hockt Rorschach am Südufer.

Kanton St. Gallen, vierhundert Meter über dem Meeresspiegel, der Hafen eine einzige Kaimauer, schmucklose Schiffsanlegestellen. Wer die Stadt nicht sofort wieder über das Wasser verlässt, muss ins Gebirgsvorland, bergauf.

∧∧

Im Sommer 1884 kam Emil Jannings in Rorschach zur Welt. Er wurde Schauspieler und eroberte die Berliner Bühnen. Das Königliche Schauspielhaus feierte ihn, er gehörte zum Ensemble von Max Reinhardt am Deutschen Theater, drehte

Stumm- und Tonfilme für die UFA. Den Urlaub verbrachte er im Salzkammergut am Alpennordrand, in St. Wolfgang. Er drehte bereits in Hollywood, als er in seinem Urlaubsstammlokal einen kleinen Gag machte, aus dem eine große Geschichte wurde. Sie nimmt ein glückliches Ende, anders als Jannings' eigene Geschichte.

Das «Weiße Rössl» in St. Wolfgang, wo er sich Ende der zwanziger Jahre mit einem Berliner Revueproduzenten zum Essen traf, war Schauplatz in einem banalen Lustspiel, das seit der Jahrhundertwende aufgeführt wurde. Es handelte von den Urlaubsabenteuern eines Berliners in den Bergen. Jannings, der bald schon, 1929, im Hollywood Roosevelt Hotel den allerersten Oscar der Filmgeschichte verliehen bekommen würde, hatte in dem Stück einst eine kleine Rolle.

«Jrünen Aal mit Jurke!», brüllte er jetzt am Wolfgangsee durchs ganze Lokal.

«Führn wir nich!», rief der Kellner zurück.

Der bullige Schauspieler zeterte und polterte, betreten starrte sein Gast zur Tischplatte. Jannings schmollte. Lautstark verkündete er: «Wär' ma doch lieber nach Ahlbeck jefahrn!»

Das war peinlich, aber es war nur der Bühnendialog. Der Revueproduzent nahm ihn mit nach Hause.

Im November 1930 wurde im Großen Schauspielhaus am Berliner Gendarmenmarkt sein Singspiel uraufgeführt. Es spielt am Wolfgangsee im Talkessel unter Alpengipfeln aus Pappmaschee. Ein Wasserfall rauscht, Ziegen meckern, Sennen, Hirten, Jäger und Schützenmädels tragen Trachten, Rechtsanwälte und Fabrikanten reisen von weit her zum Urlaub an, und eines Tages taucht sogar Kaiser Franz Joseph I. auf. Es geht um Liebe und darum, ob Träume wahr werden. Es geht um Sigismund, den die Damen begehren, obwohl er doch gar nichts dafür kann, dass er so schön ist. Nur Bertolt Brechts

«Dreigroschenoper» wurde im deutschen Sprachraum häufiger aufgeführt als das Singspiel «Im weißen Rössl». Es lief auch in London, Paris, Rom und am Broadway und wurde mehrmals verfilmt.

Der Wolfgangsee und Emil Jannings' Stammlokal müssen seither die Vorstellung ausbaden, dass an einem Ort mit großartiger Naturkulisse das Glück quasi vor der Tür steht. Das Glück ist so tröstlich wie trügerisch. In den dreißiger Jahren waren den Nationalsozialisten die Alpen deutsche Heimatkulisse, Hitler regierte demonstrativ auf dem Obersalzberg bei Berchtesgaden, und die Aufführung des «Rössl» wurde verboten, weil auch jüdische Autoren beteiligt waren. Es gibt ein Foto aus dem Jahre 1938, da spaziert der NS-Propagandaminister durch St. Wolfgang. Die Menschen schauen aus den Fenstern, sie winken, Hitlergrußarme ragen ins Bild, und dicht an Joseph Goebbels' Seite schreitet sichtlich genussvoll Emil Jannings im Jankerl. Weil er in Propagandafilmen der Nazis mitgewirkt hatte, verboten ihm die Alliierten nach Kriegsende, je wieder in Deutschland aufzutreten. Er soll ein trauriger Mann gewesen sein, bevor man ihn 1950 am Wolfgangsee zu Grabe trug.

〽

Hinter Rorschach zeigt der gelbe Wegweiser auf eine Wiese. Der Weg versinkt im kniehohen Gras. Heidi war mal Pfadfinderin, im Ruhrgebiet. Sie sucht. Der Weg taucht nie wieder auf.

Wir finden andere Wege und diskutieren darüber, ob es die richtigen sind. Wir haben keine Karte – heute noch nicht. Weil das hier nur Voralpenland ist, weil wir Gewicht sparen wollten, weil, weil, weil. Im Wald liegen gefällte Bäume. Die Kabine eines Forstarbeitergefährts ist mit roten Sofatrotteln behängt, hinter der Frontscheibe stehen ein Plastiktannenbaum mit Weihnachtskugeln und ein Namensschild: *Böckli*. Heidi stülpt sich einen lustigen grünen Hut über den Kopf, ich beschäftige mich im Gehen mit meinem Rucksack, lockere die Riemen, verlagere die Last von den Schultern auf den Rücken und von dort auf die Hüften. Heidi setzt den Hut wieder ab. Dann setzt sie ihn wieder auf. Es ist unvorstellbar heiß. Zwei gelbe Wegweiser nennen den gleichen Zielort, zeigen aber in unterschiedliche Richtungen. Wir diskutieren heute öfter. Bei Heidi wird allmählich eine Tendenz erkennbar: Sie entscheidet sich immer für den Weg, der nicht bergauf geht.

Hinter Heiden, einem Dorf im Kanton Appenzell Ausserrhoden, das vierhundert Meter über dem Bodensee liegt, blicken wir zurück: Die Luft flimmert, in der Ferne glitzert das Wasser. Von dort her kommen wir zu Fuß! Wir jubeln, bis wieder ein Schild am Wegesrand steht. Es zeigt zurück. *Rorschach 2:15 h.* Wir sind schon über drei Stunden unterwegs.

Ein Mann und eine Frau, die mit Teleskopwanderstöcken auf Sonntagstour sind, führen uns bis nach Nasen. «Nassen» nennt der Mann die kleine Ansiedlung von Häusern und Kühen, obwohl gar kein Doppel-s in dem Wort ist. Eine Stunde später lernen wir, dass wir Eugst, unseren Zielort, «Eugscht» aussprechen müssen, damit die zwei Frauen, deren Hintern aus den Rabatten eines Vorgartens ragen, überhaupt aufschauen. Sie werden sich nicht einig, hinter welchem der grünen Hügel, die vor uns liegen, das «Landgasthaus Hörnli» steht, das scheinbar «Hörndli» genannt werden muss. Mit ausgestreckten Armen schlagen die Frauen Schneisen in die Luft. Sie reden in einer Sprache, die aus vielen Wörtern wie «öchst», «uffe», «egli», «udli», «igschtli» besteht. Wir verstehen sie nicht. Sie probieren einen hochdeutschen Satz: «Immer grad drauf zu.»

Immer grad drauf zu geht unsere Route durch das Appenzeller Land. Sie führt durch sumpfiges Gelände und über eingezäunte Viehweiden. Einmal ist tatsächlich eine Spur zu erkennen – erst führt sie direkt in einen Bach, dann finden wir sie wieder nicht mehr. Am Nachmittag laufen wir mitten durch den Garten eines einzeln stehenden Hauses. Leute mit Kaffeetassen kommen auf uns zugelaufen. Wir sollen nur immer drauf zugehen, sagen sie.

Abenteuer ist das Ergebnis schlechter Planung. Natursportartikelvertreiber, Leute aus der Werbebranche, Referenten von Diavorträgen, Projektmanager behaupten unermüdlich, das hätte der norwegische Polarforscher Roald Amundsen gesagt. Er war 1911 als erster Mensch am Südpol. Wer etwas Besonderes geleistet hat, darf der Nachwelt einen Spruch hinterlassen. Ich sage: Denke niemals, dass du gleich am Ziel bist!

Es kann nicht mehr weit sein bis Eugst, eine Steigung noch, da stehen Kühe auf dem Weg. Sie glotzen. Dann löst sich eine aus der Herde und rennt auf uns zu. Wir türmen durch wadentiefen Mist, krauchen mit den Rucksäcken unter einem Elektrozaun hindurch und krabbeln auf allen vieren einen Hang hinauf, bis wir eine Straße erreichen. Sie steigt in Serpentinen an. Ein Cabrio kommt angefahren, bremst und umkurvt uns weiträumig. Unsere Schritte schmatzen auf dem Asphalt, wir hinterlassen matschige Spuren.

⋀⋀

«Hat einer Erfahrung mit Mutterkühen und Wanderern?», fragt in einem Schweizer Internetforum ein Hirte, der im Sommer Kühe hüten will. Man empfiehlt ihm, die Tiere vor Touristen zu schützen. Vor Handyklingeln, Blitzlichtfotoapparaten, plärrenden Kindern. Es gibt eine Vielzahl entsprechender Warnschilder auf dem Markt. Man rät dem Mann, sich zusätzlich zwei Zeitungsartikel zu kopieren. Die Überschriften: *Wieder tödlicher Unfall mit Mutterkühen* und *Ich bangte um mein Leben.*

Viele Bauern in den Alpen halten ihr Milchvieh nicht mehr traditionell im Stall. Mutterkühe und Kälber werden im Sommer mit dem Hirten auf die Alp geschickt, denn Fleisch-, Milch- und Käsekonsumenten legen Wert auf artgerechte Tierhaltung. Auf ihren Ausflügen in die Berge erleben die Konsumenten dann, dass artgerechte Haltung Wesen hervorbringt, die sich ebenso artgerecht verhalten. Auf den Weiden stehen keine harmlosen, gemütlich wiederkäuenden Tiere, sondern scheue Rinder, die sich zuweilen wild gebärden. Einst haben sie viel Zeit mit dem Menschen im Stall verbracht. Sie wurden angesprochen und angefasst, versorgt, getrieben, gemolken. Auf der Alp brauchen sie den Menschen nicht. Er dringt in ihr Leben ein. Sie greifen ihn an, um ihre Kälber zu verteidigen.

Eines Sommers vor ein paar Jahren wurde ein erfahrener Alphirt im Safiental, durch das wir Ende des Monats kommen werden, von zwei Mutterkühen angegriffen. Sie drückten ihn zu Boden und trampelten auf ihm herum. Ehe der Hund des Hirten die Kühe wegtreiben konnte, war das Bein des Mannes vom Knöchel an zertrümmert, ein Schulterblatt und sämtliche Rippen gebrochen, die Lungen und das Brustbein gerissen. Er konnte gerade noch so viel Luft holen, um den Namen des Flurstücks, auf dem er sich befand, in sein Mobiltelefon zu sprechen. Nach drei Stunden fand ihn die Rettungsflugwacht. Er lag neben seinem treuen Hund, und im dicken Nebel ringsum brüllten die aufgebrachten Kühe.

Der Unfall war einer von vielen Unfällen mit Mutterkühen in Graubünden. Seit Jahren debattieren Hirten, Bauern und Fachleute des Kantons darüber, wie sie verhindert werden

26

können. Zunächst ging es darum, welche Fehler die Hirten machen. Ringen sie um das Vertrauen der Tiere? Lassen sie die frisch gekalbten Kühe in Ruhe und beobachten sie sie nur mit dem Feldstecher aus der Ferne? Haben sie die Papiere gründlich gelesen, auf denen der Bauer das Befinden und den Charakter jeder seiner Kühe beschreibt? Den Bauern wiederum wird vorgeworfen, dass sie sich im Winter im Stall nicht genug darum bemühen, die vernachlässigte Beziehung zur Kuh wieder zu intensivieren. Dass sie, anstatt die Tiere zu striegeln, zu kraulen und an der Schwanzkuppe zu kratzen, ihren Nebenjobs nachgehen.

Es gibt Möglichkeiten, hier und da etwas besser zu machen, und es gibt die Realität. In der Realität ist genau das Fleisch jener Rinderrasse, die auf der Alp am häufigsten aggressiv auffällt, auf dem Markt das beliebteste. In der Realität geht es um Höchstpreise und Absatztermine. Um «Bio Beef». Um möglichst viele Tiere mit möglichst wenig Aufwand, um den Produktionsfaktor Kuh, mit dem die Bauern längst nicht mehr so viel Gewinn machen wie früher. Sie verdienen nicht einmal genug Geld, um von der Alpwirtschaft leben zu können. In der Realität bekommen Schweizer Bergbauern finanzielle Unterstützung vom Bund. Die Direktzahlungen richten sich nach der Anzahl der Tiere, die jedes Jahr Anfang Mai gezählt werden. Wer am Zähltag pro Kuh auch ein Kalb auf den Berg schickt, bekommt mehr Geld. Um das zu schaffen, müssen die Jungtiere im Juli oder August des Vorjahres auf der Alp geboren werden. Auf unwegsamem Terrain sind die abkalbenden Kühe mit dem Hirten allein. Sie ziehen sich von der Herde zurück und lassen sich auch unter starken Schmerzen nicht anfassen, selbst wenn sie die Geburt allein nicht zustande bringen. Mitunter holen die Hirten Kälber aus einem Tobel oder unter Büschen hervor, weil die Mutterkühe, die sie dort zur Welt gebracht haben, nicht mehr an sie herankommen. Sind zwanzig Mutterkühe in einer Herde, machen sie mehr Arbeit als die 160 weiteren Rinder. Und dann werden die Hirten auch noch angegriffen. «Ich will meine Gesundheit nicht für die Agrarpolitik riskieren!», schreibt eine Hirtin in der Internetdiskussion, die auch Jahre nach dem Unfall im Safiental noch anhält.

⋀

Am späten Nachmittag geben uns Erwin und Walter, die Wirte vom «Hörnli», Zitronenbrause, Kaffee und ein kleines Zimmer unter der Dachschräge. Wir nehmen es in Beschlag wie jeden Schlafraum in den kommenden Wochen; wir breiten uns aus, behängen Möbel, Griffe, Vorsprünge, Fensterflügel mit unseren Sachen. Die Socken auf dem Fensterbrett dampfen.

Walter deckt einen Vierertisch am Hang neben dem Haus. Zu hören ist die Hintergrundmusik, die wir bald nur noch dann bemerken werden, wenn sie ausbleibt: Kuhglocken. Barbara setzt sich zu uns und bestellt zwei Gerichte. Dann erscheint Beat, ihr Mann. Er darf sich für eines der beiden Essen entscheiden. Er nimmt das Messer, zieht eine Linie mittendurch und schaufelt sich mit der Gabel auf die Linie zu. Dann schaut er rüber zum Teller seiner Frau.

Beat und Barbara aus Bern sind schon seit Jahrzehnten ein Paar. Sie reisen viel. Beats Gesicht ist sonnenbraun, die kurzen Haare und der gestutzte Bart sind weiß. Er sieht aus, als hätte es auf ihn geschneit. Barbaras dunkle Haare sind knabenhaft kurz. Barbara kennt den Weg, den sie morgen gehen. Barbara schaut unterwegs auf die Karte. Wahrscheinlich hat sie die Marotte mit dem Essen eingeführt. Wo immer sie einkehren, bestellen die beiden verschiedene Gerichte, verspeisen jeder die Hälfte und tauschen dann. «So lernt man viel mehr von der Welt kennen», sagt sie. Er sagt: «Es ist wichtig, mit dem Messer eine Grenze zu ziehen.» Wenn ihm ein Gericht sehr gut schmeckt, kämpft Beat an der Grenze mit der Versuchung, seiner Frau etwas wegzuessen.

Wenn der Schweizer eine Reise tut, muss er immer erst einmal über Berge. Dass es ihm die Natur nicht leicht macht wegzukommen, hat ihn scheinbar drauf gebracht, dass die Heimat von Bedeutung ist. Beat und Barbara lassen beim Reisen das eigene Land nicht aus. Sie wandern durch die Alpen, fahren Ski in Davos oder Zermatt. Ich habe noch nie einen Deutschen getroffen, der die Fensterläden und Blumenkastendekorationen aller Regionen seines Landes unterscheiden kann. Der abends durch ein Dorf kommt, stehenbleibt und lauscht, wenn alte Holzrollos an Lederriemen heruntergelassen werden. Wir gehen im Dunkeln zurück ins Haus. Weit unter uns bewegen sich Lichter. Schiffe schwimmen über den Bodensee. Wir schauen und schweigen, Beat hält Barbara im Arm.

Das «Hörnli» wurde Mitte des 19. Jahrhunderts gebaut. Eugst war eine Ansiedlung von kaum zehn Häusern, die wie Zierrat an grünen Hängen pinnten. Bis ins Jahr 1945 gab es hier keinen Strom. Man konnte das Alpenvorland überblicken, und wenn es irgendwo brannte, rief das «Hörnli» die Feuerwehr. Als Erwins Großvater es 1932 kaufte, war es ein armseliges Wirtshaus mit vier Tischen. Auf dem Tisch, der am dichtesten beim Kachelofen stand, wurden die Kinder gewickelt, wurde die Wäsche gebügelt und die Küchenarbeit verrichtet. Großmutter Frieda führte ein «Spezereilädeli» und saß oft am Webstuhl im Keller. Ihr Mann verkaufte vor der Haustür an der Straße Petrol. Abends fanden sich die bettelarmen Bauern aus dem Appenzellerland ein und versoffen ihr einziges Geld. Der Großmutter taten die Familien leid. Sie richtete ein Trinkerschuldbuch ein. Mit Heuen, Grasmähen und Mistkarrenstoßen konnten die Bauern die Zeche begleichen. Auch heute noch darf, wer knapp bei Kasse ist, für Erwin und Walter bügeln, Fenster putzen oder Zimmer aufräumen, anstatt zu zahlen.

Bis vor zwei Jahren waren der weißhaarige Erwin und der dunkelhaarige Walter, deren Frisuren sich auf die gleiche Weise aus der Stirn zurückziehen, als wären sie Vater und Sohn, Pflegefachmann und Dreher. Sie haben die niedrigen Zimmer des «Hörnli» für Öbernachte (Übernachtungen) zu kleinen Schlafgemächern ausgebaut. In der engen Küche bereitet Erwin Hörnli, die traditionellen Teigwaren, mit Feigen, Tomaten, Ghackets (Hackfleisch), Käse und Apfelmus zu. Walter umsorgt die Gäste, organisiert Lesungen, Schneeschuhwanderungen und Feschte (Feste). Was sie im Landgasthaus treiben, nennt man heutzutage Quereinstieg. Dabei ist es alles andere als das. Es ist Erwins kleine Familiengeschichte, die Geschichte des Appenzellerlandes, die große Geschichte der Alpen. Aber ins «Hörnli» kommen nicht viele Gäste, denn Eugst hat kaum Höhenmeter, und es gibt weder steile Skihänge noch Seilbahnen. Wenn Walter im Garten das Abendessen serviert hat, fährt er mit dem Auto kilometerweit in ein Altenheim, um dort als Nachtwächter Geld zu verdienen. Erwin hat ein anderes Haus im Auge. Es hat nichts mit seiner Familie zu tun, sondern steht in einer Gegend, in der es mit dem Fremdenverkehr vielleicht besser läuft. Der Mensch muss zusehen, wo er in der großen Geschichte bleibt.

Dritter Tag: Von Eugst nach Appenzell

Erwins Wegbeschreibung reicht für eine Viertelstunde. «Keine Karte», hat er gesagt, «Karten gehen Umwege, direkt zur Tür raus, immer drauf zu, gar nicht zu verfehlen, oben in der Wiese steht ein Bauernhaus.»

Es ist ein praller Sommermorgen, unverschämt grün. Wir steigen direkt vorm «Hörnli» den Hügel hinauf, Erwin steht unten und winkt, das Geschirrtuch über die Schulter geworfen, bis wir hinter der Kuppe sein Blickfeld verlassen haben. Man sollte es nicht glauben: Das Bauernhaus sehen wir nicht. Unsere Sinne wurden an Straßen, Nahverkehrsnetzen, Ampel- und Hausnummernsystemen geschärft. Dies aber ist eine Landschaft aus namenlosen Erhebungen, eine schiebt sich vor die andere, drei Schritte reichen, und man hat einen neuen Ausblick. Die Einheimischen nennen sie «chaotisches Appenzeller Hügelland». Wege gibt es, einer davon führt in den Wald, dort wuchert er zu. Dickicht, Wasser, Moor, irgendwann wissen wir, dass wir ihn nicht mehr unter den Füßen haben.

In einer vom Vieh zerstampften und zerzausten Niederung entfalten wir dann doch die Karte. An welcher Stelle in dieser Welt aus Schraffuren, Zeichen, Linien und Marschrichtungszahlen befinden wir uns? Über uns steht ein Holzhaus. Ein kastenartiges Auto fährt vor. Wir kraxeln hinauf. Das grüne Gefährt rostet. Die Reifenprofile sind mit getrocknetem Schlamm verstopft. Hunde springen vom Laderaum und toben über die Alp. «Milch?», fragt der alte Mann, der aus dem Auto steigt. Er bringt einen Plastikeimer aus der Hütte, der überschwappt,

Gläser, setzt alles auf der Kühlerhaube ab. Sein graues Haar steht dicht und ungemäht auf dem Kopf. Seine Augen liegen zwischen tiefen Falten, wie Sonnenblenden wuchern darüber die Brauen. Er hat riesige weiße Zähne, ein T-Shirt für alle Tage und seine treuen Jeans.

Gäbris, Gais, Sammelplatz, Guggerloch, Appenzell. «Jaja, die Orte gibt's.» Er nickt und schenkt uns ein. Heidi breitet die Karte auf der Kühlerhaube aus. Der Alte schert sich nicht drum und zeigt durch die flimmernde Luft nach Südwesten. Hinter runden bewaldeten Bergen des Kantons Innerrhoden zeichnet sich ein schroffes Massiv ab. Der Alpstein ist Teil der Appenzeller Alpen. Sein höchster Gipfel gilt als geographischer und geologischer Alpennordrand.

«Säntis», sagt der Alte. «Zweieinhalbtausend.» Und gleich neben dem Berg, in der Hütte auf dem Rotsteinpass, da lebe seine Tochter.

«Wo sind wir?» Heidi pocht auf die Karte.

«Milch?», fragt der Alte.

Sie lässt sich nachschenken.

Ein Zeigefinger, dessen Hautfurchen mit dem gleichen Farbton verstopft sind wie die Reifenprofile und auf dessen Kuppe nur noch der Rest eines Fingernagels lebt, rutscht über das Papier. Er zieht weite Kurven, biegt urplötzlich ab, stoppt, rutscht weiter, stoppt erneut.

«Hier», sagt der Alte.

«Danke!», sagen wir und setzen mit dem Stift ein Kreuzchen an die Stelle. Es ist der Ausgangspunkt unserer Alpenüberquerung mit Wanderkarte.

«Immer schön an die Sonnencreme denken!», sagt der Alte.

«Klar!», sagen wir, bevor wir durchs Appenzellerland irren.

Wir werden immer besser. Wir sprechen mit der Karte. Entwickeln ein Gefühl für Strecken, drehen uns an jeder Wegkreu-

zung geschickter als an der vorherigen. Merkwürdigerweise können wir die Landschaft auf der Karte kaum wiedererkennen. Nie treffen die Wege auf dem Papier im gleichen Winkel aufeinander wie in Wirklichkeit. Wir queren Straßen, die nicht eingezeichnet sind. Wir vertun Zeit, um ein Haus zu finden, das zu dem Haus auf dem Papier passt. Schließlich finden wir nichts mehr von dem, was die Karte ankündigt. Nicht den Bachlauf, nicht das ansteigende Flurstück, nicht mal die Eisenbahnlinie. Auch das Dickicht in Marschrichtung ist nicht eingezeichnet. Dahinter hellt das Land auf. Am Horizont: der Bodensee.

Heidi flucht. Dreimal hat der Alte ihr nachgeschenkt. Die Milch hat so gut geschmeckt! Sie hätte es wenigstens ahnen können: Er hat sie besoffen gemacht.

Wozu soll er wissen, wo auf der Landkarte sein Haus steht? Er hat das Wetter und die Jahreszeiten. Es gibt keinen Grund, sich geodätisch zu verorten. Ich höre noch sein Lachen. Der Wind hat es uns hinterhergetragen, als wir den Hügel mit der Hütte verließen. «Itaaalien! Hahaha! Bis Italien wollen die!»

∧\\

Die Gesteinsbarriere, die mitten in Europa steht und quer von Ost nach West verläuft, ist gut achthundert Kilometer lang. Ihr geologischer Rand besteht aus steilem Kalkmassiv. Wie eine Festungsmauer grenzt er das Gebirge vom Umland ab, lässt nur am Alpeninnenbogen beim Lago Maggiore und am Südostrand zwischen Graz und Wien eine Lücke. Die Alpen teilen den Kontinent in Nord und Süd. Sie erheben sich gen Himmel, halten die Wolken auf, den Wind, bestimmen über das Wetter in Europa, das Antlitz der Jahreszeiten. Sie fangen die Niederschläge ab, speisen die Flüsse, die zu breiten Strömen anschwellen und in alle Richtungen ins europäische Tiefland fließen. Der Hinterrhein entspringt im Rheinwaldgletscher und vereint sich mit dem Vorderrhein, der vom Gotthardmassiv kommt. Gemeinsam fließen sie in den Bodensee. Die Rhone entsteht aus dem mächtigen Rhonegletscher. Der Inn, der mit dem Donauwasser ins Schwarze Meer strömt, kommt vom Piz Lunghin beim Malojapass, von wo sich auch Flüsse ins Mittelmeer und in die Nordsee aufmachen.

Nur die Gebirgsmitte, der mächtige, bei der Alpenentstehung doppelt überformte Hauptkamm, ist noch härter als der Alpenrand. Er besteht aus kristallinem Gestein, aus Gneisen und Graniten, die sich steil aufrichten, Wasser ins Unterirdische abfließen und trockene Hochplateaus entstehen lassen. Obgleich der Mensch in dieser Gegend kaum sein kann, fasziniert sie ihn am meisten. Er misst die Gipfelhöhe und listet die 82 Viertausender auf. Er krönt den 4807 Meter hohen Montblanc zum Sieger, vergibt den zweiten Platz an die Dufourspitze, die mit einer Höhe von 4634 Metern aus dem Monte-Rosa-Massiv ragt, und den dritten an das Matterhorn mit seinen 4477 Metern. In Alpenländern, die keinen Gipfel auf dem Siegerpodest haben, krönt der Mensch die höchsten Berge: in Deutschland die Zugspitze, in Österreich den Großglockner, in Jugoslawien den Triglaw.

Auch die Naturkräfte, die in der Region des ewigen Eises und Schnees wirken, sind faszinierend. Wo der Boden dauerhaft gefroren ist und im Sommer nur oberflächlich taut, bilden sich Gletscher, mächtige Eisströme, welche die Landschaft umgestalten. Wasser, das am sonnigen Tag in die Rillen und Poren des Berges dringt, friert nachts und sprengt das Gestein. Das Geröll wird vom Gletscher abtransportiert oder bleibt als riesige gefrorene Schutthalde am Fuße der Felswände liegen. Der Mensch, den das so fasziniert, ist zugleich daran schuld, dass weltweit die Permafrostböden tauen. Dass in den Alpen ganze Bergschutthänge in Bewegung geraten.

Jenseits des Hauptkamms bis hin zum kalkigen Rand besteht das Gebirge größtenteils aus weichen Sedimenten. Flüsse haben große inneralpine Längstäler gegraben. Eiszeitliche Gletscher haben die Täler erweitert, Passübergänge ausgehoben, Terrassen geschaffen, Boden bildendes Moränenmaterial angeschleppt. Die Eiszeit hat die Alpen für den Menschen bewohnbar gemacht. Man könnte auch sagen, sie hat ihn hinterhältig angelockt. Denn genau an den Stellen, an denen er nun lebt, sind die Alpen für ihn auch besonders gefährlich.

Nach dem Ende der Eiszeit tauten die Hänge und brachen. Übersteile Talflanken entstanden. Bergstürze stauten Flüsse zu Seen. Der Mensch hat viele Namen an die vielen Gebirgsgruppen verteilt: Glarner Alpen, Berner Alpen, Walliser Alpen, Allgäuer Alpen, Rätische Alpen, Julische Alpen, Dolomiten … Er weiß, dass er es überall mit unterschiedlichen Bergen zu tun hat. Dass Nord- und Südhänge sich zuweilen so wenig ähneln, als gehörten sie nicht zu ein und demselben Berg. Dass in verschiedenen Alpenregionen auf gleicher Höhe völlig unterschiedliche Bedingungen herrschen können. Und vor allem weiß der Mensch: Wo das Gebirge locker ist, erodiert es leicht. Er forscht zielstrebig und berechnet genau. Er ersinnt Schutzmaßnahmen, verhält sich vorsichtig. Für die Alpen ist die letzte Eiszeit gerade eben erst vorbei und befindet sich immer noch auf dem Rückzug. Deshalb stürzen bis heute Berge.

Auch wenn dieses Hochgebirge nicht so aussieht: Es ist noch jung. Es ist keine feststehende Sache. Abtragung und Ablagerung dauern an, die Gebirgsbildung ist nicht beendet. Der typische Charakterzug der Alpen ist die Unstetigkeit. In einer jugendlichen Mischung aus labilen Gesteinsschichtungen, steilem Relief, hohen Niederschlägen, kurzer Vegetationszeit und ausgeprägten Temperaturextremen laufen viele Naturprozesse sprunghaft ab. Doch nur Biologen und Alpenexperten nennen das schlicht «Störungen». Andere Menschen sagen dazu «Naturkatastrophen». Für die Alpen ist es überhaupt nicht katastrophal, wenn sich Bergstürze, Muren, Hochwasser, Lawinen und Stürme ereignen. Es liegt in ihrer Natur.

Vieles ist im Gebirge nicht so, wie es scheint. Wenn der Mond einen wunderschönen Ring trägt, verschlechtert sich das Wetter; das phantastische Morgenrot zählt zu den unguten Aussichten. Die Bise weht im Sommer trocken und warm, im Winter ist sie eiskalt und feucht. Der Mistral sucht die Menschen im Süden mit der Kälte des Nordens heim. Der Alpenföhn, ein Fallwind, der als warmer Sturm fegt und riesige Wolkenballen vor sich her walzt, ist nicht nur eine meteorologische Angelegenheit. Er macht die Menschen gereizt und lustlos, verursacht Nackenschmerzen und Migräne, Gliederzerren, Muskelverspannungen, Magenbeschwerden, Herzrasen und Seitenstechen. Johann Wolfgang von Goethe soll ihn gespürt haben, als er auf seiner Reise nach Italien Ende des 18. Jahrhunderts am Alpenrand in Mittenwald aus der Kutsche stieg. Wer in der bayrischen Hauptstadt nicht unter dem Föhn leidet, gilt dort nicht als echter Münchner.

«Fühlen Sie sich beobachtet und überwacht? Verspüren Sie plötzlich ein Gefühl der dumpfen und ungezielten Wut? Haben Sie das Bedürfnis, etwas zu zerstören? Haben Sie unbestimmte Mordgedanken?», fragt der Kabarettist Jörg Maurer aus Garmisch-Partenkirchen in seinem 2009 erschienenen Alpenkrimi «Föhnlage». In dem Buch wird munter gemordet und eine Leiche nach der anderen verscharrt. Den Einfluss des Fallwindes betrachtet das Gericht als mildernden Umstand. Maurer erklärt: «Die Föhnfühligen sind eine eingeschworene Gemeinschaft, die sich auf der Straße erkennen und diese temporäre Behinderung als Sensibilisierung verstehen.»

Die Alpen sind ein mythenreiches Gebirge. Sie bieten die Kulisse für schaurige und für schöne Geschichten. Da sind die Gletscher, die sich zwanzig Zentimeter pro Tag talwärts bewegen und gleichzeitig stillstehen. Denn die Gletscherstirn, das untere Ende, schmilzt ab und speist den Gletscherbach. Eine Schneeflocke, die in der Höhe auf einen zehn Kilometer langen Eisstrom fällt, braucht über hundert Jahre, bis sie unten ankommt. Da sind die Lawinen. Abstürzende Schneemassen, gegen die der Mensch etwas auszurichten versucht, seit er die Alpen zum ersten Mal betrat. In den dreißiger Jahren des letzten Jahrhunderts hat man bei Davos in der Schweiz ein Schneelabor eingerichtet, in den Vierzigern wurde daraus das Eidgenössische Institut für Schnee- und Lawinenforschung. Auf dessen Internetseite gibt es täglich eine Lawinenprognose. Die Neigung eines Hangs, Festigkeit und Gewicht von Schnee und Eis, die Beschaffenheit des Untergrunds, das Vorkommen an Bäumen und Geröll sowie Schneefallmenge, Sonne, Windrichtung und Temperatur sind wichtige Komponenten. Mittlerweile weiß man über Lawinen gut Bescheid. Doch berechenbar sind sie nach wie vor nicht.

Schon ein Stein, der sich aus einer Felswand löst, kann den «weißen Tod» auslösen. Oder ein Tannenzapfen, der vom Baum fällt. Ein kantiger Skischwung. Ein Schrei. Der Mensch fürchtet sie alle: Locker- und Festschnee-, Trocken- und Nassschneelawinen. Am meisten graut es ihm vor der Schneestaublawine. Sie rast orkanartig zu Tal, faucht und pfeift, erzeugt einen Sog, der schon Unheil anrichtet, bevor die Opfer unter ihren Schneemassen begraben werden. Was am Ende geschieht, ergibt wieder mythische, nahezu unglaubliche Geschichten. Menschen, die in Lawinen geraten, versuchen, sich mit Schwimmbewegungen an der Oberfläche zu halten. Die Verschütteten bemühen sich, nicht in Panik zu geraten, Kräfte und Atem einzuteilen. Lawinenhunde schnüffeln am Schnee. Suchtrupps befolgen ein striktes Sprechverbot, um horchen zu können. Lange, biegsame Metallsonden werden ins Weiß gestoßen, doch nur wer nicht länger als fünfzehn Minuten und nicht tiefer als zwei Meter verschüttet liegt, hat überhaupt eine Chance, mit dem Leben davonzukommen.

Zu den Alpengeschichten gehören auch die der Pflanzen und Tiere. Wie eine Armee erobern Bäume die Berge. Laubwälder, die am Alpensüdrand von prächtigen Edelkastanien angeführt werden, schaffen es nicht allzu weit bergan und werden bald von Nadelgehölzen verstärkt. Von den Weißtannen zum Beispiel, geduldigen Bäumen mit aufrechtstehenden Zapfen, die mitunter zweihundert Jahre als kleine Gewächse im Waldschatten ausharren und sich dann ganz plötzlich, wenn der Wind ein paar Bäume umgeworfen hat und Licht einbricht, hoch aufrichten. Von Schwarzkiefern mit langen, dunkelgrünen Nadeln, die es gut in Kalkböden aushalten. Je weiter es bergan geht, desto mehr Laubgewächse lassen sich zurückfallen. Schließlich schreiten die Nadelgehölze fast allein voran, immer noch in geschlossener Front, angeführt von besonders hartnäckigen Exemplaren. Den Lärchen sieht man nicht an, dass sie zäh genug sind, um als letzte Vertreter ihrer Gattung der Waldgrenze entgegenzustreben. Im Frühling tragen sie hellgrüne Nadelkleider, die sich im Herbst ins Goldgelbe verfärben. Im Winter werfen sie die Nadeln ab und halten sich dennoch wacker in vorderster Front. Weil sie viel Licht brauchen und Nebel nur schlecht ertragen können, agieren sie vor allem auf der Alpensüdseite. Bei Meran soll ein Exemplar stehen, das 2300 Jahre alt ist.

Die knorrigen Arven hingegen, auch Zirbelkiefern genannt, haben breite, windzerzauste Kronen, die von kantigen Nadeln besetzt sind. Man sieht ihnen an, was sie sind: heldenhafte Gebirgsbäume. Sie geben alles, doch sie ergeben sich nie. Ein Vogel hilft ihnen dabei. Der Tannenhäher hat dunkle Flügel, die ihn ziemlich hoch tragen. Sein brauner Körper ist mit weißen Flecken übersät. Den ganzen Sommer und Herbst über sammelt er fettreiche Arvennüsse, vergräbt rund hunderttausend im Boden, um sich im Winter davon zu ernähren. Seine Fähigkeit, sich seine Tausende Verstecke zu merken, sichert ihm das Überleben. Doch die Natur hat ihm auch Nachlässigkeit mitgegeben. Und so wachsen aus all den Nüsschen, die er jedes Jahr unter der Erde vergisst, junge Arven.

Zwischen 1800 und 2200 Metern Höhe befindet sich die Waldgrenze. Hier bleiben die Bäume urplötzlich stehen. Nur einzelne Exemplare, die Pioniere dieser Baumarmee, schlagen sich weiter durch: als verkrüppelte Gewächse, die ihre abgestorbenen Äste wie Krallen in Richtung Gipfel recken. «Waldkampfzone» wird der schmale Streifen genannt, auf dem der Berg mit Hilfe von Wind und Wetter auch den letzten Baum von sich abschüttelt und schließlich nur noch Zwergsträucher und alpinen Rasen leben lässt. Die Föhren, bescheiden aussehende Nadelbüsche, auch Latschen genannt, harren noch eine ganze Weile an steilen Schutthängen, in Lawinen und Steinschlagbahnen aus. Dort oben, wo kaum Humus zur Verfügung steht, wo heftige Winde an den Pflanzen zerren, wo die Winter bitterkalt und die Schneedecken schwer sind, da sind die Alpengeschichten voller Wunder. Eines davon ist ein Laubstrauch. In beeindruckendem Tempo, doch ohne sich groß aufzuspielen, prescht die Grünerle mit vor und bildet noch über der Waldgrenze ausgedehnte und beinahe undurchdringliche Wälder. Wie die Föhre besteht sie aus elastischem Holz. Auch sie kann Schneemassen tragen. Doch irgendwann geben auch Föhren und Grünerlen auf. Der Berg setzt sich durch. Er gesteht jetzt nur noch wenigen Pflanzen einen Standort zu. Schließlich übergibt er Felsen, Eis und Schnee die Alleinherrschaft.

Alpenpflanzen haben es schwer, doch lassen sie sich das nicht anmerken. Vielleicht bewundert der Mensch sie deshalb so sehr: Wie sich das zarte Alpenglöckchen, an dessen dünnem Stil helllila Blüten baumeln, vor eisigem Wind schützt, indem es sich am Gletscherrand in den Schnee stellt! Wie es der Gletscherhahnenfuß auf bis über viertausend Meter schafft, wo er weiße Blüten aus der Schneedecke schiebt, die sich dann rosa färben und schließlich tiefrot leuchten! Mit welch purpurner

Blütenpracht die Alpenrose ganze Hänge ausstattet und daher nicht nur wegen ihres Rausch, Krämpfe und Herzlähmung verursachenden Pflanzensaftes den Rufnamen Almrausch verdient! Am meisten bewundert der Mensch das Edelweiß. Diese schlichte Pflanze, die sich mit ihrer starken Behaarung gegen Wasserverlust und ultraviolette Strahlung schützt, hält er für die Königin der Alpenblumen. Zahllose Männer haben sie in den vergangenen Jahrhunderten in waghalsigen Höhen vom Felsen gepflückt, um sie ihren Liebsten als Verheißung, als Symbol der heilen Welt mit nach Hause zu bringen. Dabei wächst die Blume nicht wie in Heimatfilmen auf luftigen Felsvorsprüngen, sondern auf Matten und steinigem Rasen. Der Mensch hinter dieser Brille der Bewunderung kennt seine Alpenkönigin gar nicht. Die weißen, filzigen Blätter am Ende des Stängels sind nämlich nicht die Blüten. In Wahrheit ist das Edelweiß gelb. Und es ist auch keine Alpenpflanze, sondern stammt aus Trockentälern im nördlichen Himalaja.

Auch Steinböcke und Gämsen, diese kletterfreudigen, scharfäugigen und sprungbegabten Hochalpinisten, die am unteren Ende der Schneegrenze leben, werden vom Menschen bewundert. Und da er, was er bewundert, auch besitzen will, jagt er diese Tiere. Das Gehörn, das bei Steinböcken bis zu fünfzehn Kilogramm wiegt, ist seine Trophäe. Das Gamsrückenhaar steckt er sich an seinen Hut. In den Alpen ist es wie anderswo auch: Gegen alles weiß sich die Natur zu wehren, außer gegen den Menschen.

Der Schneehase tarnt sich im Sommer mit einem graubraunen, im Winter mit weißem Fell, genau wie das Alpenschneehuhn. Er nascht in großen Höhen die Früchte der Grünerle und schlüpft unter ihr Schneedach, damit Uhu, Fuchs, Luchs und Steinadler ihn beim Fressen nicht entdecken.

Unter den Latschen sitzt die Alpenbraunelle, ein Vogel, der

gerne auf Alpenrosen schaut. Das Steinhuhn lebt auf Geröll, die Wasseramsel nistet unter Wasserfällen. Forellen tummeln sich in eiskalten Bächen und Bergseen. Der kleine Gletscherfloh hält sich ganz weit oben auf, Alpenmistkäfer lieben die Dungstellen neben den Sennhütten, Alpendohlen verzehren im Winter die Essensreste der Skifahrer, Geier fressen Aas. Adler holen sich Gamskitze, Jungfüchse, Hasen und Murmeltiere. Diese hellbraunen gedrungenen Nagetiere leben in Kolonien zusammen und stellen stets einen Wachposten auf. Wenn der seinen schrillen Warnpfiff ausstößt, verschwinden die Tiere, deren Körpertemperatur während des Winterschlafs bis auf fünf Grad absinkt, wobei ihr Herz nur noch alle zwanzig Sekunden schlägt, blitzschnell in ihren mit Heu ausgepolsterten Höhlen.

⋀⋀

Auf dem richtigen Weg zu sein ist Luxus. Und Luxus berauscht. Wir stören uns nicht mehr am Schweiß, der über unsere Gesichter läuft. An den Schuhen, die sich anfühlen, als wären sie zu klein. Luxus ist auch meine rote Gürteltasche. Sie gehört nicht zur Outdoor-Uniform, die nur aus Kleidung in Dunkelgrün und Schwarz besteht und vor allem einen Zweck erfüllen soll. Aber ist die Erfrischung der Augen mit einem schönen Farbton denn keiner? Beim Laufen schaue ich gern an mir herunter auf die rote Gürteltasche.

Luxus ist auch, wenn man nach der Wanderung abends andere Schritte machen kann als schon den ganzen Tag. Wenn man die Füße abrollt oder auch mal mit den Ballen zuerst aufsetzt. Wir beschließen, dass wir uns am heutigen Zielort andere Schuhe zulegen. Sie dürfen aber nichts wiegen. Wir müssten auch aus den verschwitzten Hosen raus. Wir müssten uns riechen können, beim Sitzen die Beine übereinanderschlagen, anstatt sie in die Welt zu grätschen. Wir müssten Röcke tragen. Ein paar Abendstunden wir selbst sein.

Von großen Hoffnungen beschleunigt, laufen wir in Appenzell ein. Im Vorgarten des «Gästehaus Koller» knien Männer und hämmern Gehwegplatten in den Rasen. Die Tür öffnet die dicke, grauhaarige Wirtin. Sie trägt eine Schürze und sagt: «Hätten Sie mir verraten, dass Sie nur eine Nacht bleiben, hätte ich Ihnen kein Zimmer gegeben.»

Die Wirtin hat einen Fehler gemacht, als sie uns gestern am Telefon nicht danach fragte. Sie hat einen zweiten Fehler begangen, als sie uns eben wissen ließ, wie sehr sie das ärgert. Jetzt begeht sie den dritten: Sie öffnet uns doch eines der vier kleinen Zimmer unter der Dachschräge, gibt sich warmherzig, nachdem sie uns, ohne zu zögern, ihre Kaltherzigkeit offenbart hat. Sie denkt, dass wir ihr das abnehmen. Das ist der vierte Fehler. Und der fünfte ist, dass sie all diese Fehler begeht, obwohl wir hier in Appenzell sind.

Das Dorf Appenzell ist Hauptort des Kantons Appenzell Innerrhoden. Zusammen mit Appenzell Außerrhoden – bis ins Jahr 1597 bildeten die beiden Kantone einen gemeinsamen – spricht man vom Appenzellerland. Das Appenzellerland war einst ein gefragter Kurort: Kranke wurden in Ziegenmilch- und Molkebäder getaucht, und man ließ sie ammoniakhaltigen Stallgeruch einatmen. Das sollte die Schwindsucht heilen. Hat es vielleicht sogar. Möglicherweise war Appenzell auch ein gutfunktionierender Schwindel. «Das Äußere der Häuser (…) ist so gepflegt, dass ich einen Maler herausfordern möchte, mit dem Pinsel die Perfektion zu übertreffen, von der diese ländliche Bauweise bis ins kleinste Detail geprägt ist. Ich habe in verschiedenen Teilen der Schweiz (…) Reichtum und Pracht gesehen, aber nirgendwo einen so feinen und so weit gediehenen Sinn für Sauberkeit wie in Appenzell», schrieb ein Archäologieprofessor aus Frankreich, der 1822 zur Erholung in der Ortschaft Gais weilte, in einem Brief. «Von der Schwelle der Häuser, die jeden Tag mit klarem Wasser abgewaschen werden, bis hin zur glänzenden Spitze der Blitzableiter (…) und wenn man die Liebe, die der Mensch seinem Zuhause entgegenbringt, an der Sorgfalt messen soll, die er dafür verwendet, es zu verschönern, so sind die Appenzeller unbestritten das glücklichste Volk auf Erden, wie sie vielleicht das freieste sind.» Im März 1990 wurde in Innerrhoden das Frauenstimmrecht eingeführt. Unter Zwang. Die Frauen des Kantons hatten einen Gerichtsbeschluss erwirkt. Er wurde gegen den Willen und unter Protest der Männer umgesetzt.

Seit 1886 brauen die Appenzeller Bier. Er wird «in einer intakten Kultur und Landschaft geboren». Wie die Werbeplakate sind auch die Flaschenetiketten wie von Kinderhand bunt bemalt. Im perfekten grünen Hügelland sitzen Frauen und Männer einvernehmlich beisammen und trinken, hinter ihnen erhebt sich das helle Alpsteinrelief mit dem Säntis. Die Biersorten heißen «Quöllfrisch», «Naturperle», «Hanfblüte», «Vollmondbier», «Holzfass-Bier», «Köhler-Bier», «Säntis-Kristall». Sie stehen alle nebeneinander in den Dorfschaufenstern. Wie ein Aufmarsch. Ein Eroberungsfeldzug um die Liebreize der Alpen.

Dann haben die Appenzeller noch den Käse. Heute Morgen in Eugst stand er auf dem Tisch, und auch an den kommenden Tagen wird man ihn uns zum Frühstück reichen. Selten in Scheiben, oft in großen Stücken. Meist liegt auf dem Teller ein einziger Klotz. Der Käse ist sehr aromatisch, und sein Geschmack wird schnell unerträglich. Bald werden wir uns auf jedem Massiv, das wir in Richtung Süden überschreiten, wünschen, dass es dahinter endlich keinen Appenzeller mehr gibt.

Der Käse ist einfach ehrlich. Anders als die Wirtin. Es ist ein Käse für einen, höchstens zwei Tage.

Appenzell leidet unter den Alpen. Man hat dem Gebirge hier einen Vorgeschmack abgerungen, aber mit den Bergen geht es erst im äußersten Süden des Kantons richtig los. Kaum steht man auf dem höchsten Gipfel der Appenzeller Alpen, befindet man sich auch schon auf der Grenze zu St. Gallen. Wer im Kantonshauptort eintrifft, macht nur Rast und will gleich weiter. Appenzell ist ein Ausblick, ein bisschen Aufstieg, aber noch keine Entbehrung. Das Dorf will sich den Touristen öffnen und ist doch dermaßen frustriert, dass es die Gäste mies behandelt oder gar erpresst. So wie es Beat und Barbara passiert. Sie klingeln an der Tür einer anderen Herberge. Man bietet ihnen ein sehr teures Zimmer an, das man für wesentlich weniger Geld hergeben würde, aber nur, wenn sie mindestens drei Nächte bleiben. Die zwei wollen nicht nach Italien, bloß ein paar Tage wandern. Also lassen sie sich auf das Angebot ein.

Jetzt sitzen sie im Gastgarten in der Dorfmitte und winken. Luxus ist auch: Gesichtssalbe aus einem Probepäckchen, kameradschaftlich geteilt. Wir duften. Luxus ist Heidis abendliche Garderobe. Sie trägt die lange schwarze Wanderunterhose, darüber ihr beige und braun gemustertes Nachthemd. Ich habe mir einen Schal in einem kräftigen Blau gekauft. Die Verkäuferin im Trachtenladen am Markt beendete ihr recht privates Telefongespräch und legte ihn mir um.

«Er ist wie für Ihren Hals gemacht.»

«Ich werde es aber um die Hüften tragen», antwortete ich.

«Hüften!», erwiderte sie. «Noch besser!»

Luxus sind vor allem unsere Schuhe. Wir haben sie in einer Appenzeller Drogerie gefunden. Sie wiegen fast nichts. Sie sind eigentlich Hausschuhe. «Sitdr gsi ga kömerle?» (Seid ihr einkaufen gewesen?), ruft Barbara. «Habt ihr Lust, noch einmal mit uns zu speisen?»

Wir laufen über den Kiesboden des Gastgartens wie auf rohen Eiern, aber es ist schön, die Steinchen unter den Sohlen zu spüren. Weil seine Frau heute nur einen Salat bestellt hat, muss Beat, nachdem er die Grenzlinie in seiner warmen Mahlzeit erreicht hat, die Vorspeise nach der Hauptspeise essen. Im Biergarten wird es dunkel und angenehm kühl. Wir klackern die Bierflaschen aneinander.

«I ha di gärn, sagen die Schweizer, wenn sie jemanden mögen», sagt Barbara.

«Was muss ich einem Schweizer, den ich mag, antworten?»

«I ha di o gärn.»

Das notiere ich mir. Weil wir Wanderer sind, brechen wir vor Mitternacht in die Betten auf.

«Süsch no Frage? Nume zue.» (Hast du noch 'ne Frage? Keine Scheu.)

Der Kantonshauptort schlummert im Mondlicht. Unsere Hausschuhe passieren geräuschlos die leeren Gassen. Beat und Barbara in den Gastgarten zu setzen, ausgerechnet wenn wir vorbeikommen, das war eine Überraschung. Typisch Appenzell. Es hat eigentlich keine Chance, aber es ergreift sie – und kommt damit äußerst gut durch.

Vierter Tag: **Von Appenzell auf die Ebenalp**

Dienstag, den 18. August

Ich sitze auf der Bettkante unter der holzgetäfelten Dachschräge des «Gästehaus Koller» und begehe nun selbst einen Fehler. Er wird uns einen Marschtag kosten und einen weiteren Tag verderben. Zwar ist Heidi am Fehlermachen beteiligt; meine Füße sind auf dieser Reise auch ihre Füße, ich entscheide nicht allein, was ich mit ihnen anstelle. Aber geteiltes Leid ist eben nicht halbes Leid. Heidis Teil hat einen Sinn. Sie nimmt ihn mir ab. Meiner ist einfach nur da. Sinnlos, schmerzvoll und störend.

Gestern Abend habe ich die Blasen an meinen Fersen aufgestochen und die Flüssigkeit herausgedrückt. Die Haut ist wieder trocken, sie sieht eigentlich gut aus. Soll ich die Füße wie gehabt mit Hirschtalg eincremen, die dicken Socken drüberziehen und in die Schuhe steigen? Für heute sind wieder 34 Grad vorausgesagt. Wir werden viele Stunden unterwegs sein, mehrmals auf- und absteigen, den Alpstein erklimmen. Wir haben keine Ahnung, was das bedeutet. Wir sind unsicher. Vielleicht entscheiden wir uns deshalb für das Blasenpflaster, für eine Verheißung der Industrie, der wir zu Hause, auf sicherem Terrain, gekonnt misstraut hätten.

Das Dorf Weissbad ist einige Kilometer entfernt. Ich spüre den Polstern aus Pflastern und Strümpfen in meinen Schuhen nach. Den Schwachstellen. Das baut nicht gerade auf. Sie brennen. Wir laufen am Schwendibach entlang, durch Höfe und über Weiden. Hier und da werden Wiesen gemäht und die Tretspuren, an denen wir den Wanderweg erkennen, mit der

Sense beseitigt. Wir machen uns nicht unbedingt beliebt, indem wir zum Gruß stets «Hallo!» rufen. Ich weiß nicht, wie es
Heidi geht, aber ich kriege das «Grüezi» nicht über die Lippen.
Es klingt bei mir nicht, als würde ich die Sprache des Gast-
gebers sprechen, sondern als würde ich mich lustig machen.
Dialekte und Mundarten sind etwas Intimes. Man kann sie
sich nicht einfach nehmen. Sie schleifen sich ein.

Ich sitze auf einer knallroten Bank, die in der Wiese steht,
meine Füße ruhen für ein paar Minuten aus. Wir sind jetzt
am Alpstein. Rechts und links von uns stehen Bergwände. Ein
Längstal steigt sanft an bis zur Seealp mit dem Seealpsee. Er

liegt auf 1141 Metern, ist kalt und tief. Wenn ein Vogel das Wasser berührt, zittern die Berge, die sich in seiner Oberfläche spiegeln. Hinter der Seealp ist das Tal zu Ende. Man kann steil hinaufklettern oder umkehren. Die Siedlung Wasserauen liegt vor uns, am Rande des Tals. Sie besteht aus wenigen Höfen und einem Bahnhof. Es ist die Endstation, die roten Züge der Appenzeller Bahn kehren hier um. Es gibt einen Parkplatz, denn auch mit der Straße ist in Wasserauen Schluss.

Wann ist Schluss mit dem Schmerz in meinen Schuhen? Können der Schweiß und der Matsch, der sich dort angesammelt hat, das Feuer löschen? Zähne zusammenbeißen und durch. Etwas Gescheiteres fällt mir nicht ein. Der Satz ist wie Holz, das auf dem offenen Meer treibt. Ich baue mir ein Schiff draus. *Ob Sturm, ob Föhn, das Appenzellerland ist immer schön*, steht auf einem Schild, das an die rote Bank genagelt ist.

Der Weg zum See führt steil bergauf und in der Höhe an der südöstlichen Talseite entlang. Zum Ufer fällt er wieder ab. Das «Berggasthaus Seealpsee» wurde im Winter 1953/54 von einer Lawine heimgesucht. Neben dem Tresen hängen Fotografien – sie sind weiß. Menschen machen sich im Schnee zu schaffen, schaufeln einzelne Stücke frei, auf jedem Foto sind es ein paar mehr Teile, bis erkennbar wird, dass daraus mit viel Eifer wieder ein Haus entstehen könnte. Heidi und ich trinken im Garten am Ufer Ghürotne, ein Gemisch aus trübem Apfelwein und Apfelsaft. Der Käse auf unseren Tellern ist Appenzeller. Die Sonne saugt an unseren schweißnassen Kleidern, die Bergwände dämpfen die Stimmen. Wir sitzen wie in einem riesigen Wohnzimmer, abgeschottet von der Welt.

Mit einem Mal kommt Wind auf. Gleich einer Rakete aus der Rampe hebt der Sonnenschirm, der geschlossen an unserem Tisch steht, nach oben ab. In der Luft dreht er sich, schießt mit der Spitze nach unten in den Gastgarten zurück und verfehlt knapp die Gäste am Nachbartisch. Alles sitzt starr vor Schreck. Niemand hat etwas unternommen. Schlimmer noch: Alle haben wir nur laut aufgeschrien.

Am Nachmittag steigen wir zum zweiten Mal auf. Die Ebenalp liegt 1644 Meter hoch auf der nordwestlichen Talseite. Zähne zusammenbeißen und durch. Schmerz ist eine Wahrnehmung, keine Tatsache. Ich muss nicht an ihn glauben. Widme ich mich meinen Fersen, machen mir die Gliederschmerzen und der trockene Atem nicht so sehr zu schaffen. Ertrage ich hingegen die Aufstiegsbeschwerden, habe ich keine Fußprobleme mehr.

Der Pfad ist zuweilen von riesigen Baumwurzeln überzogen. Glücklicherweise sind wir Tiere, die Wanderstöcke unsere Vorderbeine. An baumlosen Abschnitten ist der Weg steinig und so schmal, dass zwei Wanderschuhe gerade nebeneinanderpassen. Rechts neben den Schuhen geht es steil bergab, aber der Südsonnenhang sieht freundlich aus, die Gräser stehen hoch, und auf vielen Stielen schaukeln kräftige Blüten. Da steht im Gestrüpp plötzlich ein Holzkreuz. Wir halten an. *Markus Leiber 1969–2009.* Dann starren wir in die Tiefe. «Der muss gesprungen sein», sagt Heidi.

Jedes Jahr kommen beim Bergwandern in den Alpen mehr Menschen ums Leben als beim Klettern. Das liegt einerseits daran, dass mehr Menschen wandern als klettern. Andererseits brechen viele zu Fuß auf, die das lieber nicht tun sollten. Die nicht wirklich etwas über den Berg wissen und zu wenig über sich selbst. Seit 1952 beobachtet der Deutsche Alpenverein (DAV), wie seine Mitglieder durchs Gebirge kommen. Über die Hälfte all derer, die in der Bergunfallstatistik erwähnt werden, sind gestolpert, umgeknickt oder ausgerutscht. Es mangelte ihnen an Trittsicherheit und Kondition, sie litten unter Muskelschwäche und Gleichgewichtsstörungen. Ein Fünftel aller Unfallopfer bekommt unterwegs körperliche Probleme. Herz und Kreislauf machen nicht mehr mit, Erschöpfung wirft sie einfach um. Bei einem Drittel aller tödlichen Bergunfälle, die der DAV im Sommer 2005 auflistete, haben die Herzen von Männern zwischen vierzig und sechzig versagt.

Ein weiteres Fünftel der Unfallopfer sind Wanderer, die einer sogenannten Blockierung aufsitzen. Dieses Fünftel ist wie das Holzkreuz am Wegrand: der Beweis dafür, dass selbst Menschen, die sich mit dem Gebirge vertraut gemacht haben, in den Alpen nicht sicher sind. Kräfte erschöpfen sich, das Wetter schlägt abrupt um. Die Wanderer kommen vom Weg ab, treten den Abstieg zu spät an, und mit einem Schlag ist es dunkel. Sie sehen keine Möglichkeit mehr, sich selbst aus ihrer misslichen Lage zu befreien. Sie sind nicht mehr die Menschen, die sie jenseits des Gebirges waren. In der Statistik des Schweizer Alpen-Clubs (SAC) sind Blockierungen sogar die häufigste Unfallursache. Sie sind schwerer zu ertragen als die Angst vorm Versagen. In solch einer Situation schwimmt kein Holz auf dem offenen Meer, es gibt nur noch das Handy, aber selten findet es ein Netz.

Auf den rot-weiß markierten Schweizer Bergwegen kann ein Stolpern schon zum Absturz führen, warnt der SAC. Im Jahr 2008 haben Schweizer Rettungshubschrauber 2277 Menschen geborgen. Hartnäckig hält sich das Gerücht, einige der Wanderer telefonieren nur, um eine bequeme Abstiegshilfe zu bekommen. Doch die Bergwelt ist anders. Öfter, als man denkt, ist sie das Gegenteil von Zähne zusammenbeißen und durch. Auch den Versuch, sich selbst zu retten, bezahlen viele Menschen mit dem Leben.

Markus Leiber liebte die Bergwelt. Es gefiel ihm, aus eigener Kraft nach oben zu gelangen. Ein Ziel zu erreichen. Er kam aus Deutschland angereist, wanderte allein, das inspirierte ihn. Oft hatte er einen Notizblock dabei. Vielleicht fiel ihm beim Wandern auf, dass sich im Autohaus seiner Eltern in Trossingen in Baden-Württemberg die Geschäfte wie ein Marsch durch ein Gebirge gestalteten. Es gab öde Wegstrecken, überwältigende Momente, viel Auf und Ab. Vielleicht wurde ihm in Anwesenheit der Berge gewahr, was der Mensch ausrichten kann, wenn er einen Willen hat und ein Motiv. Die Berge jedoch haben auch dafür gesorgt, dass, wer heute im Internet nach Leiber sucht, eine Todesanzeige findet und ein paar Artikel aus der Lokalpresse.

Er war Wirtschaftsingenieur. Ein Analytiker, der herausfand, wie eine Sache am besten funktioniert. Als er im Autohaus die Geschäfte übernahm, kümmerte er sich vor allem um die Motivation der Mitarbeiter. Er suchte nach den Stärken der Kollegen und danach, wie er sie zum Einsatz bringen konnte. Kurze, dunkle Haare standen senkrecht auf seiner hohen Stirn wie die Borsten auf einem Igel. Er war schlank und fit. Er soll ein Perfektionist gewesen sein, eigensinnig. Er wollte auf Terrain, das noch niemand betreten hatte, Spuren hinterlassen. Er gründete eine Talentschmiede, eine Stiftung, die zu seiner Philosophie passte: *einfach natürlich erfolgreich*. Er lachte viel. Breit und mit geschlossenem Mund. Seine vom Bergwetter gefärbten Wangen bauschten sich dann wie Kissen auf.

Zu Jahresbeginn 2009 wollte er einen Workshop leiten. Er brauchte Ideen und ging am Neujahrstag wandern. Er muss Heidi und mir quasi entgegengekommen, von oben hinunter zum Seealpsee unterwegs gewesen sein. Schnee bedeckte den Hang, aber Markus Leiber wusste, wo der schmale Pfad entlangführte, denn er war auf ihm zur Sommerzeit mehrmals gegangen. Was er nicht wusste: Unterm Schnee war der Boden vereist. Drei Tage nach ihm kam wieder ein Wanderer daher. Rutschte ebenfalls aus, stürzte ab, überlebte. Schleppte sich verletzt ins Tal und stieß dabei auf eine männliche Leiche. Im Notizblock, der sich bei dem Toten befand, standen schon ein paar Stichworte.

⋀⟍

Die Ebenalp ist baumlos, ein mit Gras und Steinen bedecktes Plateau. Wie auf einer riesigen Tischplatte kann man bis ganz nach vorn an den Rand treten, dort geht es steil runter. Nur neben dem Berggasthaus schützt ein Geländer vor dem Absturz. Aber nicht jeden. *Aussichtsplattform für die Kunden der Ebenalp* steht auf einem Schild, *Besten Dank fürs Konsumieren.*

Ich habe keine Zeit zu verschwenden. Die Dusche gibt dreimal zwanzig Sekunden heißes Wasser frei. Heute Morgen haben die Pflaster noch die ganzen Fersen bedeckt. Unter feuchtwarmen Bedingungen sind sie mit meiner Haut eine Art chemische Verbindung eingegangen. Durch anhaltende Reibung haben sie sich dann gelöst und kleben nun nur noch stellenweise. Ich muss ziehen. Das sind die ersten zwanzig Sekunden. Wenn man den Sticker mit der Aufschrift *Bestseller* von einem Buch entfernt, geht auch immer etwas vom Schutzumschlag mit drauf. Die zweiten zwanzig Sekunden. Das Pflaster hat sich gleich mit mehreren Hautschichten zusammengetan. Es entstehen Krater. Die dritten zwanzig Sekunden. Heißes Duschwasser rinnt nun mal von oben nach unten, da kann man nichts machen. Es spült die Seife über die blutjunge Haut. Schluss. Meine Füße sehen aus, als hätte ich sie in Säure getaucht. Die Blasen sind weg. Die Fersen auch.

Das Matratzenlager am Ende des Flures bewohnen wir allein. Ich breite die Erste-Hilfe-Ausrüstung auf dem Fußboden aus. Desinfiziere, entferne herabhängende Hautfetzen mit der Verbandsschere, schiebe mit der Zeckenzange den Eiter unter den verbliebenen Hautschichten hervor, desinfiziere erneut. «Drauf pinkeln!», rät meine Mutter per SMS. Vorm Haus weht Wind. Bis morgen früh müssen die Wunden getrocknet sein. Wir trinken Trester, einen klaren Schnaps, der aus Stängeln, Schalen und Kernen, den vergorenen Rückständen der Weinmaische, destilliert wird, und reden lieber nicht von morgen.

Am Westrand des Plateaus, dort, wo die Sonne untergeht, stehen ein paar Männer. Sie stellen große Rucksäcke ab, belegen die Alpwiese mit bunten Stoffbahnen, an denen sie herumzupfen, und mit Leinen, die sie akribisch sortieren. Dann steigen sie in die Rucksäcke. Ein jeder schnürt und ruckelt. Dann läuft einer nach dem anderen los. Rückwärts, mit dem Rücken zum Wind in Richtung Abgrund. Der bunte Stoff zuckt, bäumt sich auf, formt sich zu einem riesigen Flügel. Die Männer ziehen an den Seilen, reißen den Stoff zurück, beschleunigen den Rückwärtslauf, sind nur noch ein paar Meter vom Abgrund entfernt, drehen sich sekundenschnell um, lassen sich fallen, darauf vertrauend, dass der Gleitschirm über ihnen in der Luft hängt.

Wie auf einer Riesenrutsche rauschen sie von der Ebenalp zu Tal. Sie hängen frei im Wind, an nichts als einer technischen Erfindung, an der Qualität des Materials, an einer guten Unfallversicherung. Manche Jäger in den Alpen sagen, dass das Rot- und Steinwild die Gleitschirmflieger im Gebirge für Greifvögel hält und die Flucht ergreift. Die Alpenvögel wiederum sind unerschrocken. Sie geben den Männern mit den bunten Stoffflügeln mitunter weithin vernehmliche Zeichen. Sie fordern sie auf, ihnen in den Aufwind zu folgen.

Mittwoch, den 19. August

«Es hat Föhn», sagt die Wirtin, als sie uns den Kaffee bringt. Wir löffeln aus einem Krug geschäumte Milch hinein. Himmel vorm Fenster. Die gleiche Sonne wie gestern. Am Horizont hat es eine sogenannte Föhnmauer aus Wolken. Es hat ein sogenanntes Föhnfenster aus kräftigem Blau. Demzufolge hat es, das prophezeien diese Phänomene, auf der Ebenalp noch etwa einen Tag warmen, stürmischen Wind, bis das Tiefdruckgebiet aus dem Westen heran ist. Habe ich deshalb so schlecht geschlafen in der dünnen Schlafsackhaut auf der bloßen Matratze, die schon einige Bergwanderer durchgeschwitzt haben? «Es hat», sagt die Wirtin, «spätestens morgen Gewitter.»

Es hat aber keine Möglichkeit, angemessen auf das Wetter zu reagieren. Wir müssten schnellstens über den Kammweg, der vorm Säntis die Biege zum Rotsteinpass macht. Doch wenn ich nicht zum Himmel, sondern unter den Tisch schaue, dann hat es da auch noch meine Fersen. Sie sind mit Mull gepolstert und fest in die Schuhe geschnürt. Probeschritte um den Tisch, langsam, ganz langsam. Ich habe mir vorgenommen, mich zu quälen. Heidi hat Schmerztabletten. Sie sagt: «Du kannst heute nicht weitergehen.»

Wir haben damit gerechnet, irgendwann in die Situation zu geraten, die man üblicherweise Rückstand nennt. Wir haben uns gesagt, es gibt eben widrige Umstände. Nur habe ich nicht damit gerechnet, der widrige Umstand höchstselbst zu sein. Ein Dilemma.

Heidi macht gute Laune. Sie wandelt übers sonnige Plateau,

amüsiert sich über die Fliege, die genau auf dem Weg, den wir heute nehmen wollten, über die Wanderkarte krabbelt, holt Zettel mit Telefonnummern hervor, die ihr der Föhnwind aus der Hand reißt, sortiert, lässt Ghürotne vors Haus kommen, klemmt die Zettel unter der Flasche fest, ruft in der Rotsteinpasshütte an, damit sie uns dort heute Abend nicht vermissen. Geteiltes Leid. Sie sagt: «Wir haben Blasen.»

«Aber morgen hat's Gewitter», antwortet man ihr am Telefon.

«Mist», sagt Heidi, «das meinen sie bei uns hier auch.»

In der Küche legt die Wirtin den Hörer ab, zeigt durchs

Fenster nach draußen, schüttelt den Kopf und sagt zu ihrem Mann: «Das verstehe ich nicht. Haben angerufen, dass sie erst morgen kommen, dabei sitzen sie auf der Terrasse.»

Jahrtausendelang waren die Alpen für die Europäer das Ende der Welt. Ehrfurchtsvoll lebten die Menschen nördlich und südlich in sicherem Abstand, das Gebirge im Blick. Mehrmals am Tag wechselte es das Antlitz. Die Berge griffen in den Himmel, rissen an den Wolken, versteckten die Sonne. Sie hielten sich aufrecht im Gewitter, warfen mit Eis und Steinen. Schütteten Wasser in die Ebene, ließen riesige Schatten übers Land wandern. Sie standen nicht einfach so in der Welt. Sie waren zürnendes, donnerndes, blitzendes Gestein. Auf ihren Gipfeln lebten Götter und Dämonen. Oben auf den Bergen, da war man sich einig, konnte man direkt ins Antlitz Gottes sehen.

Wer sich dichter ans Gebirge heran- und schließlich hineinwagte, berichtete von Riesen und Drachen, die all denen auflauerten, die sich auf schmale Wege entlang der Schluchten wagten. Die Menschen sangen gegen ihre Angst an. Sie erfanden Zaubersprüche und Rituale, brachten den Bergen Opfer. Sie erzählten von Eisspalten und Höhlen, von wildem Wasser und Geröllströmen, von Bergkristallen, Zacken und Spitzen. Vom König Watzmann, der weder Liebe noch Erbarmen empfinden konnte. Der ein furchtbares Weib und furchtbare Kinder hatte, Knechte und blutrünstige Hunde, mit denen er durch die Wälder südöstlich von Salzburg tobte, das Wild verfolgte und die Saat vernichtete. In den Geschichten der Menschen hausten die Schrecken des Gebirges, zugleich verbarg sich in ihnen die Hoffnung, dass die Geduld, die Gott mit den Gewalten hat, irgendwann erschöpft ist.

Eines Tages begegneten der finstere König und sein Gefolge auf der Trift am Waldrand einer Hirtenfamilie mit ihrem Baby und töteten sie. Da erhob sich ein dumpfes Brausen. Es donnerte und heulte, und die Tyrannen erfroren zu eisigem Gestein. Von nun an standen sie starr bei Berchtesgaden: der riesige Watzmann, ein Berg mit einer 2719 Meter hohen Zacke, das harte Weib als kleinere Zacke, die versteinerten Kinder. Er war immer noch mächtig, der König, doch sandte er nun wie jeder Berg das Wasser, das die Brunnen füllte und die Quellen speiste, das die Mühlen antrieb und das Vieh tränkte, den Menschen den Wein schenkte.

Immer weiter näherten sich die Menschen dem Gebirge. Sie verteilten Orts- und Flurnamen und benannten Gipfel. «Hat man Sinn für die kindliche Kühnheit, die es über sich bringt, ungeheuerlichste Auftürmungen von Stein und Eis ‹Jungfrau› zu nennen, ‹Mönch›, ‹Eiger›, ‹Pilatus›, ‹Ortler›?», fragte der Schriftsteller Arnold Zweig in seiner «Dialektik der Alpen», einem großen Essay, in dem er zwischen 1939 und 1941 den Einfluss der Landschaft auf Geschichte und Charakter dieses europäischen Kulturraumes beschrieb. Anstatt immer nur geheimnisvolle Geschichten zu erzählen, schufen die Menschen in den Bergen die Fakten. In Schönegg und Schönbichl, das war jetzt am Ortsnamen zu erkennen, konnten sie schön mit der Natur leben.

Wenn die Bewohner des italienischen Flachlandes von Süden her auf die Westalpen blickten, sahen sie eine riesige, schneebedeckte Gesteinsanhäufung. Sie nannten sie Monte Rosa. Die einzelnen Gipfel des Massivs jedoch sind fast alle nicht italienisch, sondern deutsch benannt. Sie bekamen ihre Namen von den deutschsprechenden Walsern. Die lebten im Mittelalter tief im Gebirge. Das Massiv im Ganzen interessierte sie nicht. Sie hatten sich mit den einzelnen Viertausendern ins Benehmen zu setzen, die direkt vor den Türen ihrer Holzhäuser standen. «Jeder individuellen Gestalt einen Namen zu geben, mit dem man sie sich zu eigen macht, ist menschliches Grundbedürfnis», schrieb Arnold Zweig, «was bei Bergen so weit geht, dass ein Berg ohne Namen uns unfasslich erscheint.»

Was eigentlich war ein Berg? Wie hoch musste sich das Gelände erheben, um als solcher zu gelten? Wie sollte man die Erhebung messen in einer Umgebung, die nicht auf Meeresspiegelhöhe lag?

Der Mensch erfand Definitionen: Schartenhöhe und Dominanz. Die Schartenhöhe ist die Höhendifferenz zwischen einem Gipfel und dem Punkt, bis zu dem man mindestens absteigen muss, um auf einen anderen Gipfel zu gelangen. Die Dominanz ist die Länge der horizontalen Luftlinie zum nächststehenden höheren Berg. Der Mensch wusste genau zu zeichnen und akribisch zu beschriften, was er sich da ausgedacht hat. Um sich in der Natur zurechtzufinden, hat er dem Berg zwei unnatürliche Charaktereigenschaften verpasst.

Eine Erhebung mit großer Schartenhöhe ist im Gebirge eindeutig als Berg zu erkennen. Auch wenn der Gipfel niedriger ist als die Gipfel umliegender Berge. Das freistehende, 4478 hohe Matterhorn, die Felsenpyramide, die bei Zermatt in den Walliser Alpen quasi aus der Wiese wächst, wirkt mit einer Schartenhöhe von 1031 Metern höher als der Liskamm. Dessen kilometerlanger, schneebedeckter Kamm steigt ein Stück weiter östlich immerhin auf 4527 Meter an. Jedoch drängt er sich zu dicht ans Monte-Rosa-Massiv und kommt dadurch nur auf 376 Meter Schartenhöhe. Das Maß entspricht der menschlichen Gewohnheit, die Dinge nach ihrer Erscheinung zu beurteilen.

Um dominant zu sein, muss ein Berg im Gebirge möglichst viel Abstand zu ebenbürtigen Erhebungen halten. Die Dominanz entspricht dem menschlichen Bedürfnis, sich mit anderen zu messen.

Ab dreißig Metern Schartenhöhe gilt eine Erhebung in den Alpen per Definition als Gipfel. Jedoch erst ab hundert Metern gilt ein Gipfel als eigenständiger Berg. Wie viele Berge gibt es in den Alpen? Um die Fragen beantworten zu können, zählt der Mensch dann doch kurzerhand die auf der Landkarte benannten Gipfel.

Vor zweihundert Jahren wusste man genug über Geographie und Geologie, um das Gebirge überblicken zu können. Alpenpanoramen entstanden, Abbildungen des Gebirgsreliefs von einem bestimmten Standort aus, die detailversessen und mitunter vier Meter lang waren. Landkarten wurden gezeichnet. Man sah den Alpenhauptkamm, die Wasserscheiden und eine Linie, die vom Bodensee zum Oberlauf des Rheins über den Splügenpass zum Lago di Como verlief und das Gebirge in Ost- und Westalpen teilte. Man sah, dass die Berge im Osten nicht ganz so hoch waren wie die im Westen. Man sah die Haupttäler der großen Flüsse, gletscherfreie Übergänge, Pässe. Mit Hilfe der Landkarten war es möglich, die riesige Grenze in Europa zielsicher zu überwinden. Sie waren mit den Erfahrungen vieler Generationen gespickt, die sich den Alpen genähert und sich auf sie eingelassen hatten.

Auch innerhalb des Gebirges lebten Menschen voneinander abgegrenzt. Sie ahnten nicht, was sich jenseits eines Berges, wenige Luftlinienkilometer entfernt, abspielte. Und wenn sie davon erfuhren, war es ihnen nichts als fremd. Die Mutigen und Schwindelfreien befestigten Leitern an hundert Meter hohen Felsen, gelangten so auf kürzestem Weg ins nächste Dorf und stellten fest, dass man dort nicht einmal ihre Sprache sprach.

Mitte des 19. Jahrhunderts erzählte der österreichische Schriftsteller Adalbert Stifter von Konrad und Sanna, den

Kindern des Schusters aus dem Dorf Gschaid, das an einem schattigen Nordhang in Vorarlberg kauerte. Auch die Mutter lebte im Haus. Weil sie die Tochter des Färbers aus Millsdorf war, das im blühenden Tal südlich des Berges lag, wurde sie von den Menschen in Gschaid behandelt, als hätte sie dort nichts zu suchen. Im Wirtshaus bediente man sie nicht. Bei ihrem Mann ließ niemand seine Schuhe fertigen, Konrad und Sanna wurden in der Schule verprügelt.

Einmal, zu Weihnachten, wagten sich die Kinder bei gutem Wetter zu den Großeltern übern Kamm. Auf dem Rückweg wurden sie von dichtem Schneetreiben überrascht. Der Berg war ihnen nicht zugeneigt. Nur das tosende Krachen des schiebenden Gletschers bewahrte sie davor, einzuschlafen und zu erfrieren. Als in Millsdorf und Gschaid am Heiligabend die Glocken läuteten, waren die Geschwister weder dort noch hier. Stifter erzählt in «Bergkristall», wie engstirnige Bergmenschen sich ins Unwetter aufmachten, um die Kinder zu retten. Wie zwei Dörfer den Berg erklommen, der sie voneinander trennte, dessen Anwesenheit sie aber auch schicksalhaft miteinander verband. «Die Kinder waren von dem Tage an das Eigentum des Dorfes geworden, sie wurden von nun an nicht mehr als Auswärtige, sondern als Eingeborene behandelt, die man sich von dem Berg herabgeholt hatte.»

Etwa zur gleichen Zeit erschienen Gottfried Kellers Geschichten «Die Leute aus Seldwyla». Sie erzählen von einem fiktiven, wonnigen Ort, der sich zwar nicht hinterm Mond, aber an der sonnigen Südseite eines Berges befand. Kein raues Lüftchen wehte dort. Es gedieh guter Wein. Die Bürger betrieben Handwerk, das Geschäft mit den Schulden florierte sowie der Müßiggang. Von nirgendwo her drang der Gedanke ins Tal, was man mehr hätte vom Leben erwarten sollen. Alles war, wie es immer gewesen war, die Leute mit sich zufrieden, und wenn nach der Weinernte der Saft in den Fässern vergoren war, waren sie sogar richtig lustig. Der Wald ringsum hätte jeden von ihnen unerschöpflich vermögend machen können. Hat er aber nicht. Kellers Alpenbürger lebten weitab von der Welt, so weit, dass sie nicht einmal auf die Idee kamen, um Gerechtigkeit zu zanken. «Denn dies ist das Wahrzeichen und sonderbare Schicksal derselben, dass die Gemeinde reich ist und die Bürgerschaft arm, und zwar so, dass kein Mensch von Seldwyla etwas hat und niemand weiß, wovon sie seit Jahrhunderten eigentlich leben», erzählte Keller.

Als die Geschichten des Schweizer Dichters 1856 erschienen, ließ er den Verleger wissen, dass er bald noch viele weitere schreiben wollte. Dann ging er in die Politik. Er wurde Staatsschreiber in Zürich zu einer Zeit, da die europäische Industrialisierung die Alpen erreichte und veränderte. Er brachte nur noch fünf Geschichten zustande. Schlagartig hatten die Leute in seinem literarischen Städtchen ihr lang anhaltendes mittelalterliches Dasein beendet. «Jeder Seldwyler ist nun ein geborener Agent oder dergleichen», schrieb er in der Fortsetzung seiner Novellen. «Statt der ehemaligen Brieftasche mit zerknitterten Schuldscheinen und Bagatellwechseln führen sie nun elegante, kleine Notizbücher, in welchen die Aufträge in Aktien, Obligationen, Baumwolle oder Seide kurz notiert werden.» Der sogenannte Fortschritt kam im Gebirge in Form einer Lawine, und Keller schien es, als wären die Menschen nicht mehr zu retten: «Das gesellschaftliche Besprechen dieser Werte, das Herumspazieren zum Auftrieb eines Geschäftes, mit welchem keine weitere Arbeit verbunden ist als das Erdulden mannigfacher Aufregung, das Eröffnen oder Absenden von Depeschen und hundert ähnliche Dinge, die den Tag ausfüllen, sind so recht ihre Sache.»

Die ältesten Höhlenfunde, die darauf hinweisen, dass in den

Alpen Menschen gelebt haben, sind etwa hunderttausend Jahre alt. Während der letzten Eiszeit um 10 000 vor Christus waren zumindest am Gebirgsrand Jäger und Sammler unterwegs. Sie nutzten die Natur, rührten sie aber nicht an. Rund sechstausend Jahre vor Christus näherten sich Menschen aus dem Vorderen Orient dem Südrand des Gebirges, andere kamen etwa 4500 vor Christus von der Donau her an die Ostalpen. Kleinere Gruppen und Stämme zogen durch die Vorgebirge, über Bergketten und durch Flusstäler. Auf sanft ansteigenden Matten fand ihr Vieh Futter, der dichte Wald bot Schutz vor dem Wetter. Bauerngesellschaften entstanden. Der Mensch legte Hand an die Alpen. Die ökologischen, wirtschaftlichen, sozialen und kulturellen Veränderungen, die sich von nun an hier vollzogen, waren so gewaltig, wie es Tausende Jahre später nur noch der Übergang von der Agrar- zur Industriegesellschaft war.

Die Neuankömmlinge vertrieben die Jäger und Sammler aus den Beckenlandschaften. Sie ließen das Vieh weiden. Weil Getreide eine lange Vegetationszeit und viel Sonne brauchte, aber kaum Niederschläge vertrug, konnten sie es nur in inneralpinen Trockenzonen und tiefen Tälern der Südseite anbauen. Hier entstanden die ersten Dauersiedlungen. Etwa 3800 vor Christus wusste man auch in den Alpen, wie Metall verarbeitet wird. Das Kräftemessen mit der Natur wurde immer siegreicher. Um neue Weidemöglichkeiten zu finden, wagten sich Bergbewohner an Schluchten, Eisströmen und anderen schreckenerregenden Gebieten vorbei. Sie erkundeten Pässe, gelangten im Sommer gut über den Großen Sankt Bernhard, fanden den relativ niedrigen Brenner, drangen systematisch über die Hauptketten auf die noch unbesiedelte Nordseite vor. So wie Ötzi, der Mann, den man heute nur als Gletschermumie kennt. Trotz eines Bandscheibenvorfalls und Knieproblemen war er um 3500 vor Christus am Übergang vom Vinschgau in Südtirol zu den Sommerweidegebieten des hinteren Ötztals unterwegs. Doch außer der Natur gab es in den Alpen mittlerweile einen weiteren Feind. Es war ein Mensch, dessen Feuersteinpfeil auf 3210 Meter Höhe Ötzis linke Schulter traf und der den Mann verbluten ließ.

Zwischen 2000 und 750 vor Christus kamen immer mehr Menschen ins Gebirge. Kupferlagerstätten wurden entdeckt, Bergwerke errichtet. Tief im Gebirge baute man Eisenerze und Salze ab. Zwangsläufig musste auch an entlegenen, weniger günstigen Orten Land- und Almwirtschaft betrieben werden. Um zwischen Frühjahr und Herbst so viel zu produzieren, dass es für den oft sechs Monate dauernden Winter reichte, mussten die ersten Agrargesellschaften den Bergen einiges abringen. Sie mussten beobachtet und äußerst aufwendig behandelt werden. Zwar wurden in oberen Hanglagen die Pflanzen kleiner, dafür stieg ihr Nährwert. Der Sahnegehalt der Milch nahm zu, je höher die Tiere fraßen. Als Käse hielt die Milch den ganzen Winter über. Bis die Sense erfunden war und die Hänge gemäht wurden, sammelten die Alpenbewohner das Laub von den Bäumen und fütterten damit im Winter das Vieh. Um mühsam angebautes Getreide zu sparen, stopften sie auch ihre Matratzen voll Laub. «Mit Laub onder, mit Laub ober», sagte man in Appenzell früher über verarmte Haushalte, in denen sogar unter laubbefüllten Bettdecken geschlafen wurde.

Während die Viehzucht durch die Natur begünstigt wurde, gelang der Ackerbau ihr zum Trotz. Allein die unteren Hanglagen waren für Getreide geeignet, schattige und versumpfte Täler nur stellenweise an Südseiten nutzbar. Wer höher anbauen wollte, musste Saat und Gerät nach oben schleppen und mit der immer kürzer werdenden Vegetationszeit zurechtkommen. So wurde bereits Jahrtausende vor unserer Zeitrechnung in den Alpen der Bergbauer geboren. Er war nicht einfach ein Bauer am Berg. Er scheute keine Mühe, um in feindseliger Natur seinen Hunger zu stillen. Vom Berg lernte er, anders zu denken. Er ließ ihn in sein Leben.

Um Christi Geburt eroberten die Römer den Alpenraum. Die Menschen, die sie hier antrafen, hatten Korn und Harz, Pech, Kienholz, Wachs, Honig und Käse. Die Römer züchteten Wein und Esskastanien. Sie legten ein Straßennetz übers Gebirge, errichteten Etappenstationen und Garnisonen. Märkte entstanden, kleine Städte, Verwaltungen. Erstes Handwerk spezialisierte sich. Am Berg wurden nun auch Lebensmittel für die Städte produziert. Zum Ende der römischen Epoche lebten etwa zwei Millionen Menschen im Alpenraum. Er war jetzt ein Ort. Belieferte die Po-Ebene und nahm Wirtschaftsbeziehungen zu südlichen Vorländern auf.

Nachdem im Jahr 467 nach Christus das Römische Reich zerfallen war, drangen aus allen Himmelsrichtungen Barbaren ins Gebirge ein, Germanen, Hunnen, Slawen, die wüteten und töteten. Die Bevölkerung floh oder zog sich in abgelegene, sichere Seitentäler zurück. Nur dort, tief im Gebirgsinnern, hielten sich die Traditionen der Besiedlung und das Wissen um die Nutzung, bis um das Jahr 1000 der hochmittelalterliche Siedlungsbau begann und sich das Antlitz der Alpen weiter veränderte. Bergbauern versorgten weniger sich selbst als Bergbaugebiete, Handwerker, Gewerbetreibende, Handelsleute. Es gab nun auch im Gebirge ein Leben auf dem Land und ein Leben in der Stadt. Es gab neue Abhängigkeiten und neue Zugehörigkeiten. Es gediehen Sitten, Bräuche, Künste, die Alpen hatten jetzt ihre Farben, ihren Geschmack und ihren Klang. Es entstand jene traditionelle Welt, die erst im 20. Jahrhundert untergehen sollte.

Die Alpen und der Mensch, das ist eine große europäische Beziehungsgeschichte. Sie zeugt davon, wie sich die Natur veränderte. Im nahezu undurchdringlichen, dichtbewaldeten, versumpften und überschwemmten Gebirge vergrößerte der Mensch die alpinen Matten, und aus vielen kleinen Rasen in den oberen Höhen wurden die riesigen grünen Hangflächen, die wir heute kennen. Der Mensch rodete, ließ seine Tiere Schösslinge und Triebe fressen und die Vegetationsdecke fest-trampeln, sodass sich der Wald nicht regenerieren konnte. Überall im Alpenraum hat er die Waldgrenze nach unten ver-schoben. Um 1900 lag sie dreihundert Meter tiefer als vom Kli-ma vorbestimmt. Zudem veränderte er die Vegetationsdecke. Seine Weidetiere fraßen dominierende Pflanzen ebenso wie Gewächse, die sich kaum durchsetzen konnten. Das natürliche Ungleichgewicht wurde aufgehoben, Artenvielfalt entstand. Auf nicht genutzten alpinen Rasen wachsen zu siebzig Prozent Gräser und zu dreißig Prozent Kräuter, auf genutzten ist das Verhältnis umgekehrt. Der Mensch las Steine von den Wiesen, besserte schüttere Stellen mit Gras aus, be- und entwässerte. Das Vieh düngte. Kühe, Ziegen, Schafe, Pferde, die sich tag-ein, tagaus am Hang aufhielten, trampelten ihn treppenartig aus oder hinterließen Terrassen.

In geringeren Höhen, an den Schwemmkegeln der ins Alpental mündenden Seitenbäche, wo der Boden besonders fruchtbar war, siedelte der Mensch sich an. Auch hier rodete er, um Ackerfläche zu gewinnen. Mit den ersten mittelalterlichen und römischen wasserbaulichen Maßnahmen, später mit den technischen Mitteln des Industriezeitalters war der Mensch nun auch in der Lage, Flüsse zu vertiefen und zu begradigen, Seen zu verkleinern und trockenzulegen, Täler urbar zu ma-chen. Während man bei den alten Saumwegen die Talauen gemieden hatte, führten die Straßen und Eisenbahnlinien des 19. Jahrhunderts geradewegs hindurch.

Hätte der Mensch nicht Hand angelegt, würde der Boden-

see womöglich heute noch 115 Kilometer ins Gebirge hinein-
reichen, bis nach Chur, der ältesten Stadt der Schweiz und
Hauptort des Kantons Graubünden. Bis hinauf zur Fels- und
Eisregion, die er nicht anrührte, weil sie vegetationsfeindlich
ist, veränderte der Mensch das Ökosystem der Alpen vollständig und machte das dichtbewaldete Gebirge zu einer
kleinräumigen, artenreichen Kulturlandschaft. Viele Pflanzen
verdanken allein ihm ihre Existenzbedingungen. Enzian und
Edelweiß gelten heute als alpentypisch. Einst, auf dem alpinen
Urrasen, hatten sie nur bescheidene Überlebenschancen.

In der langen Beziehungsgeschichte veränderten aber auch
die Alpen den Menschen. Im Gebirge lernte er, hinzusehen
und nach Erkenntnissen zu suchen. Sich Gedanken zu machen, anstatt sich der Magie hinzugeben. Sich zu wundern
und zu staunen, anstatt die Flucht zu ergreifen. Hirten und
Sennen wurden geachtet, weil sie die Berge am besten kannten.
Man kümmerte sich um die Alten, würdigte ihre Erfahrungen.
Denn alles wiederholte sich: die Nöte der Jahreszeiten, die
Krankheiten. Flüsse stürzten plötzlich bergab, durch Muren
(schnellfließende Ströme aus Wasser, Schlamm und Gestein),
aufgestaute Seen brachen aus. Der Alpenbewohner lernte, sich
zu irren und sich zu korrigieren. Er kultivierte einen überlebens-
wichtigen Respekt, griff nicht mehr flächig und übermäßig in
die Natur ein, sondern kleinteilig, sorgfältig, so als hätte er sich
mit ihr abgesprochen. Er begriff, dass die Nutzung der Natur
eine Grenze hat. Er rodete, doch achtete er darauf, dass der
Wald ein Wald blieb und seine Schutzfunktion wahrnehmen
konnte. An steilen Hängen schlug er nur einzelne Stämme, ließ
dichte Streifen stehen. Der Bannwald hielt Lawinen auf, die
das Kulturland bedrohten, und galt deshalb schon im Mittelalter als unbedingt schützenswert.

Damit geneigte Ackerflächen nicht so stark erodierten, legte der Mensch Terrassen an. Abgeschwemmte Erde trug er wieder nach oben. Er erkundete, wann genau er Gras mähen, mit wie vielen Tieren und mit welchen unterschiedlichen Gattungen in welcher Reihenfolge er die Weide besetzen, wann der Weidegang beginnen und wann er enden sollte. Im Frühjahr streute der Bergbauer Asche, damit der Schnee schneller taute. Er produzierte nur so viel, wie er auch reparieren und reproduzieren konnte. Nachhaltigkeit nennt man das heute. Im Kulturland Alpen war sie Lebensart, vom Bergleben geprägt. Man hatte viel Arbeit am Hang. Freizeit war die Zeit, in der man die anderen Arbeiten erledigte. Im Frühjahr, wenn das Vieh, das quasi zur Familie gehörte, auf den Berg zog, und im Herbst, wenn man es, mit grünen Reisern geschmückt, wieder hinuntertrieb, wurde gefeiert.

Auch heute noch überquert man in den Alpen einen Berg und kommt an einen Ort, in dem anders gebaut, gewohnt, gegessen, gesungen und gesprochen wird als vorm Berg. Aber an allen Orten schaut man morgens nach den Wolken. Man hört, was der Wind sagt. Man weiß, dass starker Tau den Himmel blau hält. Dass es Regen gibt, wenn Schnecken über die Wege kriechen, Spatzen und Hühner im Sand baden oder der Specht zu hören ist. Und bevor ein Sturm heranzieht, richtet der Klee sich auf.

Das Nachtdunkel in den Alpen ist pure Verlassenheit. Im Winter erstarren die Gedanken. Erst im Frühling erwacht die menschliche Seele. Und was für ein wahres Wunder ist das Wachsen!

Angeblich liegt die Scheidungsrate in Bergdörfern bei null. Es ist schwer wegzurennen. Man kann einen Menschen aber auch einfach dafür lieben, dass er immer noch da ist. Man kann sich in der Kirche mehrmals bekreuzigen, für jeden Dorfbewohner einmal. «Auf solcher Basis entwickelt sich, aus den

Lehren des harten Lebens, der Sinn für Zusammenarbeit, freiwillige Übereinstimmung, zukünftige Demokratie», schrieb Arnold Zweig.

⋀⋀

Anders als gestern kommt am Ende des Tages im Berggasthaus Bewegung auf. Die Wirtin schickt die Angestellten nicht ins Tal, sondern lässt Tische rücken und eindecken. Aus der Küche duftet und dampft es. Ein Schweizer Unternehmer hat seine Kunden auf die Ebenalp eingeladen. Sie kommen in Seilbahnladungen von der Bergstation über das Plateau. Wenn sie gute Kunden sind, ordern sie Anlagen und Technologien zur Herstellung von Mehl, Pasta oder Schokolade und für die Futterverarbeitung. Gefällt ihnen der Ausblick über das saubere Appenzellerland mit den blankgeputzten Blitzableitern bis nach St. Gallen, wo das Unternehmen den Hauptsitz hat, nehmen sie vielleicht noch eine Anlage für den Aluminiumdruckguss dazu.

«Amerikaner», sagt die Kellnerin.

Auf einem Tisch vorm Haus, direkt am Geländer mit dem Schild, das fürs Konsumieren dankt, hat sie den Apéro aufgebaut. Eine Armada Sektgläser. Die Gäste sollten sie am besten alle gleichzeitig anheben. Der Föhn reißt sich um die weiße Tischdecke.

«Italiener und Japaner waren auch schon hier», sagt die Kellnerin.

Zum Essen gibt es das Appenzeller *Bier aus unserer kleinen Welt*. Der Unternehmer übersetzt vom Etikett ins Englische. *Hier nimmt man sich noch Zeit für Dinge, die andernorts längst verloren gingen.* Zur Zufriedenheit der Gäste entpuppt sich der Küchengeruch als Schnitzel mit Pommes und Barbecuesoße.

Eine Dreimannkapelle spielt mit Kontrabass, Handorgel und Hackbrett auf. Schwarze Hosen, weiße Hemden, rote Westen, goldene Knöpfe, goldene Ohrringe. Tradition. Die Amerikaner sollen den Rhythmus aufnehmen. Sie probieren zu jodeln oder widmen sich dem Dessert. Manche haben ausreichend Trester getrunken und versuchen sich im Talerschwingen. Ein Fünffrankenstück wird in eine schwere, tönerne Milchschale geworfen, die dann vorm Bauch so bewegt wird, dass der Taler wie ein Rennfahrer im Velodrom kreist. Eigentlich verursacht das einen Ton, der wie Musik klingt, aber es ist sind wohl zu viele Trester über die Tische gegangen. Draußen sinkt eine Apfelsinensonne. «Look! Look!», ruft der Unternehmer. Die Taler fallen. Am Ende bekommt jeder Amerikaner eine Kuhglocke geschenkt. Man sammelt sich vor der Tür und bimmelt zur Seilbahnstation. Einige Kunden lassen sich aus der Herde fallen, um mit dem Handy den Sternenhimmel zu fotografieren.

Im Bücherregal des Gastraums stehen die «Appenzeller Bauernregeln». Dem alten Volksglauben zufolge lebt man sein Leben nicht einfach so, sondern muss es über fest im Kalender stehende Los- und Schwendtage hinweg zu einem guten Ende balancieren. An Lostagen kann man ein gutes Los ziehen. Im Schwendtag steckt das Verb schwenden. Der Alpenmensch schwendet gerodete Flächen, er entfernt Triebe und Schösslinge, um das Nachwachsen des Waldes zu verhindern. Wer sich am Schwendtag zu einer bestimmten, ihm selbst unbekannten Stunde verwundet, der wird nicht wieder geheilt. Wer sich die Haare schneidet, dem wachsen sie nicht nach. Früher glaubte das Volk fest an die Schwendtage. Nicht einmal die Kirche konnte dagegen an. Heute tauchen sie nur noch in Bauernkalendern auf. Auch die Lostage sind in Vergessenheit geraten, man kennt eigentlich nur noch den Siebenschläfertag.

Der 18. und der 20. August sind Schwendtage. Gestern war einer, als sich meine Fersen öffneten. Morgen ist einer, wenn ich weitergehen will. «Ein Bauer ist kein Bauer mehr, wenn ihm das Bauern macht Beschwer», sagt der Appenzeller seit Jahrtausenden. «Ein Wandrer ist kein Wandrer mehr, wenn ihm das Wandern macht Beschwer», sage ich im Nachtlager zu Heidi. Sie antwortet: «Vielleicht sollte ich mir morgen die Beine rasieren.»

Sechster Tag: Von der Ebenalp nach Wildhaus

Donnerstag, den 20. August

Was für eine Katastrophe! Wir stehen in der Seilbahn. «Das hab ich gestern schon gesehen, dass es heute nicht weitergeht», hat die Kellnerin zum Abschied gesagt. Was sie nicht sehen konnte: Meine Füße sind nun auch noch geschwollen. Die dicken Zehen haben kaum Platz nebeneinander. Sie spreizen sich wie ein Fächer. Ich habe zu viel Desinfektionsmittel verwendet. Vielleicht. Was weiß ich über den menschlichen Körper? Mehr, als ich über die Berge wusste, bevor ich mich mit ihnen zu beschäftigen begann?

Mit drei Argumenten hat Heidi mich zur Flucht überredet. Erstens: Nach einem Gewaltmarsch übern Kamm bräuchte ich heute Abend wahrscheinlich medizinische Hilfe. Mit mehr als Pflastern aus der Hüttenapotheke würde ich aber nicht rechnen können. Zweitens: Vom Rotsteinpass, der Einkerbung, die am Säntis vorbei vom Kanton Appenzell Innerrhoden in den Kanton St. Gallen führt, können wir nicht fliehen, dort hängen wir auf 2142 Metern fest. Drittens: Uns geht das Bargeld aus, wir können uns auch im Notfall keinen Pausentag in der Höhe mehr leisten. Eine Seilbahnfahrt kostet zehn Franken. Meine Wanderschuhe hängen am Rucksack. Ich trage Ein-Euro-Filzlatschen vom asiatischen Ramschverkauf Danziger, Ecke Schönhauser in Berlin. 8,20 Franken kostet der Zug von Wasserauen bis Urnäsch. Wenn wir dort in den Postbus zur Schwägalp steigen, ist unser Tagessatz für Essen und Trinken aufgebraucht.

Die *Appenzeller Zeitung* gibt's für umsonst. Jemand hat sie auf dem Bahnhof liegen lassen. Der Technologiekonzern aus St. Gallen, der gestern auf der Ebenalp gefeiert hat, wird 125 Leute entlassen. Viele am Standort Appenzell. Worte bimmeln wie Kuhglocken: «führende Position in verschiedenen Marktsegmenten», «Absatzmärkte unter Druck», «Wirtschaftskrise», «weltweit in vielen Segmenten Auftragsrückgang», «Anpassung der Strukturen», «Arbeitsplatzabbau nicht zu vermeiden». Die Gewerkschaft der Schweizer Angestellten lässt wissen, sie verstehe das alles nicht.

An der Postbushaltestelle in Urnäsch stehen zwei alte Herren aus Deutschland. Sie wollen zur Schwägalp und von dort mit der Seilbahn auf den Säntis. Dafür sind sie aus der Ulmer Gegend angereist. Schön langsam und gemütlich. Aber die Schweizer Autos haben gedrängelt und gehupt.

«Das ist wie nach dem Krieg, da haben sie uns hier auch die Fäuste gezeigt!», hat einer der beiden durchs geschlossene Autofenster gebrüllt.

In dem Moment habe es bei ihm wieder mit dem Asthma angefangen, sagt der andere.

«So benehmt ihr euch, weil unser Finanzminister an eure Bankkonten will!», hat der eine weitergebrüllt.

Der andere zeigt auf meine Ein-Euro-Filzlatschen. «Bei der Bundeswehr hatte ich auch solche Blasen.»

Die Schweizer Postautos und Postbusse sind leuchtend gelb. Sie fallen auf, und man hört sie schon von Weitem: den Dreiklang des Posthorns, den sie auf den Serpentinen vor jeder Kurve ausstoßen, das Schnaufen der Bremsen. Sie sind nicht einfach nur Verkehrsmittel. Kleine Schweizer Jungen besitzen Miniaturpostautoflotten. Während die Mercedes-Matchboxautos in einem deutschen Kinderzimmer im Stau stehen, durch den dann mit Tatütata das Polizeiauto prescht, zeichnen sich die gelben Miniaturen dadurch aus, dass sie immer fahren, täglich und zuverlässig, zu festen Abfahrtszeiten. Denn das ist ein Wunder in einem Land, in dem enge, steile Straßen wahre Fahrkünste erfordern und oft nahezu unpassierbar sind. Schon die kleinen Schweizer Postautoflottenbesitzer richten ihr Leben auf dieses Wunder aus und sind im Kinderzimmer, wann immer der Fahrplan es verlangt. Die Postautos sind Teil des Schweizer Selbstbildes. Eine Tugend.

Ab Mitte des 19. Jahrhunderts transportierten Pferdekutschen Briefe, Depeschen, Pakete und Personen über die Berge. Die Anschlussverbindungen waren ausgeklügelt. Hoch auf dem gelben Wagen saß der Schwager, auch Postillon genannt, und kündigte mit dem Posthorn aus der Ferne seine baldige Ankunft an, damit in den Gasthöfen an der Straße die Pferde bereitgestellt wurden. Bei einer Passüberquerung, die etwa 45 Stunden dauerte, wurde das Gespann siebenmal gewechselt. 1906 fuhr der erste Bus von Bern nach Detlingen durchs Schweizer Mittelland. Heute kann man fast überall im Land die Postautos rufen.

Selbst der Wanderer braucht sie. Am Ende des Wegs, den er am Tag schafft, steht nicht immer ein Bett für die Nacht. Bevor er losgeht, ordert er das Postauto per Telefon. Viele Stunden später kommt er übern Pass, hockt sich an eine Wiese, an den Ausläufer eines Forstweges oder an eine Straßenschlucht. Und erst jetzt, zurück vom Berg, fühlt er sich richtig einsam. Die Postautos testen den Glauben der Menschen an die Schweiz. Auch den Mutlosen und den Zweiflern erscheint ein gelbes Gefährt. Urplötzlich und pünktlich biegt es um die Kurve. Es fährt aber nicht direkt zum Ziel, sondern hält an Tankstellen und Autowerkstätten, die zwischen Straße und Hang klemmen, biegt

74

zu Gasthäusern und Sägewerken ab. Die Post wird gebracht und abgeholt, und es wird nach Neuigkeiten gefragt. Hat ein Postbus einen Berg zur Hälfte umrundet, setzt er die Passagiere möglicherweise ab und fährt zurück. Auf der Schwägalp unterhalb des Säntis warten wir anderthalb Stunden, ehe der Bus von jenseits des Berges kommt und uns abholt.

Die vom Wald gesäumte Alp ist mit Tischen, Stühlen, Gläsern, Tassen und Tellern bedeckt. Die Sennhütten, die hier einst allein standen, wurden zum Käsereimuseum umgebaut. Man kann sie direkt vom Parkplatz aus erreichen. Dann gibt es noch das Berghotel, ein Restaurant, den Souvenirverkauf, Touristentoiletten und unzählige orangefarbene Sonnenschirme. Auch auf der Schwägalp hat jemand eine Zeitung liegen lassen. «Die Dinge verlaufen deutlich einfacher, als Sie zu hoffen gewagt haben», steht im Horoskop des Löwen, «freuen Sie sich, dass es in vielen Bereichen endlich bergauf geht.»

Ich liege mit dem Rücken auf dem Asphalt vorm Berghotel und schaue zum Säntisgipfel. Er befindet sich 2501,9 Meter über dem Meer. Das ist in den Alpen nicht besonders hoch. Doch die Urkräfte haben mit besonderer Gewalt eine Schartenhöhe von 2021 Metern herausgeschlagen. Von den 82 Viertausendern, die im Gebirge stehen, haben nur elf eine höhere Scharte. Der Säntis ist ein kleiner Mann, der sich groß aufspielt. Im Alpstein, wo nicht gerade Hochgebirgsstimmung herrscht, lenkt er geschickt die Aufmerksamkeit auf seinen schroffen Körperbau. Er prahlt mit dem Schnee auf seinem Haupt und kann urplötzlich sehr feindselig sein. Weil der Berg so exponiert dasteht, tobt sich das Wetter am Säntis aus. Die mittlere Jahrestemperatur am Gipfel beträgt fast zwei Grad unter null. Es regnet viel, und es stürmt. 1999 lag der Schnee unterhalb des Gipfels über acht Meter hoch.

Im Oktober 1870 und im Juli 1871 verbrachte Albert Heim mehrere Wochen auf dem Säntis. Er war Anfang zwanzig, in dem Alter, da man versucht, dem Leben mal endlich auf die Schliche zu kommen. Was lag näher, als die Alpenberge zu erkunden, die seine Kindheit in der Heimatstadt Zürich dominiert hatten? Er studierte Naturwissenschaften und ging zur Bergbauschule. Mit 23 wurde er Professor für Geologie am Zürcher Polytechnikum. Heute lagern in der Bibliothek des Hauses neben seinen wissenschaftlichen Hinterlassenschaften auch Fotografien. Auf den Bildern ist er nicht mehr so jung wie in jenen Tagen, da er unerschrocken wochenlang im fiesen Säntiswetter saß. Er trägt eine kleine, runde Brille und hat einen weißen Rauschebart. Seine Stirn zieht sich hoch bis weit aufs Haupt. Wie ein Streifen Bannwald steht weißes Haar rings um den Hinterkopf. Meist steckt er in festen Stiefeln und einer derben Wanderhose, die an den Waden mit einem breiten Bund zusammengehalten wird. Aus der Weste hängt die Uhrenkette. Die Krempe seines Hutes wellt sich nach oben, so als hätte der Professor seine vielen Berg-Exkursionen mit Studenten und Fachkollegen auch bei Regen nie abgebrochen.

Prof. Dr. Albert Heim gehört zu den Alpen wie Edelweiß und Latschenkiefer, wie Steinbock und Murmeltier, Heidi und Wilhelm Tell. Er erforschte die Gebirgsbildung, malte Aquarelle von Gletschern, erstellte geologische Gutachten für den Bau von Eisenbahnlinien und Tunneln, fertigte Karten und Reliefs. Er zeichnete pedantisch genau und in scharfen Konturen. Unter den Panoramazeichnern des 19. Jahrhunderts soll Heim derjenige gewesen sein, der sich am stärksten der Wissenschaft verpflichtet fühlte. Er geizte mit Farbe, weil in der Höhe, wo Landschaftspanoramen entstehen, die Farbunterschiede der Vegetation immer mehr verblassen. Ein feiner Dunstschleier liegt zwischen dem Betrachter und der Landschaft zu seinen Füßen. Erst ist der Schleier bläulich. Bei viertausend Metern wird er blassviolett.

Den Rundblick, den Heim 1870/71 im Auftrag des Schweizer Alpen-Clubs auf dem Säntis anfertigte, versah er mit nicht weniger als 864 Gipfelnamen. Obgleich er während der Arbeit vor Kälte zuweilen heftig zitterte, verband er die auf dem Papier hochkant im Himmel stehenden Namen durch hauchdünne Linien mit den jeweiligen Gipfeln. Sein Säntispanorama wurde 4,40 Meter lang. Ohne die Frau des Hüttenwirtes hätte er es wohl nicht fertig bekommen. An manchen Tagen brachte sie dem jungen Mann jede Viertelstunde einen Eimer mit heißem Wasser. Er tauchte die Hände ein, das Blut wallte auf, dann zeichnete er weiter. Mitunter ergab er sich dem Wetter, dann half er beim Umbau der gemauerten Säntisschutzhütte, die der Wirt stolz «Grand Hotel» nannte.

Seit 1882 gibt es auf dem Säntis eine Wetterstation. Die Wetterwarte verbrachten jeweils ein paar Monate oben. Der erste kam 1884, er blieb Jahre. Weil es unmöglich war, ihn im Winter, da auch das «Grand Hotel» geschlossen hatte, mit Essen zu versorgen, füllte man seine Vorratskammer und ließ ihn allein. Täglich, auch wenn im Tal Weihnachten und das neue Jahr, der Dreikönigstag, Lichtmess und die Faschingszeit gefeiert wurden, kam aus der Höhe ein Wetterbericht. Hin und wieder bedachten die Menschen denjenigen mit einem Gebet, der ihn schickte. Der mit niemandem sprechen konnte, lediglich Buchstaben codierte und sandte, weil die Telegrafenleitung nur von oben nach unten funktionierte. Den Wetterwart im Säntiswetter. Den einsamsten Menschen im Appenzellerland.

Heinrich Haas, der Wetterwart mit dem dicken, gezwirbelten Schnauzbart, der im Oktober 1919 auf den Berg kam, brachte seine Frau Lena mit. Die zwei Kinder und die Großmutter lebten im Sommer ebenfalls dort oben. Vor dem Säntispanorama, das Albert Heim ein halbes Jahrhundert zuvor gemalt hatte, wehte nun die Wäsche der Familie im Wind. Lena Haas trug ein Kopftuch. Ihren Mann setzte sie auf einen Stuhl in den Schnee und schnitt ihm auch im Winter unter der Sonne die Haare. Bis heute weiß niemand, warum der Schustergeselle Gregor Anton Kreuzpointer aus St. Gallen am 21. Februar 1922 auf den Berg kletterte. Vier Tage lang kamen keine telegrafischen Berichte vom Gipfel, dann stiegen Männer aus dem Tal nach oben. Sie fanden die Leichen von Heinrich und Lena, eine zerschnittene Telefonleitung und eine Spur: Telemarkschwünge im Schnee. Kreuzpointer zog auf seinen Skiern durch die Gegend. Er tauchte am Dorfrand von Appenzell auf, in Gais, wohnte unter falschem Namen in Gasthäusern. Als ihm das Geld ausging, verkaufte er den Schmuck von Lena Haas. Auf dem Steckbrief, der daraufhin erstellt wurde, steht Kreuzpointer mit aufgekrempelten Hemdsärmeln, Rucksack und Skistöcken an einem weißen Hang. Man kam ihm auf die Spur. Suchkolonnen fanden ihn trotzdem nicht. Berge sind ein gutes Versteck. Aber auch in den Alpen kehrt der Täter an den Tatort zurück. Anfang März wurde der Mörder unterhalb der Schwägalp gefunden. Er hatte sich in einem Alpstadel erhängt.

∧∧

In Wildhaus steigen wir aus dem Postbus. An der Haltestelle steht ein kleines eckiges Hotel aus Beton. Der Eingangsbereich ist vielleicht vier Quadratmeter groß und fensterlos. An der Wand hängt ein Telefon, daneben ein Zettel. Man soll den Hörer abnehmen und warten, bis man angesprochen wird. Zum Glück spricht uns niemand an. Die Drogerie von Wildhaus, das eigentliche Ziel unserer heutigen Etappe, ist geschlossen.

Donnerstags geht der Drogist mit der Drogistin wandern. Heidis Waden, die sie heute mit einer einzigen Rasur für immer ausgehfähig machen wollte, haben rote Flecken und schwellen immer mehr an.

Die Pension «Schönenboden» steht auf wahrlich schönem Boden über Wildhaus in den Wiesen. Vor unserem Zimmer eine Dachterrasse mit Holzgeländer. Das Toggenburger Land spannt sich wie eine Fototapete über den gesamten Blickwinkel. Auf den Wiesen liegt genau die Farbe, die der Mensch meint, wenn er von einer grünen Wiese spricht. Kühe und Traktoren stehen überall dort, wo man sie auch hinmalen würde. Die Gebirgskulisse im Osten gehört zu Liechtenstein, das rotgold von der Sonne angestrahlt wird, die sich flachwinklig im Westen aufhält. Dort, wo auch die Churfirsten stehen.

Sieben Berge, wie Zacken auf dem Rücken eines Drachen aneinandergereiht. Morgen wollen wir an der Nordseite dieser Zacken entlangwandern und um den letzten Berg herumsteigen, um auf die Südseite zu gelangen. Aber in den Ein-Euro-Latschen kann ich nicht losgehen. Die Sonne scheint, wir machen groß Wäsche im kleinen Waschbecken. Dem schlechten Wetter, das sich jenseits des Säntis zusammenbraut, sind wir entkommen. Wir haben einen Marschtag gutgemacht. Doch was soll der Drogist mit meinen Fersen anstellen?

Die Wirtin vom «Schönenboden» hat einen üppigen Bauch und gewaltige Brüste. Beim Bierzapfen steht sie so weit vom Hahn entfernt, dass ihre Arme fast durchgestreckt sind. Sie ist in Wildhaus aufgewachsen und hat den Ort verlassen, so wie es alle jungen Leute tun. Nach sechs Jahren ist sie zurückgekehrt und hat die Pension von ihrem Bruder übernommen. Sie breitet Deckchen in den Zimmern aus, faltet die Handtücher, schlägt in jedes Kissen mit der Handkante eine Kerbe. Die Pension ist ihr Zuhause. Sie ist hier viel allein. Wenn doch mal mehr Zimmer belegt sind, holt sie sich Hilfe zum Saubermachen. Es können gute Tage sein, weil Geld reinkommt, oder schlechte, weil sie die Hilfe bezahlen muss. Wie man's nimmt. Sie hat vom Bruder auch das Pensionsbüro übernommen. Wir klopfen an, da sitzt sie am leeren Schreibtisch, ohne etwas zu tun. Hat man als Gast auch eine Verpflichtung? Wie sehr soll man anwesend, für die Wirtin da sein? Auf der Toilette im Gemeinschaftswaschraum hat auch diese Wirtin ein Anschreiben hinterlassen. Es gilt jenen Menschen, *die keinen Anstand haben und dieses Örtchen aufsuchen, ohne zu konsumieren.* Sie sollen daran denken, dass Klopapier, Wasser und Reinigung bezahlt werden müssen. Darunter steht: *Ich wünsche Ihnen einen schönen Tag!*

80

Freitag, den 21. August

Markus Grieshaber kommt von rechts. Ich weiß nicht, was ich sagen soll. Ich habe meinen Text vergessen. Er tritt hinterm Regal hervor. Weißer Kittel, Dreitagebart, ein Wirbel über der Stirn wirbelt den Pony auf. Dann mustert er meine Bekleidung. Die Ausrüstung. Die bloßen Füße. Er neigt den Kopf zur Seite und kneift die Augen zusammen. Kniet sich hin. Krabbelt auf allen vieren um mich herum. Umfasst einen Fuß, hebt ihn an.

«Man kann den perfekten Wanderschuh herstellen», sagt er. «Aber er wird nie so perfekt sein, dass er einem jeden Wanderer gerecht wird.» Er hält meinen Fuß in den Händen wie ein Fundstück. «Jeder Zentimeter ist bei jedem Menschen anders. Nichts gegen Ihre Fersen, aber sie sind sehr geschwungen.»

In den Regalen ringsum lagern Tinkturen und Salben, Sprays, Pflaster, Binden, Tropfen, Pillen. Geniale Schöpfungen für jede Lebenslage buhlen um Aufmerksamkeit. Grieshaber setzt sich auf den Boden. Er sieht eine Aufgabe. Er ist der Drogist von Wildhaus. Mein Held.

Der Held spricht mit sich selbst. Er läuft auf und ab, kniet erneut nieder. Er wiegt den Kopf hin und her, erhebt sich. Dann stellt er einen Stuhl mitten ins Geschäft. Um Drogist zu werden, hat er acht Jahre seines Lebens hergegeben. Vier Jahre Ausbildung, zwei Jahre Praxis, zwei Jahre Fachhochschule. Überall dort, wo in Deutschland Apotheken herumstehen, haben in der Schweiz die Drogisten ihre Läden. Drogisten arbeiten wie Bergbauern: Sie verfolgen eine Denkweise.

«Der Apotheker lebt von Rezepten», sagt Grieshaber. «Ich lebe von Ideen.»

Er misst die Wunden an den Fersen aus, schneidet Kompressen zurecht, krümmt sich wie ein Mechaniker, der den Unterboden eines Autos saniert, legt die Kompressen auf, beschneidet nochmal – jeder Millimeter zu viel kann neue Probleme machen –, markiert mit dem Kugelschreiber weitere Schnittstellen. Ein Bürger von Wildhaus betritt den Laden, grüßt und steigt über den Drogisten hinweg. Der legt wieder auf, korrigiert die Position, klebt Tapepflaster drüber, streicht mit der Fingerkuppe jede Pflasterfalte aus. Er modelliert meine geschwungenen Fersen neu.

Die Strümpfe, dann die Schuhe. Es wird sich zeigen.

Grieshaber befasst sich mit Heidis angeschwollenen Beinen. Hitze, hochgekrempelte Hosen, weitgeöffnete Poren. Die Alpen sind über Heidi hergefallen. Blüten und Gräser am Wegrand, die ihr Körper alle nicht kennt. Sie reagiert allergisch aufs Gebirge.

Die Schnürsenkel. Kreuzen, ziehen, schnüren. Wir werden sehen.

Jeder Mensch ist anders. Wir bestehen aus vielen Zentimetern Verschiedensein. Mal hinknien und über jemanden nachdenken. Das ist doch alles nicht so schwer! Wildhaus, ich habe keine Schmerzen mehr! Ich habe Kompressen im Rucksack und eine Rolle Tapepflaster und Kenntnis von der ausgeklügelten Klebetechnik deines Drogisten. Ich habe neue Füße! Und Heidi besitzt jetzt eine Salbe gegen das Gebirge, *made* in den Alpen.

Was für ein Vergnügen ist es, einen Fuß vor den andern zu setzen! Mit großen Schritten führe ich meinen prallen Rucksack, die unterbeschäftigten Glieder und mein begieriges Hirn über den Toggenburger Höhenweg. Die Churfirsten sind noch nicht zu sehen. Es ist warm, der Himmel bedeckt, aber ruhig. Bis zum Säntis. Hinterm Berg dampft es, ab und zu flackert Licht auf, tatsächlich haben sie dort im Norden, wo wir nicht mehr sind, jetzt schlechtes Wetter.

Rechts sackt das Land ab, links steigt es auf. Ertappt. Ich sortiere aus. Häuser, Mauern, Garagen, Maste und Leitungen, Fahrzeuge, Maschinen, Müll. Jeder Blick hat einen Bereich außerhalb des Blicks, der nach meinem Geschmack nicht ins Bild passt. Ich sehe nicht hin, sondern weg. Ich bin eine Romantikerin. Caspar David Friedrich hat den «Wanderer über dem Nebelmeer» gemalt. Das war vor fast zweihundert Jahren. Man sieht den Mann in der Höhe auf einem Felsen stehen.

Er trägt einen Gehrock und stützt sich auf einen Stock. Aus dem weißen Dunst, der unter ihm liegt und sich zum Horizont wälzt, ragen markante Gipfel. Es sind Berggipfel des Elbsandsteingebirges. Aber dort, im Sächsischen und im Böhmischen, stehen diese Berge nicht so dicht beieinander wie auf dem Bild, sondern Kilometer voneinander entfernt. Der Maler hat sie aufgesucht, skizziert, mit nach Dresden genommen und im Atelier nach Belieben zu einem Bild gefügt. Im Gegensatz zum Wanderer, der nur von hinten zu sehen ist, hat die Natur auf seinem Ölgemälde ein Antlitz. Sie ist endlos, mystisch, abgründig. Sie sieht so aus, wie der Wanderer fühlt.

∧∧

Wenn man irgendwo hinkommt, sind die Bilder immer schon da. Sehenswürdigkeiten. Das Matterhorn zum Beispiel. Es ist der Eiffelturm der Alpen. Ein Berg mit idealer Gestalt, der in den Walliser Alpen thront, eine nahezu perfekte Pyramide mit vier Graten und vier Wänden. Er ist von mehr als dreißig Viertausendern umstellt. Doch es scheint, als würden die sich respektvoll abducken. Wohl kein Berg der Welt ist öfter gemalt und abgelichtet worden. An jedem Tag des Jahres stehen japanische «Mattelholn»-Pilgerer auf dem Kirchplatz von Zermatt und fotografieren. Die Schweiz hat den Berg zum Wahrzeichen des Landes erkoren. Die Schokoladenfirma Tobler hat die «Toblerone» nach ihm geformt. Im kalifornischen Disneyland gibt es ihn ein zweites Mal.

Das Murmeltier ist das Maskottchen der Alpen. Es hat ein dichtes Fell und einen dicken Po, die nachvollziehbare Angewohnheit, sich einzumurmeln, wenn's kalt wird, und die unglaubliche Fähigkeit, beim Schlafen über ein Drittel seines Körpergewichts zu verlieren. Der Gletscherfloh ist auch unglaublich. Ein uraltes Wesen, das eine moderne Erfindung sein könnte. Er produziert sein eigenes Frostschutzmittel. Es hält das Blut flüssig. Und wenn's ganz kalt ist, leert er zum Schutz vorm Erfrieren auch noch seinen Darm. Der Floh ist höchstens zweieinhalb Millimeter groß. Er ist der einzige Vertreter der Tierwelt auf dem Gletscher.

Der österreichische Kaiser Franz Joseph I. und seine Frau Elisabeth (Sisi) sind das Königspaar der Alpen. Zur Hochzeit bekamen sie die Kaiservilla in Bad Ischl im Salzkammergut geschenkt. Im Jahr 1879 waren sie 25 Jahre verheiratet, und man schenkte ihnen ein riesiges Eisenkreuz. Bergführer schleppten es auf den 3789 Meter hohen, schneebedeckten Großglockner, den höchsten Berg des Landes. Es wog 250 Kilogramm. Sie brauchten vier Tage. Auf dem Gipfel rammten sie es in den Fels.

Das Rigi-Kulm ist die Aussichtsplattform der Alpen. Der höchste Gipfel des Rigi-Massivs ist baumlos, ziemlich öde, aber mit nur 1797 Metern gut erreichbar. 1816 wurde dort oben ein bescheidenes Wirtshaus gebaut, 1848 das erste Hotel, acht Jahre später das zweite. Die Übernachtung kostete vier Franken. Am Rigi überm Vierwaldstättersee wurde eine neue Berufsgruppe geschaffen: Die Rigi-Träger schleppten Material und Gäste hoch. Ab 1871 nahm ihnen die erste Zahnradbahn Europas ein bisschen Arbeit ab. Dann wurde die dritte Herberge gebaut. Ein Grand Hotel; ein Palast mit dreihundert Betten, Billard-, Lese-, Damen- und Musiksälen. In der Küche hantierten renommierte Köche. Berühmtheiten aus der Modewelt, Literaten und Musiker reisten mit dem Spazierstock, auf dem Pferd oder im Tragstuhl an. Sie zahlten zwanzig Franken für die Nacht. Das war der Wochenlohn eines Arbeiters. 14 100 Weggli, 1730 kg Brot, 141 kg Zwieback, 1908 kg Poulet ließen die drei Kulmhotels etwa im August des Jahres 1908 aus dem

Tal anliefern. Das Service, das der Bayernkönig Ludwig II. ihnen einst schenkte, steht immer noch in einer Vitrine auf dem Berg. Für 240 Franken bekommt der Gast auf der Rigi-Kulm heute für eine Nacht ein Eckzimmer auf der Südseite.

Es gibt zwei deutsche Alpenseen. Der Funtensee liegt auf 1601 Metern Höhe in einem Bergkessel bei Berchtesgaden. Am Ufer steht eine Wetterstation. Er ist der kälteste Ort der Bundesrepublik. Die Thermometer ähneln Sportgeräten, der Bereich unter null ist eine lange Rennstrecke. Weihnachten 2001 raste das Quecksilber bis auf den Wert von 45,9 in die Tiefe. Der Königssee hat sich, nicht weit vom Funtensee entfernt, am Watzmann zwischen steilen Berghängen angestaut. Er ist nahezu uferlos. Klar, irgendwie unwirklich, ein Fjord im Hochgebirge. «Hoch in den Bergen überm Königssee, da haust die Maid und hütet Vieh im frischen Klee. Sie ist so fromm und dennoch ungehemmt so wie ihr prall gefülltes Miederhemd», sang eine Band in der Neuen Deutschen Welle. «Jodelodidie, holladie, holladie, die Sennerin vom Königssee, sie tanzt wie eine wilde Fee.» Den Lebenslustigen der achtziger Jahre war das Alpenleben ein Fluch. Die Sennerin wurde erlöst: «Und eines Tages, da kommt Fred Astaire und sagt: Hey Honey, hüte keine Kühe mehr, and let us dance together.»

Im Klagenfurter Becken wurden die Alpen sofatauglich. Das «Schloss am Wörthersee» gibt es schon seit dem 17. Jahrhundert. Für deutsche und österreichische Fernsehzuschauer existiert es seit Anfang der neunziger Jahre, als der Schlagersänger Roy Black das prachtvolle Hotel erbte. Im Laufe der 34 Folgen dieser Fernsehserie mietete sich eine ganze Armada an Prominenten bei ihm ein. Wolfgang Ambros, Drafi Deutscher, Eddi Arent und Harald Juhnke reisten an. Nina Hagen, Udo Jürgens, Hildegard Knef und «Kojak» Telly Savalas. Dagmar Koller, Ottfried Fischer und Falco. Sogar Jörg Haider checkte hier ein. Das Schloss war verführerisch und voll Tücke wie das Gebirge. Die Protagonisten agierten auf steinigem, abgründigem Terrain. Sie ließen sich auf miese Geschäfte ein, kämpften wie Bergsteiger um die Gipfel. Die Liebe stürmte wie der Föhn und machte krank. 1991, als die Dreharbeiten für die zweite Staffel beendet waren, soll sich der Hauptdarsteller auf seltsame Weise von seiner Kollegin Uschi Glas in den Urlaub verabschiedet haben. Die Schauspielerin sagte später in einem Interview, sie sei nicht überrascht gewesen, als sie kurz darauf vom Selbstmord Roy Blacks erfahren habe. Kurzerhand ließ man auch in der Serie den Hotelerben sterben. Uschi Glas übernahm das Haus.

Dabei haben die Alpen das Fernsehen nicht nötig. Sie haben ihr eigenes großes Theater. Im «Grand Hotel des Alpes» auf der Passhöhe Kleine Scheidegg im Berner Oberland mieten sich die Menschen seit einem guten Jahrhundert für viel Geld in prachtvollen Zimmern ein, um die Dramen zu verfolgen. Sie stehen mit Fernrohren auf der Terrasse oder an den Fenstern des Festsaals, wo ein Pianist am Flügel musiziert, und blicken auf den Eiger. All die Bergsteiger, die je versucht haben, über die 1650 Meter hohe, konkave Nordseite, die gefährlichste Nordwand der Alpen, auf den Gipfel zu gelangen, haben auf der Kleinen Scheidegg eine Art Fanmeile. Tage und Nächte harren die Zuschauer bei Champagner und Lachs aus, bis jemand siegt. Oder abstürzt.

⋀⋀

Die Gebirgskette der sieben Churfirsten steigt links vom Toggenburger Höhenweg sanft an, fällt jedoch im Süden fast senkrecht zum fünfzehn Kilometer langen Walensee ab. Es gibt eine einzige Stelle, an der wir es wagen könnten, sie zu

überschreiten. Doch wir fürchten, dass uns bald das schlechte Wetter einholt. Also wandern wir sie auf rund 1500 Metern Höhe in westliche Richtung ab: den Chäserrugg und den Hinterrugg, Schibenstoll, Zuestoll und Brisi, Frümsel und Selun – sieben nackte, scharfe Kalksteinzacken, die wie eine Mauer dastehen.

Im Jahr 2002 haben Wanderer am Chäserrugg ein Skelett gefunden. Auf den ersten Blick hielten sie es für fossiles Holz. Aber einer der beiden war Biologe und erkannte auf den zweiten Blick einen Urhai. Gestern wurde er von einem Helikopter der Armee geborgen. Die Frage, warum der Direktor des St. Gallener Naturmuseums den Fund sieben Jahre geheim hielt, kann im Toggenburger Land niemand beantworten. Die Leute können es sowieso nicht glauben: Vor neunzig Millionen Jahren ist der Hai gestorben und auf den Meeresboden gesunken. Siebzig, achtzig Millionen Jahre später war immer noch so viel von ihm übrig, dass er mit der Alpenfaltung über zwei Kilometer in die Höhe gehoben wurde. Natürlich sind die Leute gestern zum Chäserrugg gepilgert, um sich das Unglaubliche anzusehen. Die Rotorblätter kämpften mit dem Hai. Ein vierhundert Kilo schweres Felsstück, in dem dreißig Wirbel versteinert sind, hing an einem langen Seil am Helikopter. Die Leute waren enttäuscht. Sie hatten damit gerechnet, einen Fisch zu sehen.

Es braut sich was zusammen. Eine andere Landschaft, ein anderes Wetter. Eine Alp neben der anderen liegt wie in der Dampfsauna. Weit und breit keine Kuhglocke, kein Wind, der Nebel zerdrückt jedes Geräusch. Wiesen, Waldstücke, Geröll, die Dolinen, die das Wasser abfangen. Die Silhouette der «Ochsenhütte» taucht aus dem Nebel auf, als wir schon vor ihr stehen. An der Tür ein Schild: *Wegen Alpabtrieb geschlossen*. Das Plumpsklosett ist geöffnet, die Viehtränke gefüllt. Das Wasser können wir nicht trinken, aber es kühlt. Eine Wespe sticht Heidi in den Daumen, als sie anstelle des Hüttenessens, mit dem wir fest gerechnet haben, einen Müsliriegel verspeist. Der Finger schwillt an, und die Allergiesalbe kommt zum Einsatz, ach, Markus Grieshaber.

Anderthalb Stunden später sind unsere letzten Wasservorräte aufgebraucht. Und plötzlich scheint auch noch die Sonne. Wir müssen uns setzen, um den Durst mit Obstschnaps aus der Taschenflasche zu stillen, denn der Pfad ist schmal und der Abgrund tief. Wir balancieren am Halteseil weiter, unzählige schotterige Kehren führen nach Arvenbüel. Das Dorf liegt auf über 1200 Metern. Die Häuser haben Frauennamen statt

Nummern. Sie stehen leer, die Fenster hängen voller Spinnweben. Kein Schnee zum Skifahren, keine Menschen. Arvenbüel hat Betten, aber es fehlt die Seele. Auf der Straße geht's nach Amden. Die Wirtin, die über den Gasthof «Alpenrösli» herrscht, ist noch grimmiger als die in Appenzell. Sie versperrt uns den Zutritt, bis wir die Schuhe ausgezogen haben. Derweil sie da breit im Türrahmen steht, erhöht sie den Zimmerpreis um zweimal zehn Franken, weil wir nur bis morgen früh bleiben. Sie legt fest, woraus unser Nachtessen bestehen und dass es Punkt halb sieben auf dem Tisch stehen wird.

«Das macht dann für jede nochmal 24.»

Wir duschen in der Nasszelle unterm Dach, steigen so lautlos wie möglich die knarrende Holztreppe herab und türmen an der offenen Küchentür vorbei ins Freie. Im Dorf gibt's zwei Gaststätten. In der «Sonne» hängt Zigarrenqualm. Der Mann, der ihn verursacht, lehnt wie ein abgestellter Besen am Tresen. Sonst ist niemand da. Vorm «Rössli» haben sich die Amdener Biertrinker zusammengefunden. Eine Katze wechselt die Plätze, steigt auf das angewärmte Sitzkissen der Person, die gerade zum Klo verschwindet. Das Bier kommt im Kübel, dem Halbliterglas. Chrüter ist Kräuterschnaps. Mehrere Chrüter mildern die Furcht vor der grimmigen Wirtin. Doch den Dunst des Nachtessens, der auf der Holztreppe im «Alpenrösli» hängt, machen sie auch nicht erträglicher. Wir können die Flurfenster nicht öffnen, weil die Griffe fehlen. Wie im Kindergarten. Draußen in der Dunkelheit beginnt es nun zu tröpfeln. Dann regnet es wie aus der Gießkanne, und schon bald kippt der Himmel eimerweise Wasser aus. Die Straße, die von oben aus Arvenbüel kommt, verwandelt sich in einen reißenden Fluss. Er stürzt runter zum Walensee. Es donnert und blitzt. Die Wirtin hat uns den Schiffsfahrplan ins Zimmer gelegt. Er ist vom letzten Sommer. Ungültig.

Achter Tag: Von Amden auf die Tannenbodenalp

Samstag, 22. August

Es gibt verschiedene Arten von Nebel. Den, der morgens wie eine leichte Sommerdecke auf den Alpwiesen liegt und Feuchtigkeit hinterlässt, ehe es so richtig trocken wird. Den, der wie aus dem Nichts kommt und die Luft von unten bis oben verfärbt. Und den dicken, fetten Nebel, der heranrollt und alles frisst. Dieser Nebel dringt am Morgen durch das weitgeöffnete Fenster. Er schafft es einen halben Meter über den Sims und balgt sich mit der warmen Zimmerluft. Wir lugen unter den Federbetten hervor.

«Er senkt sich in einer Stunde», sagt der Wirt im Frühstückszimmer. Die hartgekochten Eier hat er bunt eingefärbt wie zu Ostern. Seine Körperhaltung ist zeitlos. Seit eh und je gehört zu einer garstigen Wirtin ein gebückt gehender Gatte. «Morgen wird's richtig schön», sagt er zum Dienstreisenden, der sich nach uns an den Frühstückstisch setzt. Da Wetterprognosen für die Alpenbewohner sehr wichtig sind, haben sie scheinbar stets mehrere parat. «Schönes Wetter heute!», begrüßt der Wirt eine weißhaarige Urlauberin.

Gefräßiger Nebel vorm Haus, wo gestern noch die Straße war. Wir tasten uns zum Dorfladen vor, stopfen Paprikaschoten, Äpfel und Bananen in die Rucksäcke, füllen Birnenschnaps in die Taschenflasche und sehen so gut wie nichts, als wir zum Walensee absteigen. Der Nebel füllt die Weite zwischen uns und der Umgebung. Auf nebelnassem Boden geraten wir zum ersten Mal ins Rutschen. Im Wald ist wenigstens die Sicht besser. Wir klettern bergab bis an die tiefste Stelle einer Schlucht, durch die ein breiter Bergbach fließt. Im Bach stehen vier Männer. Sie ruckeln an ihrer wasserdichten Kleidung, an ihren Helmen und laufen los. Und zwar durchs Bachbett. Abwärts. Dorthin, wo das Wasser aus dem Waldstück ein paar Meter in die Tiefe kippt. «Canyoning» wird genannt, was sie da tun. Die Schweizer sagen «Schluchteln». Das klingt putzig. Nicht so, als gäbe es da ein Problem.

Beim Schluchteln bewegen sich die Menschen mit einem Bach oder Fluss durch eine Schlucht. Sie brauchen alpine Erfahrungen, sollten sich abseilen und klettern können, springen, schwimmen, tauchen. Und vor allem sollten sie sich mit dem Gewässer auskennen. Denn was sie tun, ist nahezu kriegerisch. Sie legen sich mit dem Wasser an, dem größten Feind, den der Mensch im Gebirge hat. Sind sie erst einmal in einen Bach gestiegen, kommen sie so schnell nicht wieder heraus.

⋀

Im Juli 1999 stiegen mehrere Dutzend Menschen in den Saxetbach im Berner Oberland. Sie waren zwischen 19 und 32 Jahre alt, einige Schweizer sowie Australier, Neuseeländer, Südafrikaner und Briten. Mit dem, was sie taten, hatten sie kaum Erfahrung, aber sie hatten bezahlt und dafür Ausrüstung und Guides bekommen. Es war ein sehr heißer Tag. Irgendwann begann es zu tröpfeln. Rasch wurde Regen draus, dann ein Gewitter. Binnen Minuten schwoll der Saxetbach um mehrere Meter an und walzte zu Tal. 18 Touristen und drei Guides verschwanden urplötzlich aus dem Leben. Wie das Geröll und das Holz, welches das Wasser aus der Höhe mitgebracht hatte, trieben sie kilometerweit bis zum Brienzer See. Man fand zwanzig Leichen. Eine 25-Jährige, die mit ihrem Mann auf Hochzeitsreise gewesen war, blieb verschwunden.

2001 befasste sich das Strafgericht in Interlaken mit dem Ereignis. Nach einigen Verhandlungstagen wurden sechs Mitarbeiter des Reiseveranstalters «Adventure World» wegen fahrlässiger Tötung verurteilt. Ihre Wetterkundeausbildung und damit ihr Vermögen, die Lage in den Bergen zu beurteilen, seien zwar unzureichend gewesen, befand ein Gutachter, aber durchaus normal. Er nannte es «branchenüblich». Ein Zeuge sagte, ein solches Hochwasser hätte er nicht für möglich gehalten. Ein weiterer Zeuge drückte sich anders aus: Die Welle im Juli 1999 sei eine Rarität gewesen. Der dritte Zeuge war Feuerwehrkommandant. Er war am Unfalltag mit dem Fotoapparat losgelaufen und hatte sich auf einer Brücke postiert, als die Rarität angeschossen kam. Auf einem der Bilder, die er aufgenommen hatte, treibt auf der Welle ein Mensch mit dem Gesicht nach oben.

Lediglich ein Bergführer erzählte dem Richter, was nicht nur Einheimische am Saxetbach immer schon wussten: Alle Gebirgsbäche sind unberechenbar. Trotzdem sind seinerzeit an manchen Tagen acht Schluchteltouren flussabwärts gekommen. Bis zu jenem Tag im Juli, der mit 21 Toten endete, hatte «Adventure World» mit sechzig Mitarbeitern jährlich rund 2,5 Millionen Franken erwirtschaftet, ein Drittel davon mit Canyoning. Als das Unglück geschah, saß der Chef des Unternehmens am Schreibtisch und erledigte den zuhauf anfallenden Verwaltungskram. Seiner Meinung nach war die Katastrophe im Berner Oberland nicht voraussehbar und nicht vermeidbar.

Schon bevor er das dem Gericht in Interlaken mitteilte, hatte er Konkurs angemeldet. Unfreiwillig. Im Mai 2000 waren sieben seiner Kunden in die Seilbahn zum 2379 Meter hohen Schilthorn in den Berner Voralpen gestiegen. Der 22-jährige Bungee-Jumper, der als Erster an einem dicken Seil aus der

Kabine sprang, war unten immer noch perfekt gesichert. Doch das Seil war zu lang. Mit voller Wucht schlug der Amerikaner neben dem großen Parkplatz an der Seilbahnstation auf.

Darf, wer in den Bergen lebt, bestimmen, was andere in den Bergen anstellen? Sollte ein Land, das allein deshalb existiert, weil die Berge entdämonisiert und überwunden wurden, Menschen aus anderen Ländern verbieten, sich mit den Bergen einzulassen? Kann, wo alpine Erfahrungen und Kenntnisse am Tourismusmarkt im Handumdrehen käuflich erworben werden, überhaupt Verantwortung übernommen werden? Es geht um Haftpflicht und Sicherheitsstandards, wenn die Schweizer diskutieren. Darum, ob und wie der Staat die Arbeit von Bergführern und Anbietern anderer Risikoaktivitäten kontrollieren kann. Seit einiger Zeit gibt es Sicherheitszertifikate, mit denen Ausbildung, Material und Abläufe bewertet werden. Und es gibt die Konkurrenz auf dem Markt. Anbieter, die ohne Zertifikat agieren und die Preise drücken.

Seit über neun Jahren, seit kurz nach den Ereignissen im Saxetbach, ist ein Gesetzentwurf in den politischen Instanzen unterwegs. Der Bund kann sich nicht dazu durchringen, eine Regelung für das ganze Land zu treffen. Jeder Kanton soll selbst entscheiden, wer wann unter welchen Voraussetzungen Abenteuerlustige an die Berge verkaufen darf. Mitunter ist es in dem Alpenstaat noch wie früher, als der Mensch vorm Berg mit dem Menschen hinterm Berg nichts zu schaffen hatte. Ruck, zuck sammeln sich die Risikosportanbieter in den Kantonen, wo sie mit Risikosport leichter Geld verdienen können. Die Schweizer Politiker können sich auch nicht dazu durchringen, festzulegen, welche Sportarten eigentlich gefährlich sind. Man spricht über Canyoning, Riverrafting und Bungee-Jumping, aber das Mountainbiking und Kanutouren in den Alpen gehören längst auch dazu. Seit Sommer 1999 hat die Nachfrage nach Canyoning stark nachgelassen. Es kommen noch ausländische Kunden, aber kaum Schweizer. Früher sind die Berglandbewohner gern auch mal auf Betriebsausflügen geschluchtelt. Jetzt haben sie verstanden. Sie lassen es sein.

Der Waldweg zieht sich überm Nordufer des Walensees an den steilen Rückseiten der Churfirsten entlang. Er ist stinknormal, ein Weg in einem Wald, endlos lang wie der Schulunterricht. Es geht bergauf und bergab. Jeweils auf den ersten Metern

genießt der Körper den Wechsel, dann fühlt er sich gegängelt. Ich erfinde einen knieschonenden Bergabgang. Man muss sich halten, als hätte man die Hosen voll, und ganz große Schritte machen. Die Oberschenkelmuskeln haben zu tun. In meinen Schuhen wirkt das heldenhafte Werk von Markus Grieshaber fort. Ich schwitze, aber heute trocknen auch die Fasern der ausgeklügelten Wanderbekleidung nicht.

Mein Nacken ist verspannt. Ich vermute, das liegt nicht am Rucksack, sondern ist eine Haltungsfrage. Doch zu einer Haltung kann ich auf diesem öden Waldweg nicht finden. Heidi auch nicht. Wir gehen auf Distanz. Die eine hat der anderen kaum Aufmunterndes zu bieten. Als wir beim Klettern über einen querliegenden Baum doch dicht aneinandergeraten, zeigt sich das. Uns quält der gleiche Frust, mich die ostdeutsche, sie die westdeutsche Variante.

«Hier ist es wie im Thüringer Wald», schimpfe ich.

Sie mault: «Es kommt mir vor, als wäre ich im Sauerland.»

Im Hafen von Quinten, dem kleinen Winzerdorf am Nordufer, von wo täglich ein paar Schiffe zum Südufer nach Unterterzen ablegen, flüchte ich in die Regenjacke und ziehe noch mein Wohnzimmer drüber. Am anderen Ufer: eine Anlegestelle. Laut Karte muss vor uns der Flumserberg stehen. Aber dort steht nur Nebel. Wir können nicht sicher gehen und müssen die Seilbahn nehmen. Die Kabine ruckelt durchs Milchweiß, nur ein Stück von dem Seil, an dem wir hängen, ist zu sehen. Sonst nichts, auch keine Tiefe. Unser Atem kondensiert an den Scheiben. Die Kioskverkäuferin an der Station Tannenbodenalp zeigt uns die Richtung. Wir sollen vorsichtig laufen, nach unten auf den Weg sehen. Das ist unser Weg in den Süden. Zunächst sandig, dann betreten wir Asphalt.

Der Tannenbodenalp haben sie den Namen gegeben, als noch alles anders war. Wir sind in einem Skigebiet. Sechzehn

Wintersportanlagen, drei Talabfahrten, vier Funparks, sieben Loipen, ein Schlittelweg, Hotels und Appartementhäuser, Straßen und Parkplätze, das ist die Alp heute. Wir erschließen Sichtmeter für Sichtmeter, sind mit der Infrastruktur auf der Tannenbodenalp fast allein. Und dann, ein paar Meter vor uns, wo der Nebel durchsichtig wird, steht da unser Hotel, ein Monster aus Beton.

⋀

Wer Ende des 19. Jahrhunderts in Europa an Atemwegsbeschwerden oder einer Lungenkrankheit litt und es sich leisten konnte zu verreisen, dem verordneten die Ärzte Höhenluftkuren in den Alpen. Es wurden Sanatorien gebaut, in denen die betuchten Kranken aufeinandertrafen: Geschäftsmänner, Aristokraten, Künstler von überall auf dem Kontinent. Sie brachten ihre Familien mit und ihre gehobenen Ansprüche. Im Nu wurden aus weitab, aber hoch gelegenen Alpendörfern internationale Winterkurorte. Weil er an Tuberkulose litt, kam der schottische Schriftsteller Robert Luis Stevenson 1880 ins Dorf Davos in Graubünden. Hier ging es dem schmächtigen 30-Jährigen sofort besser. Doch wenn es auch so schien: Das Gebirge ist dem Menschen nicht zu Diensten. Im Gegenteil. Ab etwa zweitausend Metern bietet es nicht mehr so viel Sauerstoff an, wie die Lunge zum Atmen braucht. Stevensons Ehefrau Fanny, Amerikanerin, zehn Jahre älter und bis dahin topfit, machten die Alpen krank. Stolz standen die Berge um sie herum, während sie sich mit Kopfschmerzen, Übelkeit, Appetit- und Schlaflosigkeit plagte. Sie fand es einfach nur trostlos. Das Paar reiste wieder ab. Stevenson jedoch kehrte im Winter 1881/82 zurück. In der Hoffnung, sich wenigstens so gut zu fühlen, dass das Schreiben gelingen würde, mietete er sich in der «Villa Stein» unterhalb des Davoser Waldsanatoriums ein. Die Hoffnung ging in Erfüllung. Jeden Tag entstand ein Kapitel, und dann war der Abenteuerroman «Die Schatzinsel» fertig.

Auch Stevensons Landsmann Arthur Conan Doyle wohnte in der «Villa Stein». Das war gut zehn Jahre später. Und auch Doyle vollendete hier ein Werk. Während sich seine an Tuberkulose erkrankte Frau behandeln ließ, fand er in den Alpen die geeignete Kulisse, um seinen Helden Sherlock Holmes sterben zu lassen. Er verwickelte den Detektiv in einen Zweikampf und ließ ihn in den Reichenbachfall, einen dreihundert Meter hohen, stufenartigen Wasserfall im Berner Oberland, stürzen. Knapp zehn Jahre später bekam der Schriftsteller dann doch nochmal Lust auf eine Detektivgeschichte. Holmes sei gar nicht abgestürzt, erklärte er den Lesern, sondern hätte sich in letzter Sekunde gefangen, an den Fels geklammert und wäre die Klippen heraufgeklettert. In den Alpen, das muss Doyles Eindruck gewesen sein, war alles möglich.

Zum Beispiel konnte man sich «Pantoffeln aus Ulmenholz, acht Fuß lang und vier Zoll breit, mit einem viereckigen Absatz, aufgebogenen Zehen und Riemen in der Mitte zur Befestigung des Fußes» anziehen und damit die Maienfelder Furgga, den 2440 Meter hohen Passübergang zwischen Davos und Arosa, überschreiten, und das in nur sieben Stunden, «weil der größte Teil des Rückwegs ein bloßes Gleiten ist». Von der grandiosen Entdeckung des Skifahrens berichtete Doyle im Dezember 1894 den Lesern der Londoner Monatszeitschrift *The Strand Magazine*. «Skier sind die launischsten Dinger der Welt. An einem Tag kann man damit nichts falsch machen. An einem anderen, bei gleichem Wetter und gleichem Schnee, kann man nichts richtig machen. Man steht an der Spitze des Hangs und beugt seinen Körper nach vorn, um schnell abzufahren, aber die Skier bleiben bewegungslos, und man fällt aufs Gesicht. Für jemanden, der an zu viel Würde leidet, hätte ein Lauf mit norwegischen Skiern eine wunderbare moralische Wirkung.»

Lange vor unserer Zeitrechnung sollen die Menschen im heutigen Russland auf Skiern unterwegs gewesen sein. Weil Bretter unter den Füßen viel billiger waren als Pferde und Schlitten, dienten sie den Nordeuropäern sogar als Hauptfortbewegungsmittel. Kleine norwegische Bauernarmeen besiegten auf Skiern die Wikinger, die im Schnee versanken. Auch während des Dreißigjährigen Krieges gab es in Nordeuropa Skisoldaten. Die Alpenländer Frankreich, Italien, Schweiz und Österreich ließen ihre Armeen schon Anfang des 20. Jahrhunderts eine Skiausbildung durchlaufen. Skandinavische Goldgräber nahmen ihre Skier mit nach Amerika. Bei ersten Goldgräber-Skirennen um 1869 sollen bis zu vier Meter lange «Snow-Shoes» im Einsatz gewesen sein.

Im 18. Jahrhundert gab es den Telemarkski, ein Brett mit perfekter Form, das sich für Wettrennen eignete, Mitte des 19. Jahrhundert war die Seilzugbindung da, aber erst Anfang des 20. fuhren die Europäer in den Alpen Ski. Im Winter 1907/08 wurden in Gstaad im Berner Oberland die ersten Skikurse gegeben. Die Teilnehmer erklommen die Hänge mit dem Pferdeschlitten, zu Fuß oder auf Skiern, unter die sie Seehundfelle banden. 1934 wurde eine Seilbahn gebaut, zwei riesige Schlitten an einem Stahlseil, die mit einem Elektromotor raufgezogen und runtergelassen wurden. Skifahren war nun ein Geschäft. Auch im Alpenraum wurden Bretter hergestellt. Bald gab es neben den nordischen Ausdauer- auch die alpinen Abfahrtsdisziplinen.

Als sich Thomas Mann im Jahr 1912 in der «Villa Stein» einquartierte, waren Sir Conan Doyle und Robert Louis Stevenson nur noch berühmte Namen im Gästebuch. Das Skifahren allerdings war aktueller denn je. Auch Manns Ehefrau Katia, die immer wieder zu längeren Kuraufenthalten nach Arosa und Davos reiste, verfiel den Brettern. Die Briefe, die sie heim nach München schickte, erzählen von einer Bergwelt, die sich abseits der europäischen Ereignisse befand. Zugleich lebte der Kontinent in den Alpen auf. Denn die Europäer begegneten sich hier. Hans Castorp, der nach Davos kommt, um seinem lungenkranken Vetter einen dreiwöchigen Besuch abzustatten, trifft sie hier alle an: die an der Lunge und die am Leben erkrankten. Er bleibt sieben Jahre. Er ist der Held des Romans «Der Zauberberg», den Thomas Mann zu schreiben begann, nachdem er seine Frau in den Alpen besucht hatte. Auch Castorp kauft sich diese Schneepantoffeln, hellbraun lackiert, aus gutem Eschenholz, sowie «Stäbe mit Eisenspitze und Radscheibe dazu». Auch Thomas Mann rang in den Alpen anscheinend nach Worten.

Im Februar 1933 kam er mit Katia und der jüngsten Tochter noch einmal nach Graubünden. Er ließ sich die Schuhsohlen für den Schnee präparieren, um täglich vom «Waldhotel» in Arosa zum Skigebiet aufzusteigen und Frau und Tochter dort abzuholen. Manchmal fuhren sie dann mit dem Schlitten heim. Sie blieben sechs Wochen, wären vielleicht für immer geblieben. So richtig abseits von Europa fühlten sie sich dann aber doch nicht. Sie flohen vor den Nazis in die Vereinigten Staaten von Amerika und kehrten erst Jahre nach dem Zweiten Weltkrieg zurück. Nach Zürich, in die Alpen.

Auch der österreichische Schriftsteller Stefan Zweig, der in Wien lebte, reiste zur Erholung in das Gebirge, das quasi vor seiner Hautür stand. Mitten im Ersten Weltkrieg fand er sich in der kleinen Grand-Hotel- und Gletscherwelt Pontresina im Oberengadin zu Füßen des Bernina-Massivs wieder. Während Europa sich verfinsterte, erhellte der makellos weiße Hochlandschnee die Tage. Während Chaos und Schrecken den Kontinent beherrschten, sah Zweig Eisläufer sorglos ihre Bahnen ziehen und Bobschlittenfahrer über den Schnee preschen. Er saß im Café, verspeiste Petit Fours und fragte sich, warum die Skiläufer an den Schneehängen solche «Affengewänder» trugen. In der Weinstube holte er zu großen Gesprächen mit anderen Weinliebhabern aus. Vielleicht, weil er die Alpenwelt liebte, glaubte er dieser Erklärung: Wer in den winterlichen Bergen seine Kräfte spielen ließ, anstatt sich mit aller Kraft zu bekriegen, war ein guter Mensch. Einige Jahre später, bevor der nächste große Krieg in Europa ausbrach, floh er nach London und emigrierte von dort aus nach Brasilien, wo er sich 1942 das Leben nahm. Die praktische Bergwelterklärung taugte nicht mehr. Überliefert ist: Stefan Zweig hatte den Glauben an die Menschheit verloren.

Schon in den achtziger Jahren des 19. Jahrhunderts wurde in Davos neben dem Skifahren auch gerodelt. Es ging in den Bergen jetzt um Schnelligkeit, ums Kräftemessen an den Hängen. Während die Männer 1883 beim ersten internationalen Schlittenrennen 3,2 Kilometer von Davos nach Klosters rodelten, versuchten auch die Frauen, ihren Spaß zu haben. Das war nicht einfach. Umständlich hockten sie auf den Sportgeräten und versuchten, zugleich Schlittenfahrerin und englische Lady zu sein. «Eine echte Qual fürs Auge, ein absolut unästhetisches Schauspiel», befand Baron de Coubertin, der diese Aktivitäten beobachtete. Der Franzose war Pädagoge und Historiker, vor allem aber war er Sportfunktionär. Er gründete das Internationale Olympische Komitee, rief die Olympischen Spiele der Neuzeit ins Leben und veranstaltete in den Alpen die ersten Olympischen Winterspiele.

Siebzehn Nationen mit dreihundert Aktiven, darunter dreizehn Frauen, reisten 1924 in Chamonix an der Nordseite des

Mont Blanc an. Den Eid sprach der Franzose Camille Mandrillon, Skisportler und Offizier. Er gehörte einer Gebirgstruppe an und war im Sommer in den Alpenhochtälern stationiert. Zu seiner Uniform gehörten Bergschuhe und -stöcke. Er gewann mit der französischen Mannschaft die Bronzemedaille im Militärpatrouillenlauf. In den restlichen Disziplinen mussten sich die Alpenländer in Chamonix den Nordeuropäern gegenüber geschlagen geben. Aber nur im Hochleistungssport. Bis zur Mitte des 20. Jahrhunderts bauten sie die Therapielandschaft Alpen zur Wintersportarena aus, zu einem der größten Zweige des Massentourismus. Ehemals stille Alpendörfer wurden zu riesigen Skisportzentren, in denen massenhaft Menschen sich ertüchtigten, ihre Körper, ihren Geist und ihre Seele ganz im Sinne Coubertins in eine wohltuende Beziehung miteinander zu bringen. Die wohltuende Beziehung zu den Bergen spielte kaum noch eine Rolle.

Am letzten Tag der Winterspiele in Chamonix überreichte Pierre de Coubertin einen Sonderpreis. Obwohl es der britischen Everest-Expedition 1922 nicht gelungen war, auf den höchsten Gipfel der Welt zu gelangen, erwies der Generalsekretär des Komitees den Bergsteigern mit dem «Prix olympique d'alpinisme», dem Preis für Alpinismus, die Ehre. Er würdigte die sportliche Leistung der Bergsteiger mit Medaillen und erklärte den Mount Everest damit offiziell zur Wettkampfstrecke. Die Berge hatten jetzt eine Start- und eine Ziellinie.

Nicht etwa, weil sieben Männer in einer Lawine ums Leben gekommen waren, galt die Expedition offiziell als gescheitert, sondern weil in drei Anläufen der Gipfel nicht erreicht worden war. Bald schon, im Juni 1924, wagte man sich erneut auf den Everest. Auf der Gipfeletappe verschwand der 38-jährige Bergsteiger George Mallory. Eine Aufstiegsroute ist nach ihm benannt. Man zählt ihn zu den berühmtesten Bergsteigern aller

Zeiten. 1999 wurde auf einem 8150 Meter hohen Schneefeld seine Leiche gefunden. Bis heute versucht man zu rekonstruieren, ob er vor seinem Tod am Gipfel war. Ob er überhaupt ins Ziel kam.

⋀⋀

Unser riesiges Hotel heißt «Kabinenbahn». Es ist Schlafstätte, Selbstbedienungsrestaurant und Kabinenbahnstation in einem, und wir sind die einzigen Gäste. Die Wände unseres Zimmers machen Geräusche, wenn eine Kabine eintrifft. Im fensterlosen Gemeinschaftsbad im ersten Stock geht nach einer gewissen Zeit das Licht aus. Sie nehmen den Skisportlern hier oben nicht einfach das Wasser weg, sondern lassen sie tropfnass aus der Dusche durch den Waschraum bis auf den Flur tappen, wo sich der Lichtschalter befindet. Sie bringen ihnen bei, wie lange man duscht. Unser Zimmer ist quasi auch fensterlos, weil man durch die Scheiben nichts außer Nebel sehen kann. Wir rufen in der abgelegenen Hütte am Ober Murgsee an, um uns zwei Schlafplätze für morgen zu sichern. Sie sind dort nur über Satellitentelefon zu erreichen. Und das funktioniert heute nicht. Morgen früh werden wir hier so schnell wie möglich aufbrechen.

Heidi sagt: «Hier verliere ich den Glauben an Italien.»

Neunter Tag:
Von der Tannenbodenalp zum Ober Murgsee

Sonntag, 23. August

In der Morgensonne fällt das Gewand. Es rutscht von den Gipfeln ringsum in die Täler unter uns. Plötzlich stehen in der Ferne die Churfirsten. Der Walensee ist nicht zu sehen, weil sich der Nebel in den Tälern noch einmal aufbauscht. Wir

schieben die Rucksäcke in eine Kabine, drängen mit hinein, dann spuckt das Hotel «Kabinenbahn» uns aus. Wir hangeln uns am Seil über Pistenland. Die Hänge sind braun. Sie sehen aus wie gebügelt. Es gibt viel Bergab. Dass es auch viel Bergauf gibt, wird durch zahllose Liftanlagen vertuscht. Irgendwie scheinheilig.

Am Maschgenkamm steigen wir auf einen Grat. Im Westen zieht sich das Murgtal, im Osten dehnt sich das bergige Sarganserland. Das Skigebiet liegt bald weit hinter uns, das Wetter hängt tief unter uns, und vor uns ersteht Italien gerade wieder auf. Der schmale Gratweg liegt wie ein Band über dem baum- und strauchlosen Gelände, das aussieht, als hätten sich mehrere Riesenkamele dicht zusammengestellt, damit wir über sie hinwegsteigen. An den Schattenseiten der Höcker ist es matschig, obendrauf brennt die Sonne. Vom 2317 Meter hohen Gulmen sehen wir im Südwesten den Ober Murgsee liegen. Er staut sich zwischen den kahlen Bergfalten der Glarner Alpen.

Im Flachland schätze ich Entfernungen, indem ich geradewegs die Laufbahn eines Sportplatzes ausrolle. Aber wo Berge sind, gibt's kein Geradewegs. Auch heute werden wir immer wieder die Richtung ändern. Wir werden sogar dorthin wandern, wohin die Kompassnadel zeigt, fast eine Stunde lang wird der Weg nach Süden in nördliche Richtung verlaufen. Er wird uns einen steilen Hang hinabschicken und, unten angekommen, an anderer Stelle wieder hinaufjagen. Wir werden unkonzentriert sein, fehltreten und fallen. Wir werden durch dürres, von der Sonne ausgebranntes Gelände mit riesigen Schmelzwasserpfützen kommen, in denen es von kleinen Fischen und Kaulquappen wimmelt. Die Farbe des Gesteins wird von Grau auf Rot ins Ultramarin wechseln. Wir werden uns in Gedanken verlaufen und aus den Augen verlieren, werden aufeinander warten, weil aus den Augen verlieren tabu ist. Und noch ein zweites Mal wird der See in unserem Blickfeld auftauchen, direkt zu unseren Füßen. Es wird dann schon Nachmittag sein. Wir werden die Hütte am Ufer sehen, Gestalten, die sich auf der Terrasse bewegen, uns fühlen wie am Ende des Wegs und trotzdem noch einmal anderthalb Stunden brauchen. Dann werde ich die Füße so lange ins Murgseewasser tauchen, bis die Kälte im Kopf angekommen ist.

Ungefähr hier im Gebirge war einst Heidi mit ihrem Freund Geißenpeter, mit der im Rollstuhl sitzenden Klara aus Frankfurt und dem knorrigen Alpöhi unterwegs. Genauer gesagt, ein paar ausgerollte Laufbahnen weiter östlich in den Bündner Bergen, noch hinterm Sarganserland. Aber das ist egal. Vielen Schweizern wäre es recht, wenn es das Mädchen gar nicht gegeben hätte. Oder wenn wir wenigstens heute nicht mehr über sie reden würden. Andere können gar nicht genug von ihr bekommen. Heidi gehöre zur Schweiz wie die Schokolade und die Banken, schreibt die Zeitung *Die Südostschweiz* dieser Tage. Denn das Geschäft mit ihr sei auch in wirtschaftlich schwierigen Zeiten ein sicheres.

Im Jahr 1879 verbrachte Johanna Spyri den Urlaub bei einer Freundin in den Bündner Bergen. Das Kinderbuch, das sie dort zu schreiben begann und binnen weniger Wochen zu Ende brachte, hatte wohl mehr mit ihrem eigenen Leben zu tun als mit den Schweizer Alpen. Spyri war Anfang fünfzig und Gattin des Zürcher Stadtschreibers Bernhard Spyri. In ihrem Haus gingen der Komponist Richard Wagner sowie die Dichter Conrad Ferdinand Meyer und Gottfried Keller ein und aus. Sie gehörte zur Oberschicht der größten Stadt des Landes, aber damit nicht automatisch zu den glücklichen Menschen.

Im Urlaub in den Bergen fühlte sie sich wie das Waisenkind Heidi, das sie nun erschuf: Es kam zum Großvater auf die Alp und hörte zum ersten Mal das Echo seiner selbst.

Die Geschichten und Kinderbücher, die Spyri bislang veröffentlicht hatte, waren unter Pseudonym erschienen. Sie führte in Zürich ein Leben fernab von der Gesellschaft und verkroch sich in die Werke Johann Wolfgang von Goethes wie die kleine Heidi in das Rauschen der Tannen hinter Großvaters Haus. Das Buch, das sie Ende 1879 beendete, nannte sie «Heidis Lehr- und Wanderjahre». Es erschien im Jahr darauf in Deutschland und vier Jahre später in den USA. Dort wurde es 1899 sogar als Schulbuch aufgelegt. «Heidi kann brauchen, was es gelernt hat» hieß der zweite Teil. Bis heute wurden die Geschichten von Heidi in rund fünfzig Sprachen übersetzt. Weltweit entstanden Spielfilme, Fernsehserien, Zeichentrickfilme, Comics. Die Schweizer müssen zugeben: Johanna Spyri ist berühmter als Wilhelm Tell. Goethe müsste zugeben: Sie übertrifft auch ihn an Ruhm.

Erst 1916 erschienen die Heidi-Bücher in der Schweiz. Das Bild von der heilen Bergwelt, das sie verbreiteten, passte den Menschen, die mit den Bergen lebten und ihnen das tägliche Brot abrangen, allerdings nicht. Hatte doch fast zur gleichen Zeit, da Heidi erschaffen worden war, Gottfried Keller beschrieben, welch bedauerliche Entwicklung sein Städtchen Seldwyla unter der Industrialisierung der Alpen nahm. Doch es wäre dumm gewesen, von dem Bild, das sich die Menschen außerhalb des Gebirges vom Gebirge machen wollten, nicht auch im Gebirge zu profitieren.

Mittlerweile haben die Schweizer sogar gelernt, selbst noch Profitables obendrauf zu setzen. Sie haben die Dörfer Maienfeld und Jenins in den Bündner Bergen zum Originalschauplatz gemacht. Sie haben ein «Heididörfli» an den Hang gesetzt und des Großvaters Hütte samt Tannen auf die «Heidialp». Touristen aus aller Welt spazieren auf dem «Heidiweg» durch eine Mischung aus Freilichtmuseum und Disneyland. Sie wohnen im «Swiss Heidi Hotel», profitieren von «Heidipauschalen», kaufen Souvenirs. Im Internet wirbt der «Heidi World Club» um Mitglieder. Auf einer riesigen Seebühne am Walensee hatte 2005 «Heidi. Das Musical» Premiere. Vielleicht war den Schweizer Heidi-Profiteuren der boomende Heidi-Markt nicht mehr geheuer. Sie zerbrachen sich die Köpfe. Sie entwickelten eine Heidi-Philosophie. Am Walensee standen die um Lebensglück ringende Johanna Spyri und die ihr im Wesen gleichende Romanfigur schließlich gemeinsam auf der Bühne.

Die Ferienregion Sarganserland überm Walensee nennt sich «Heidiland». Der «Fernzug Heidiland» karrt die Menschen heran. Vom Maschgenkamm führt «Heidis Blumenpfad» über den Flumserberg. Ein Teil des Weges sei rollstuhlgängig, teilen die Prospekte mit, und so *auch für Klara aus Frankfurt erlebbar*. Aus der «Heidi-Quelle» kommt das «Heidiland-Mineralwasser». Es wird in Flaschen bis nach Australien, Kuwait, Dubai, China und Japan geschafft. Und es wird «Heidi Coffee» verkauft. Heidi stehe für Lifestyle und Trends, heißt es in der Produktwerbung, der Kaffee wecke positive Assoziationen. Vor ein paar Jahren spielte Heidi die Hauptrolle im Werbespot von «McDonald's». Sie brachte dem Alpöhi einen Big Mac und Pommes. «Von meinem eigenen Taschengeld!», jauchzte sie. Der Großvater antwortete: «Guates Chind.» Viele Schweizer verhöhnten und verfluchten den Spot. Ein Trendforscher vom Zürichsee sagte: «Es ist ein Vorteil, dass die Schweiz so einen Mythos hat, er lässt sich relativ leicht mit starken Bildern transportieren.» Seit 2009 gibt es die «Heidiland Tourismus Aktiengesellschaft». Sie kümmert sich um *die Schlagkraft der Region nach außen.*

Die «Murgseehütte» ist das Gegenteil von «Heidiland», denn sie lockt niemanden an. Sie steht auf robusten Holzschindelwänden auf 1825 Metern an einem sicheren Platz im Gebirge. Sie ist das Dach überm Kopf und macht niemandem etwas vor. Aus dem Hahn im Toilettenraum tröpfelt eiskaltes Wasser. Weil man sich nicht wirklich waschen kann, gibt es auch kein Waschbecken, sondern eine Zinkwanne, wie sie auch als Tränke auf den Alpen steht. Ins Dachgeschoss führt eine Stiege. Unterm Gebälk der Schrägen markieren kleine, karierte Kissen die Liegeplätze. Eines dicht neben dem anderen. Zu jedem Kissen gehören zwei graue Armeedecken. Sie kratzen schon, wenn man sie nur anschaut. Es sind ehrliche Decken. Die «Murgseehütte» ist keine Herberge, sondern Biwak.

Es werden hier auch nicht viele Worte gebraucht. Auf der Wiese vorm Haus hat der Hubschrauber eine Warenlieferung abgesetzt. Die Holzkiste muss ausgeräumt und dann mit Müll und Wäsche gefüllt werden. Sie ist so groß, dass die Wirtin samt Angestellten reinsteigen und wegfliegen könnte. Jeder Wanderer braucht zu trinken und ein warmes Essen. Heute essen alle das Gleiche, legt sie fest. Sie könnte erklären, dass sie zwei Angestellte zum Ausruhen durchs Murgtal nach Hause schicken will. Sie kann das Erklären aber auch lassen, denn was sie festlegt, ist verbindlich. Sie könnte sich beim Rauchen vorm Haus auf ein Gespräch mit den Nachtgästen einlassen. Wenn sie Pause macht, dann macht sie Pause von den Leuten. Auf dem Flur fegt sie jeden um, der ihr im Weg steht. In der Küche türmen sich Teller, Tassen und Gläser, die Sonntagsausflügler hinterlassen haben. Sie schleppt kübelweise Bier heran, balanciert Teller mit dampfenden Nudeln, räumt und spült und zapft und teilt Brot aus. Um halb acht legt sie verbindlich fest, dass der Tag zu Ende ist. Sie kassiert ab und bittet alle darum, sich schlafen zu legen. Sie selbst will mit den Angestellten, die auf der Hütte bleiben mussten, noch etwas trinken.

Im Lager unterm Dach brennt Licht. Auf dem karierten Kissen neben meinem karierten Kissen liegt ein alter Mann mit einem langen, weißen Bart. Er schläft mit einem karierten Hemd und einer derben Bundhose. Er sieht aus wie der Geologe Albert Heim auf Exkursion. Es ist auch Albert Heims Hut mit der gewellten Krempe, den der Alte übers Gesicht gestülpt hat. Er bewegt sich auf und ab. Heidi hat gut Lachen. Sie liegt zwischen mir und der Wand.

Unter beiden Dachschrägen wird an grauen Decken gezupft. Das Französisch sprechende Paar in der Ecke versucht es mit Humor. Seufzer sind zu vernehmen. Keine Beschwerden. Jeder spielt den Hüttenprofi. Als wir alle fertig sind, zeigt sich, dass auf jeder Armeedecke ein großes Schweizerkreuz ist. Wir liegen wie beerdigt. Der Engländer gegenüber, dessen Füße fast mit meinen zusammenstoßen, steht freiwillig noch einmal auf, um das Licht zu löschen. Alle Lageraugen sind auf ihn gerichtet. Er trägt eine enganliegende Unterhose, die bis zum Bauchnabel reicht und Hintern, Geschlecht und Oberschenkel fest umklammert. Er drückt auf den Schalter, springt zurück, da geht das Licht wieder an. Vielsprachiges Gemurmel unter den Schweizerkreuzen. Noch einmal unternimmt der Engländer einen Versuch. Sofort geht das Licht wieder an.

Ich habe mal gehört, dass Kammerjäger Bettwanzen schon aus der Ferne riechen. Stöhner, Schmatzer und Schnarcher legen los. Heidi kuschelt sich an die Wand. Ich glaube, sie schläft schon. Ich glaube, Albert Heim schmiegt sich an meinen Rücken. Um zehn geht das Licht aus. Dann kriecht die Kälte in die Hütte.

Montag, den 24. August

Am nächsten Morgen um halb sieben reiße ich mir den kratzigen Halbschlaf vom Leib, stürze die Stiege herunter und raus aus der Hütte. Morgenluft steht starr im sonnigen Bergkessel. Das Gras regt sich nicht. Der See regt sich nicht. Im Wasser das Spiegelbild der Berge. Am Waschtrog fällt Heidi mir um den Hals. Die Nacht war wie ein endloser Marsch über etliche Kilometer und Höhenmeter.

Kurz nach acht klettern wir über den Seekesselrand und steigen an der saftigen Südseite des Gebirgszuges, über dessen karge Nordflanke wir gestern gekommen sind, hinunter ins Übital. Drei Stunden bergab. Das Wasser nimmt denselben Weg. Erst plätschert es als Bächlein rechts an der Felswand der Widersteiner Furggel entlang. Dann bäumt es sich an einem Vorsprung auf und kreuzt unseren Weg. Es verschluckt Bäche, die aus der Höhe an den Bergwänden herabfallen, macht sich tosend breiter und breiter. Sprudelt durch eine Senke, zwängt sich durch eine Enge, rast weiter, schluckt immer mehr Bäche. Schäumt unvermittelt auf. Macht sich noch breiter, lärmt durch Waldstücke, springt wagemutig über Felsbrocken und rauscht in die Tiefe. Bei den Serpentinen hinterm Übital ist das Wasser ein Fluss. In Engi haben sie dem Fluss ein breites, steinernes Bett gebaut. Plötzlich fließt er einfach nur noch, ohne Krach zu machen, und schlüpft hinterm Dorf in den Sernf.

Wir sind im Kanton Glarus am nördlichen Ende des Sernftals. Sechs Kilometer weiter, im Süden des Tals, liegt Elm. Dort müssen wir hin. Berge stehen links und rechts wie die

Wände eines langen Flurs mit Waldtapete und weicher, grüner Auslegware. Überheizte Luft. An der Straße hockt ein kleines, weißes Fabrikgebäude. Fenster, mit rotem Backstein umrahmt, eine Treppe zur Eingangstür, ein Schild. Wer kosten will, soll klingeln.

Die «Glarner Feingebäck AG» ist ein Familienbetrieb. Einst war sie der Bäcker für die siebenhundert Bürger von Engi. Mitte der Achtziger übernahm der Sohn. David Hefti wollte mehr, als ein Leben lang im Alpental Brot und Kuchen backen. Er besuchte Fachmessen, telefonierte nach Holland und in die USA. Marktlücken sind wie Hochgebirgsmatten. Man muss sie finden und sich was einfallen lassen. Hefti automatisierte die Produktion, belieferte Gaststätten mit Gebäck-Dessertschalen, versorgte Cateringfirmen mit süßen und salzigen Raffinessen. Seine Gourmet-Konditoreiwaren wurden an Bord der Schweizer Flugzeuge gereicht. Er scheute keine Mühe, um die Verbindung vom Sernftal in die Welt zu halten. Er behielt die Wetterlage am Markt im Auge. Wenn das Wetter plötzlich umschlug, reagierte er sofort; er produzierte koscheres Gebäck für orthodoxe Juden in den USA, stellte auf Bio-Zutaten um, auf Vegetarisches.

Eines Tages brannte einer seiner Firmenvertreter von den USA nach Mexiko durch. Das kam dem Unheil gleich, den ein Bergsturz anrichtet. Der Mann nahm 250 000 Franken mit. Den Verlust mussten sie an den Maschinen im Sernftal erst mal wieder rausholen.

2001 stellte die «Swiss Air» den Flugbetrieb ein. David Hefti geriet in eine Lawine, es ging abwärts, er verlor eine Million Jahresumsatz. Flachländer hätten wohl aufgegeben. Hefti hat Arbeit für dreißig Leute im Tal und bietet über zweihundert Produkte an. Wo er die Kraft und den Optimismus hernehme, wurde er vor zwei Jahren im Interview für eine Lebensmittel-

fachzeitschrift gefragt. Zum Text gehört ein Foto. Der Firmen-
chef füllt es fast vollständig aus. Er hat einen runden Kopf und
graues Schläfenhaar. Er stützt die Arme in die Seiten, lacht
breit. Unter seinem leuchtend blauen, kurzärmeligen Poloshirt
runden sich die Hüften. Dort sitzt wohl solches Gebäck, wie
Heidi und ich es kaufen, nachdem man uns die Tür geöffnet
hat: «Glarner Anggäzelte», «Spitzbueben», «Biberli», «Frian-
dise», «Glarner Pastetli», «Ofenchüechli» und «Brunsli». «Mir
gefällt meine Arbeit», antwortete David Hefti. «Ich kann mir
nichts Schöneres vorstellen.»

⋀⋀

Im April 1336 stieg ein toskanischer Dichter auf einen knapp
zweitausend Meter hohen Berg in der Provence in den französischen Voralpen. Das war eine ungeheure Sache, denn
Francesco Petrarca musste nicht dort hoch – er wollte. Auf die
Reiselektüre hatte er sich schnell festgelegt, jedoch quälte er
sich mit der Auswahl des Gefährten. «Beim einen schreckte
mich seine Schweigsamkeit, beim anderen sein lautes Wesen,
beim einen seine Schwere und Wohlbeleibtheit, beim andern
Schmächtigkeit und Körperschwäche», berichtete er später.
«All das erträgt man daheim. (…) Schwerer jedoch wird alles
dies unterwegs.» Am Ende entschied er sich für seinen Bruder.
Auf dem Weg begegneten sie einem Hirten. Der Mann versuchte, sie von ihrem Vorhaben abzuhalten, prophezeite Reue
und Mühe und dass sie sich Kleider und Körper an Felsen und
Dornen zerfetzen würden. Pertrarca schrieb: «Da wuchs uns
am Verbote das Verlangen.»
   Die Aufzeichnungen des Dichters über «Die Besteigung des
Mont Ventoux» gelten als der erste Nachweis, dass Menschen
freiwillig auf Berge stiegen. «Auf dem Gipfel ist das Ende aller

Dinge und des Weges Ziel, darauf unsere Pilgerfahrt gerichtet ist.» Man sagt, Petrarca hätte den Alpinismus zur Welt gebracht. In Wahrheit tat er sich schwer mit dem Berg. Wolken und Landschaft lagen ihm zu Füßen, die Sonne stand mit ihm auf einer Höhe. Trotzdem ließ er sich nieder und widmete sich seiner frommen Lektüre. Die gemahnte ihn, den Blick auf die eigene Seele zu richten, anstatt das Irdische zu bestaunen. Beschämt stieg er ab, schweigend, quasi mit geschlossenen Augen.

Konrad Gessner, der zweihundert Jahre nach Petrarca in Zürich lebte, nahm sich vor, von dort aus jedes Jahr einen Berg zu besteigen. Nicht um sich in Form zu bringen, zog er los, sondern um «die gewaltige Masse der Gebirge wie ein Schauspiel zu bewundern». Er wartete nicht etwa Wanderwetter ab, sondern ging, «wenn die Pflanzen in Blüte sind». Gessner war Arzt und Botaniker. Hinter seinen Augen saß das Hirn des Naturwissenschaftlers. «Ich behaupte daher, dass ein Feind der Natur sei, wer die erhabenen Berge nicht einer eingehenden Betrachtung würdig erachtet», schrieb er 1541 im «Brief über die Bewunderung der Berge» an einen Freund im Glarner Land. Jede seiner Gipfeltouren begann mit einem geistigen Aufbruch. Er hatte kein Buch dabei wie Petrarca. Seine Reiselektüre stand am Wegesrand.

Es waren die Menschen in den Alpen, die über Generationen mit den teuflischen Bergen verwandt und schließlich ein faustisches Verhältnis mit ihnen eingegangen waren, die den Europäern und zukünftigen Alpinisten das Tor zum Gebirge öffneten, indem sie es geistig eroberten. Wiederum zweihundert Jahre nach Konrad Gessner reiste 1729 der in Bern geborene Albrecht von Haller von Gipfel zu Gipfel. Unter dem Eindruck des harten Berglebens begann der kaum 21-jährige Arzt und Botaniker, der in Deutschland studiert, in Holland

promoviert und in englischen und französischen Spitälern gelernt hatte, zu reimen. In seinem Gedicht «Die Alpen» lebten
die Bergbauern nicht an der unwirtlichsten Stelle, sondern am
attraktivsten Ort des Kontinents. «Zwar die Natur bedeckt
dein hartes Land mit Steinen, / Allein dein Pflug geht durch,
und deine Saat entrinnt; / Sie warf die Alpen auf dich, dich von
der Welt zu zäunen, / Weil sich die Menschen selbst die größte
Plage sind.»

Vor den mächtigen Bergen, die bislang Schrecken verbreitet
und die Menschen eingeschüchtert hatten, war man größer
als vorm mächtigen Gott. «Hier herrschet die Vernunft, von
der Natur geleitet, / Die, was ihr nötig, sucht und mehrers
hält für Last.» Anders als in den Städten, wo man in Über-
fluss und Armut, in Gier und Groll lebte, war in den Bergen
einer dem anderen gleich. «Die Freiheit teilt dem Volk, aus
milden Mutterhänden, / Mit immer gleichem Maß Vergnügen,
Ruh und Müh. / Kein unzufriedner Sinn zankt sich mit seinem
Glücke, / Man isst, man schläft, man liebt und danket dem Ge-
schicke.»

Albrecht von Hallers Gedicht geriet monumental wie das
Gebirge. Zwar wuchsen erst hinter den Alpen der Wein und
die Nussbäume, erst dort roch es nach Mandel, Pfirsich und
Zitronen, gab es keinen Nebel, und man führte das sonnig-
südländische Römerleben. Zwar lag der Ursprung der Sehn-
süchte der Nordländer jenseits der Alpen. Doch mittendrin im
Gebirge, so klärte man sie nun auf, war die Welt noch heil.
Albrecht von Hallers Nachricht aus dem Bergland war eine
Neuigkeit. Im zivilisierten Europa traf sie einen Nerv.

Es lohnte sich also, die Landschaft zu betrachten. Das Meer.
Den Rhein. Die Alpen. Hinter der äußeren Schönheit verbarg sich eine innere. Die Natur rückte in den Mittelpunkt
der Kunstwerke. Phantasiegebirge entstanden, Gemälde aus

Details, die Maler als Skizzen von Reisen mitbrachten. Nicht nur das Elbsandsteingebirge hat Caspar David Friedrich in seinem Dresdner Atelier kreiert, er malte den Mond am Himmel, Schiffe und Häfen, «Das Eismeer», den «Kreidefelsen auf Rügen». Des Malers Natur war mächtig. 1824/25 türmte er den schneebedeckten Watzmann wie eine Steigerungsform des Großartigen hinter kleineren Bergen auf. Auf dem Ölbild «Morgen im Riesengebirge», das zwischen 1808 und 1811 entstanden war, ist das winzige Paar, das den Felsen im Vordergrund erklimmt, kaum zu erkennen. Die Frau im weißen Kleid hat den Gipfel schon erreicht und streckt die Hand nach dem Mann aus. Der Berg bietet kaum Platz, um sicher zu zweit nebeneinanderzustehen. Aber er ist auch der Ort, an dem winzig kleine Frauen winzig kleinen Männern nach oben helfen. Der Berg besitzt die Fähigkeit, den Menschen wohlzutun. Hinter dem Antlitz der gemalten Natur verbirgt sich eine Auffassung. Die Bilder sind romantisch und patriotisch zugleich.

Im Juni 1775 stieg ein deutscher Dichter aufs Gotthardmassiv, um über den Pass in den Süden zu gelangen. Johann Wolfgang von Goethe tat sich gewöhnlich nicht schwer damit, sich zu äußern. Er war Jurist und Politiker, betrieb naturwissenschaftliche Studien, zeichnete. Nun stand er mit seinen Stiften über der Schöllenen, einer Schlucht, in der die Reuss aufschäumte, und betrachtete die schmächtige Teufelsbrücke, den einzigen Übergang, den der tosende Fluss ein paar Jahre später zerstören würde. «Die Umrisse mochten mir gelingen, aber es tat sich nichts hervor, nichts zurück», berichtete er über seinen Versuch, ein Bild zu Papier zu bringen, «für dergleichen Gegenstände hatte ich keine Sprache.»

Das Gebirge überraschte Goethe nicht. Dem gebildeten, mutigen Wallfahrer bot es endlich Gelegenheit, mit eigenen Augen zu sehen, was er sich im Geiste schon vorgestellt hatte.

Er formulierte kunstvoll. «Wir mühten uns weiter, das ungeheure Wilde schien sich immer zu steigern. Platten wurden zu Gebirgen und Vertiefungen zu Abgründen.» Das fast siebzig Meter lange Urner Loch, den ersten von Menschenhand in den Fels geschlagenen Alpentunnel, erklärte er mit wenigen Worten: «Diese Finsternis hob alles auf.» Über den Pass gelangte Goethe weiter. «Hier kostet es der Einbildungskraft nicht viel, sich Drachennester in den Klüften zu denken.» Als er eine Pause einlegte, baute sich der Eindruck, den das Gebirge auf ihn machte, unüberwindbar vor ihm auf. «Ich hatte mich an den Fußpfad, der nach Italien hinunterging, niedergelassen und zeichnete, nach Art der Dilettanten, was nicht zu zeichnen war und was noch weniger ein Bild geben konnte.»

«Scheideblick» nannte Goethe seine Zeichnung von den Bergen. Sie standen als triste Schraffuren zwischen ihm und dem Süden. «Mir kommt vor, als wenn der Mensch in solchen Augenblicken keine Entschiedenheit in sich fühlte, vielmehr von früheren Eindrücken regiert und bestimmt werde», schrieb er. Er empfand das Gebirge als bedrohlich. Bedrohlich war das Fremde. «Das, was mich so lange ganz umfangen, meine Existenz getragen hatte, blieb auch jetzt das unentbehrlichste Element, aus dessen Grenzen zu treten ich mich nicht getraute.» Er wandte sich vom Süden ab und «ohne ein Wort zu verlieren, dem Pfade zu, woher wir gekommen waren».

Das Gebirge sei «eine andere Art von Schrecken», soll schon der Brite Joseph Addison, der ein drei viertel Jahrhundert vor Goethe durch die Alpen gekommen war, gesagt haben. Auch er war Dichter und Politiker, ein gebildeter Mann auf Erkundungstour. In der Bergwelt jedoch war Bildung hinfällig. Denn die geregelten Umstände, unter denen sie erlangt worden war, traten hier nicht ein. Die Berge waren unzivilisiert, und es nützte nichts, sich mit Geschmack und Sitte auszukennen. Sie waren nicht einzuschätzen. Nur wer bereit war zu scheitern, konnte sie erobern. Insofern waren die Alpen verlockend. Ein Schrecken der angenehmen Art.

Goethe versuchte sich immer wieder an ihnen. Er eroberte das Eismeer am Mont Blanc über Chamonix. Während Touristen Wollsocken über Schuhe zogen oder Fußeisen anlegten, betrat der Dichter den Gletscher besohlt wie immer und schaffte ein paar hundert Schritte, ohne auszurutschen. Er blickte aufwärts, von wo ihm das Eis, auf dem er stand, quasi entgegenkam. Er floh. Es war ihm doch ein zu «schlüpfriger Boden».

Immer wieder nahm er Anlauf auf den Gotthard. Er kam nicht als Dichter und Maler, sondern als Naturwissenschaftler. Der Granit bedeute die Grundfeste der Erde, schrieb er in «Briefe aus der Schweiz». Wieder offenbarte sich der Berg als ganz besonderer Ort. «So befindet man sich hier auf einem Kreuzpunkte, von dem aus Gebirge und Flüsse in alle vier Himmelsgegenden auslaufen. (…) Ich komme mir sehr wunderbar hier oben vor.»

Seinem Freund, dem Dichter Friedrich Schiller, erzählte er von den Alpen. Immer wieder. Schiller nahm das Gebirge an sich und zog sich an den Schreibtisch zurück. Im März 1804 wurde «Wilhelm Tell», sein Drama um den Schweizer Freiheitshelden vom Vierwaldstättersee, am Weimarer Hoftheater uraufgeführt. Der schmächtige, kränkelnde Autor, der kaum noch aus dem Haus kam, höchstens mal in Thüringen und Sachsen unterwegs war, platzierte grüne Matten überm Alpensee, ließ den Kuhreigen harmonisch läuten, die Berge dumpf krachen und Wolkenschatten über die Szenen laufen. «Gibt's Länder, wo nicht Berge sind?», fragt in seinem Stück der Sohn den Tell. Der erzählt von der großen weiten Ebene jenseits der Alpen. «Die Flüsse ruhig und gemächlich ziehn, / da sieht man frei nach allen Himmelsräumen, / das Korn wächst dort in lan-

gen, schönen Auen, / und wie ein Garten ist das Land zu schau-
en.» Der Knabe ist begeistert. «Ei Vater, warum steigen wir
denn nicht / geschwind hinab in dieses schöne Land, statt dass
wir uns hier ängstigen und plagen?» – «Das Land ist schön und
gütig wie der Himmel», antwortet Wilhelm Tell, «doch die's
bebauen, sie genießen nicht / den Segen, den sie pflanzen.»

Als der Komponist Richard Strauss Großherzoglicher Ka-
pellmeister am Weimarer Hoftheater wurde, standen Schiller
und Goethe schon auf dem Denkmalssockel vorm Portal des
Hauses. Strauss reiste viel gen Norden, es zog ihn in Richtung
Berlin. Aber er war Münchner. Zu Hause standen die Alpen vor
der Tür. Als Kind hatte er sich einmal in den Bergen verlaufen
und war in ein Gewitter geraten. Er war Mitte dreißig, als er
beschloss, mit Musik eine Alpenbergtour zu malen. Er war Mitte vierzig, als er die Abschnitte seiner Sinfonischen Dichtung
skizzierte: Anstieg, Eintritt in den Wald, auf der Alm, durch
Dickicht und Gestrüpp auf Irrwegen, auf dem Gletscher, ge-
fahrvolle Augenblicke, Nebel steigen auf, die Sonne verdüstert
sich allmählich, Stille vor dem Sturm, Gewitter. Noch einmal
vier Jahre vergingen, ehe er mit der Orchestrierung begann.

Die Partitur wurde ebenso monumental wie das Alpenge-
dicht Albrecht von Hallers. Richard Strauss beschäftigte 123
Instrumente. Die Blechbläser waren sein Berg, Streicher, Holz-
bläser und Trompeten sein Sonnenaufgang. Musiker bedienten
Windmaschine, Donnerblech und Kuhglocken. Es heißt, er
hätte ursprünglich an zwei Orchester gedacht: eins im Saal und
ein zweites hinter der Bühne, das die Klänge verstärkt. Im Oktober 1915 wurde «Eine Alpensinfonie» in Berlin uraufgeführt.
Strauss dirigierte die Dresdner Hofkapelle. Sein Tongemälde
zeigte 24 Stunden im Leben eines Berges und desjenigen, der
ihn bestieg. Gleichsam ein Menschenleben, das sich, so notierte der Komponist im Tagebuch, wie eine Bergwanderung

abspielt: «moralische Läuterung durch eigene Stärke, Befreiung durch Arbeit, Verehrung der ewigen und phantastischen Natur». Sein Werk hatte Zeit in Anspruch genommen. Mittlerweile war er 51 Jahre alt. Es hatte ihn außer Puste gebracht. Der Prozess sei für ihn weniger erfreulich gewesen, als Kakerlaken zu jagen, soll er gesagt haben.

Auch Friedrich Hegel machten die Alpen zu schaffen. Der Philosoph wanderte im Juli 1796 mit drei Freunden von Interlaken durchs Berner Oberland bis zum Vierwaldstättersee. Überliefert ist: Er lief sich die Füße wund, das Murmeltierfleisch, das man ihm zum Essen reichte, war nicht nach seinem Geschmack, und er wartete vergeblich darauf, dass der Anblick des Gletschers in der Höhe seinem Gehirn zu denken gab. Sein Berufskollege Schopenhauer hingegen meinte: «Die Philosophie ist eine hohe Alpenstraße, zu ihr führt nur ein steiler Pfad über spitze Steine und stechende Dornen: Er ist einsam und wird immer öder, je höher man kommt, und wer ihn geht, darf kein Grausen kennen. (…) Dafür sieht er die Welt unter sich, ihre Sandwüsten und Moraste verschwinden, ihre Unebenheiten gleichen sich aus, ihre Misstöne dringen nicht hinauf.» Allerdings hatte Arthur Schopenhauer geschummelt. Denn diese Worte schrieb er 1811 – nach einer Harzreise.

Die Alpen selbst luden nie dazu ein, sie zu betreten. Straßen, die einst die Römer gebaut hatten, verfielen nach und nach. Passüberquerungen waren mühsam und lebensgefährlich. Reiche stiegen aus den Kutschen und ließen sich mit verbundenen Augen an einer Schlucht entlangtragen. Zu Reisen über die Alpen gehörten Unfälle, Plünderungen und Erfrorene. Man war besser nur tagsüber unterwegs. König Heinrich II. und seine Gattin nahmen ein ganzes Heer mit, als sie 1013 von Augsburg über die Alpen nach Rom aufbrachen, um sich vom Papst zum deutsch-römischen Kaiserpaar krönen zu lassen. Der 26-jährige Heinrich IV. brach ausgerechnet im eisigen Dezember von Speyer zur Burg Canossa in Norditalien auf. Dort sollte das Oberhaupt der Katholiken den Kirchenbann von ihm nehmen. Jedoch versperrten papsttreue Herzöge dem König den Weg über die von ihnen kontrollierten Alpenübergänge, und er musste weit in die Westalpen über den 2038 Meter hohen Pass des Mont Cenis ausweichen. Er soll auf allen vieren durch den Gebirgswinter gekrochen oder einfach liegend bergab gerutscht sein. Erst Ende Januar 1077 kam er vor der Burg an.

Um 1050 wurde an der alten Römer-Passstraße über den Großen Sankt Bernhard ein Hospiz gegründet. An einem der wichtigsten Alpenübergänge in den Penninischen Alpen, die heute Walliser Alpen heißen, gab es nun ein Wohnhaus und ein Hospital. Hunderte Jahre später kamen die Augustiner-Mönche vom Sankt Bernhard nicht mehr allein mit den vielen Reisenden zurecht, die beim Überqueren eines der unwirtlichsten Orte der Westalpen verunglückten. Sie holten von den Sennen aus der Umgebung junge Hunde, die sie ausbildeten und züchteten. Die Bernhardiner waren bei Sturm und Schnee auf dem Pass unterwegs. Sie stöberten in Lawinen und retteten Menschenleben. Ihr Leben war hart. Sie wurden nicht alt. Erst nach vielen Generationen, im 19. Jahrhundert, sahen sie so aus, wie wir die Hunderasse heute kennen. Seit sie auch außerhalb der Alpen leben, sind Bernhardiner jedoch zu schwer und zu massig für die Arbeit im Gebirge. Heute werden sie von Schäferhunden ersetzt.

Im Mai 1800 kam Napoleon am Großen Sankt Bernhard über den Pass. Der Heerführer und die über vierzigtausend Mann, die er mitbrachte, wurden von den Mönchen wie alle Reisenden kostenlos umsorgt und bewirtet. Schon bald nachdem die Franzosen abgezogen waren, riss sich der Adel des Flachlands um Bernhardiner als Haushunde. Einer von Napoleons Generälen, heißt es, hatte sofort den Welpen Barry mitnehmen wollen. Aber die Mönche hatten abgelehnt. Barry war ein besonderer Hund. Er wurde berühmt. Im Laufe seines Lebens auf dem Pass rettete er über vierzig Menschen. Auf Postkarten, die Reisende vom Großen Sankt Bernhard sandten, stolzierte er mit einem erschöpften Kind auf dem Fellrücken ins Hospiz. Er war heilig, umkränzt von Legenden. Er soll stets ein Fässchen Schnaps um seinen Hals getragen haben, damit sich Menschen, die er in Lawinen aufgestöbert hatte, wärmen konnten. Er war zwölf Jahre alt, als ihn ein Lawinenopfer für einen Wolf hielt und lebensgefährlich verletzte. Die Mönche schafften ihn vom Berg nach Bern. Er starb 1814 und steht heute ausgestopft im Naturhistorischen Museum. Bei Paris errichtete man ihm ein Denkmal. 1949 wurde «Barry – der Held von St. Bernhard» in Frankreich verfilmt.

Erst im ausgehenden 18. Jahrhundert konnte man die Alpen wieder auf passablen Straßen überqueren. Es kamen Menschen, die man heute Touristen nennt, Reisende aus Lust und Laune, die Mittel und Wege fanden, um sozusagen Berge zu versetzen, indem sie wacker drum herumgingen. Irgendwann folgten sie Büchern, die sich Reiseführer nannten. Napoleon hatte am Simplon die erste Fahrstraße über die Alpen ausbauen lassen, die Mönche vom Sankt Bernhard betrieben jetzt auch hier ein Hospiz. Auch über die Pässe am Semmering und am Stilfser Joch fuhren Kutschen. Mit dem Postillon schließlich erreichte auch Goethe Italien. Er brach 1786 in Weimar auf. Zwischen Innsbruck und Brenner wurde das Gebirge immer höher. Es behelligte ihn diesmal nicht, sondern zog am Kutschenfenster vorüber wie in einem Film. Er berichtete: «Es wird immer schöner, da hilft kein Beschreiben.»

Im Dezember 1801 begann Johann Gottfried Seume, Theologe, Jurist, Philologe und Hauslehrer in Grimma bei Leipzig, eine Fußreise nach Italien. Den Hinweg nahm er von Wien über die Ostalpen und Venedig, zurück kam er von Mailand aus über den Gotthard und Zürich. Sein Buch «Spaziergang nach Syrakus» erkundete nicht die besten Wege, sondern durchstreifte Lebenswelten – ganz unmodern, im langsamsten Tempo, in dem der Mensch sich fortzubewegen vermag. Es war kein Reiseführer, sondern Reiseliteratur. «Ich lege dieses zwar nicht als ein vollständiges Gemälde, aber doch als einen ehrlichen Beitrag zur Charakterisierung unserer Periode bei den Zeitgenossen nieder, und bin zufrieden, wenn ich damit nur den Stempel eines wahrheitsliebenden, offenen, unbefangenen, selbständigen, rechtschaffenen Mannes behaupte», schreibt er in der Vorrede zur zweiten Auflage. «Gegen den Strom der Zeit kann zwar der einzelne nicht schwimmen, aber wer Kraft hat, hält fest und lässt sich von demselben nicht mit fortreißen.»

In einem Wirtshaus am Gotthard bot sich ein wandernder Schneider aus Konstanz an, Seumes Reisesack zu tragen. Der Mann klagte, sich nicht mal eine Suppe leisten zu können, deshalb nahm Seume ihn mit. Sie kamen durch dichten Nebel und durchs finstere Urner Loch zur Teufelsbrücke. «Denke dir das Teufelswetter zu der Teufelsbrücke, wo ich links und rechts kaum einige Klaftern an den Felsen in die Höhe sehen konnte, und du wirst finden, dass es eine Teufelspartie war», berichtete Seume. Ab Zug trug er sein Gepäck wieder selbst. Er verabschiedete seinen Begleiter, der sich als unbescheiden, ja unverschämt erwiesen hatte. Die Rechnungen, die der Sachse in Gasthöfen für seinen Gepäckträger beglichen hatte, waren stets höher gewesen als seine eigenen. Er hatte wohl eine Art Alpenreiseunternehmer kennengelernt.

Nach dem ersten Reiseunternehmer kam auch der erste Graffitikünstler in die Alpen. Der 26-jährige Wiener Beamtensohn Joseph Kyselak zog im August zog 1825 durch die Berge des österreichischen Kaisertums. In seinen Reisenotizen beklagte er den Raubbau an Wäldern, der die Lawinengefahr erhöhte, und das Leid verarmter Bergfamilien, deren Männer als Wilddiebe Leben und Freiheit für das Wohl ihrer Familien riskierten. Kyselak hatte eine Flinte bei sich und einen fünfzehn Kilo schweren Rucksack, in dem sich auch ein Behälter mit schwarzer Ölfarbe befand. An Kirchtürmen, Felswänden, und Burgmauern hinterließ er seinen Namenszug. In der Steiermark und in Kärnten, in Tirol und im Salzburger Land sind heute noch achtzehn dieser schwarzen Autogramme zu sehen.

Drei Jahre nach Kyselak kam Heinrich Heine. Die Kutsche, in der er saß, nahm ungefähr denselben Weg wie einst der Postillon von Goethe. Mittlerweile hatte sich der Tourismus in den Alpen etabliert. Vor allem Briten sammelten sich an den Orten, die bald darauf im Baedeker mit mehreren Sternen gekennzeichnet waren. «Innsbruck selbst ist eine unwohnliche, blöde Stadt», berichtete Heine. Auch die Stadt Brixen gefiel ihm nicht: «Als ich ankam, war sie mit Dampf und Abendschatten übergossen. (…) Überall beklemmender Geruch von hässlichen Heiligenbildern und getrocknetem Heu.» Dem Dichter und kritisch engagierten Journalisten behagte nicht, wie das Gebirge sich den Reisenden anbiederte. Er verspottete die «Vertirolerisierung», witzelte darüber, dass Menschen im Tiroler Nationalkostüm herumwanderten, an den Straßen bunte Decken verkauften. «Sie geben ihre Persönlichkeit preis, ihre Nationalität.» Heine machte sich über die Alpen lustig. Die Berge, die er sah, hatten Wolkenbärte und graue Turbane und schauten ihn ernsthaft an. Andere stellten sich auf Zehenspitzen, um überhaupt gesehen zu werden.

Möglicherweise hatten die Augustiner-Mönche auf dem Großen Sankt Bernhard zu dieser Zeit den Tourismus auch schon satt. Nachdem 1905 die moderne Passstraße fertig war, kamen täglich viele Gäste, die wie eh und je kostenlos bewirtet wurden. Die Reisenden nahmen den alten Brauch gern in Anspruch – so rücksichtslos, dass der Orden 1940 durch seine Gastfreundschaft fast ruiniert war. Wer heute hier einkehrt, muss einen Obolus entrichten. Und er muss zu Fuß anreisen. Wer im Auto ankommt, wohnt nicht im Hospiz, sondern im Haus nebenan.

Es war ausgerechnet eine Königin, die ihre Kutsche stehen ließ und das Fußreisen durch die Alpen zum Freizeiterlebnis machte. Marie war die schöne Frau von König Maximilian II., der 1858 das Bergland von Lindau am Bodensee bis Berchtesgaden bereiste. Kaum hatte die Preußin ihn 1842 geheiratet, fühlte sie sich auch mit den Alpen vermählt. Sie stieg und wanderte, übernachtete in Pirschhütten oder bei Sennen auf der Alm. Mitunter drucksten die Einheimischen herum, wenn sie sich nach Namen der Gipfel erkundigte, die sie erblickte. In den Ammergauer Alpen stand der Säuling. Niemand wollte das in ihrer Gegenwart aussprechen. In Tirol zeigte sie auf den Metzenarsch. Natürlich war mit der Metze weder das alte Volumenmaß noch ein Teil des Pferdegeschirrs, sondern schlicht die Hure gemeint. In ihrer Not benannten die Tiroler den Berg kurzerhand um. Seit 1854 heißt er Kellespitze.

Die Königin lief immer weiter und strebte immer höher hinaus. Der besorgte Gatte verbot ihr die 2963 Meter hohe Zugspitze im Wettersteingebirge. Auf den Watzmann stieg sie aber doch. Er ist nur 250 Meter niedriger. Es heißt, den ließ sie sich nicht auch noch verbieten. Sie war auf Mission. Schon mit 21, im Jahr 1844, hatte sie den «Alpenrosenorden» gegründet, ihren eigenen kleinen Bergwanderverein. Gipfelbesteigern überreichte sie eine Silberne Ehrennadel mit Alpenrose und rosa Schleife. Die Hofdamen, die sich mit ihr bergauf quälten, wurden von ihr ausgezeichnet, genau wie die Söhne Ludwig und Otto, ihr Gatte und Herren seines Gefolges. Marie wanderte in selbst entworfener Alpenbekleidung. Ihr schwarzer Lodenrock fiel über lange Hosen. Sie trug feste Stiefel, ein Halstuch zur grau-grünen Joppe und den modernen Stöpselhut. Ihre Jungen stattete sie mit Lodenhosen und Jägerhüten aus.

Als 1864 der König starb, war sie erst 39 Jahre alt. Sie zog sich in ein Bergdorf im Lechtal zurück, pflanzte Alpenrosen, stiftete Geld, wenn ein Ort von Hochwassern, Muren, Lawinen oder einer Seuche heimgesucht wurde. Sie stellte Gipfelkreuze auf, servierte auf der Höhe Kaffee, Glühwein, Tiroler Wein und Champagner. Den Bayern gilt Königin Marie als ihre erste Alpinistin. «Märchenkönig» Ludwig II., ihr Sohn, soll beklagt haben, dass seine Mutter in ihrem Leben kein einziges Buch las. Er soll sie aufgefordert haben, nicht so viel Süßes zu essen. Ehe sie 1889 im Schloss Hohenschwangau starb, muss sie eine traurige Alpinistin gewesen sein. Schwer und unbeweglich, wie sie war, kam sie nicht mehr den Berg hoch.

Um 1900 wurden die Alpen zu einem begehbaren Gelände. An Bäumen und Steinen wurden Wege markiert, Treppen in Fels gehauen, Seile geführt, Grate gesichert. Schilder gaben Richtungen vor, Anschläge teilten mit, wann das Weitergehen zu gefährlich wurde. Es wurden Alpenvereine gegründet, die Schutzhütten bauten und Karten herausgaben. Ohne viel Aufwand fand der städtische Tourist sein Ferienglück. Und tatsächlich: Gesellschaftliche Unterschiede spielten in den Bergen, wo alle sich so gut wie möglich als Wanderer gaben, keine Rolle. Bis heute kommt es nicht gut an, wenn man den Fremden, den man auf dem Kammweg in den Alpen trifft, siezt.

Weil die ersten Reiseführer oberhalb der Täler nicht kompetent genug waren, heuerte man Sennen, Hirten, Jäger, sogar Schmuggler und Wilderer als Bergführer an. Sie zogen Menschen am Seil übers Eis und legten Leitern über Gletscherspalten. «Plötzlich hatte ich einen großartigen Einfall. Ich wollte mit einer Gruppe auf dem Gipfel des Mont Blanc stehen, nur um sagen zu können, dass ich oben gewesen wäre», berichtete Mark Twain 1880 von einer Alpenreise. Der höchste Gebirgsgipfel ist mit Firn und Eis bedeckt und vielen Niederschlägen ausgesetzt. Mit einem Teleskop, versprach der Bergführer dem amerikanischen Schriftsteller, dem mit Sicherheit der buschige Schnauzbart einfrieren würde, wäre der Berg eine sichere Nummer.

1908 eröffnete in Südtirol die erste Personenseilbahn der Alpen, einen Monat später am Wetterhorn bei Grindelwald die zweite, ab 1912 fuhr die höchste Zahnradbahn Europas durch einen Tunnel im dicken Leib des Eiger bis zum Jungfraujoch auf 3454 Meter. Wer hier ausstieg, stand direkt am Aletsch, dem größten Gletscher des Gebirges. Mit einem Schlag war viel möglich in den Alpen. Dem russischen Schriftsteller Leo Tolstoi soll es schon wieder zu viel gewesen sein. Zu viele Seen, zu viele Schluchten, zu viele Alpen, soll er während eines Aufenthalts am Vierwaldstättersee geklagt haben. Er litt unter einem «Überschuss des Empfindens», kam auf «keinen angemessenen Ausdruck» für das alles, hatte nicht einmal «Lust, jemanden zu umarmen».

Die politische Journalistin und spätere KPD-Mitbegründerin Rosa Luxemburg hingegen floh stets im Frühling an den Genfer See. 1917 schrieb sie von dort in einem Brief: «… nage an einem Grashalm, im Kopf keinen einzigen Gedanken, aber im ganzen Körper das einzige Gefühl: Herrgott, wie schön ist die Welt und das Leben!»

In dem Moment, da sich die Alpen quasi für jeden öffneten, zeigte sich, dass sie, wie so manch Großartiges, einigen Menschen für immer verschlossen bleiben würden. Der Schriftsteller Ödön von Horváth wusste das. Er war in Kroatien am Meer geboren worden, wo er nur ein Foto von den Bergen besessen hatte, das über seinem Bett hing. Nach Bayern verschlug es ihn nur, weil die Eltern Diplomaten waren. Er wanderte mit Freundin Lizzy durchs Wettersteingebirge, kletterte auf die Zugspitze, trat 1918 dem Alpenverein bei. Die Berge standen einfach so da und waren dennoch ein Privileg. Das arbeits- und mittellose Fräulein Pollinger aus der Münchner Schellingstraße in Horváths Roman «Sechsunddreißig Stunden» lebte weit von diesem Privileg entfernt: «Auch in Garmisch-Partenkirchen sei sie noch nie gewesen, sie habe überhaupt noch nie einen richtigen Berg gesehen und sie habe gehört, dass die Zugspitze ein sehr hoher Berg sei mit eisernen Nägeln in der Wand, an denen die Touristen hinaufkletterten und viele Sachsen abstürzten.» Der Autor schickte seine Hauptfigur mit dem Metzgersohn Harry Priegler in dessen schickem Auto auf einen Wochenendausflug in die Bayrischen Voralpen. Agnes Pollinger staunte, wo sie da plötzlich sein durfte. Indes ließ Horváth den Leser wissen, dass ihr Aufenthalt in den Alpen nur falsches Spiel war. Der Metzgersohn «blickte verträumt nach der Benediktenwand und dachte: ‹Wie mach ich es nur, dass ich auf sie naufkomm? Das Beste ist, ich warte, bis es finster ist, dann fahr ich zurück und bieg in einen Seitenweg ein. Und wenn sie nicht will, dann fliegt sie raus.›»

Dabei gab es einen Berg, der wie für das Fräulein Pollinger geschaffen war. Nur stand der Monte Verità weit weg – hinterm Gebirge, am Ufer des Lago Maggiore im Tessin auf der Alpensüdseite. Im Jahr 1900 wurde auf dem Gipfel eine Aussteigerkolonie gegründet. Menschen, die vor dem Kapitalismus flüchteten, vor dem Leben in der europäischen Zivilisation, kamen zusammen, um unter der Sonne den Boden zu bestellen, von vegetarischem Essen in einer anderen Gemeinschaftsform zu leben. Sie nannten es Suche nach Liebe und Wahrheit, was sie dort oben gemeinsam anstellten, kleideten sich in Leinen oder bekleideten sich gar nicht.

Menschen aus ganz Europa kamen auf den Berg, angelockt wohl weniger von Postkarten, auf denen dünne, langhaarige, nackte Männer Gartenarbeit vollführten, als von den Fotografien der Frauen, die splitternackt über den Monte Verità wandelten. Avantgardistische Künstler, Sektierer und Reformer, Aussteiger und Hochstapler. Naturapostel und Sonderlinge, Emigranten, Kriegsdienstverweigerer, Heilsucher. Hermann Hesse unterzog sich 1907 in einer Bretterbude auf dem Berg einer Alkohol-Entziehungskur. Richard Strauss, der Maler Paul Klee, die Schriftsteller Ernst Toller und Gerhard Hauptmann, Erich-Maria Remarque und Else Lasker-Schüler sollen auf den Berg gekommen sein, der russische Großfürst Alexander, Lenin und Trotzki, August Bebel, Gustav Stresemann, Konrad Adenauer, die Schauspieler Emil Jannings und Heinz Rühmann.

Der deutsche Schriftsteller und Publizist Erich Mühsam tauchte 1904 zum ersten Mal auf dem Monte Verità auf und kam dann immer wieder. Auch er flüchtete vor Europa zu den Idealen auf dem Berg. Doch dort oben stand die Zeit still. Die Kommunarden veränderten die Welt nicht. Sie lebten im Abseits, oben über allen anderen, und gingen den Menschen unten mit ihren Ideen nicht mal auf die Nerven. Das wiederum ging Mühsam auf die Nerven. Bald schon merkte er, dass er sich lieber in Ascona bei den einfachen Leuten am Fuß des Berges aufhielt. Er nannte die Kommune ein «vegetarisches Sanatorium», die einem kapitalistischen Unternehmen glich, nur dass sie sich sozialistisch nannte, und bedachte sie mit einem spöttischen Gedicht. «Wir sonnen den Leib, ja wir sonnen den Leib, / Das ist unser einziger Zeitvertreib / Doch manchmal spaddeln wir auch im Teich, / Das kräftigt den Körper und wäscht ihn zugleich. / Wir sonnen den Leib und wir baden den Leib, / Das ist unser einziger Zeitvertreib. / Wir essen Salat, ja wir essen Salat / Und essen Gemüse früh und spat. / Und schimpft ihr den Vegetarier einen Tropf, / So schmeißen wir euch eine Walnuss an den Kopf.»

Auch nach 1914 kamen Menschen auf den Berg. Aber jetzt, da unten der Erste Weltkrieg tobte, standen nicht nur die Kommunarden nackt da, sondern auch ihre Idee. Was gab sie noch her? Das war nicht mehr zu erkennen. 1917 servierte man auf dem Berg wieder Fleisch. Im Januar 1929 gab man den Monte Verità auf. «Eine Jugendliebe» nannte Erich Mühsam den Berg 1930 in einem Zeitungsartikel im *Berliner Tagblatt*. Eine schöne Zeit war's gewesen, aber zum Glück war sie vorbei.

Nachdem bereits 1850 die Eisenbahn die Alpen erobert hatte, bezwungen nun auch Maschinen die Berge. Im Mai 1902 machte sich der deutsche Journalist und Schriftsteller Otto Julius Bierbaum auf, den Gotthardpass von Süd nach Nord mit dem Auto zu bezwingen. «Immerhin waren wir, als wir abfuhren, nicht gerade felsenfest überzeugt, dass wir über die 2111 Meter hinübergelangen würden, und wir dachten schon daran, dass wir wenigstens das schwere Gepäck mit der Bahn befördern sollten», schrieb er in seinem Reisebericht «Im Laufwagen über die Alpen». Es ist ein Bericht darüber, wie der Mensch die neueste Technik auf die Probe stellt. «Wir haben ihn glatt genommen», schrieb Bierbaum, als er über den Pass gekommen war. «Allerdings nach der Melodie ‹Immer langsam voran› – sonst hätten wir zu 136,4 Kilometern nicht neun Stunden gebraucht.»

Die Berglandbewohner waren konsterniert. Ein paar junge Schweizer gafften aus der Entfernung mit äußerster Befremdung. «Die anderen gehen mit einem Ausdruck vorüber, als wollten sie sagen: ‹Gottlob, dass wir Enkel des Tell weit davon entfernt sind, derlei Unfug mitzumachen.›» In Göschenen im Kanton Uri, an der Nordseite des Berges, wurde Bierbaum von einem Polizisten aufgehalten. «Anhalte! Uschstiege!» Der Reisende musste mit auf die Wache. Die Polizei von Andermatt im Kanton Tessin auf der Südseite hatte telegrafiert: «Automobil hier durchgefahren; unmöglich, es aufzuhalten. Stellt es und verfügt nach dem Gesetz.»

«Wie viel kostet es?», fragt Bierbaum. «Zwanzig Fränkli», sagte der Ordnungshüter. «Wegen zwanzig Fränkli musste ich aussteigen? Das hätten wir doch auch draußen ausmachen können!» Der Polizist erwiderte: «Nein, ich muss Ihnen eine Quittung ausstellen.» Eigentlich war Otto Julius Bierbaums lustiger Reisebericht sehr traurig. Er offenbarte, dass die Berge und ihre Bewohner fortan nichts gegen die Autos auszurichten vermochten.

Letztlich machten sich die Maschinen auch auf, die Berge zu überfliegen. Die Motoren der Flugzeuge waren noch schwach. Piloten schafften es hoch hinaus, aber nur in windstillen Morgen- und Abendstunden. Und sie mussten die Notlandeplätze im Auge behalten. Der Peruaner Geo Chavez wagte im September 1910 den Versuch, den Simplonpass in den Walliser Alpen von Brig in südliche Richtung nach Domodossola zu überfliegen. Die Organisatoren der Mailänder Flugwoche versprachen einen Geldpreis. Man kann nicht sagen, dass der 23-jährige Chavez in seinem Eindecker, der gerade mal fünfzig PS draufhatte, gesessen hat; vielmehr klemmte er, mit einer gepolsterten Jacke und gemusterten Wollsocken bekleidet, an der Luft zwischen dem Gestänge. Nebel und Sturm zwangen ihn, tagelang in Brig zu warten. Am 23. September erkannte er am Himmel ein Föhnfenster, das Sicht und Sonne versprach. Die Posten auf dem Simplon jedoch meldeten Sturm. Trotzdem trieb Chavez sein Flugzeug nach oben. Zwanzig Minuten nach dem Start überflog er das Hospiz auf dem Pass. Die Augustiner-Ordensbrüder rannten ins Freie und winkten. In den Dörfern läuteten die Glocken. Autos rasten in Flugrichtung. Oben wurde der Pilot im Wind geschüttelt, hüpfte auf und ab, änderte mehrmals verzweifelt die Richtung. Schließlich saugte ihn der Fallwind nahezu vom Himmel. Als er auf das Flugfeld von Domodossola zusteuerte und die Menschenmenge sah, gab der verrückte Peruaner Gas, um noch eine Ehrenrunde zu drehen. Fünfzehn Meter über dem Erdboden brachen die Tragflächen weg. Man zog den Piloten mit Knochenbrüchen aus den Trümmern seiner Maschine. Er bekam den Geldpreis. Fünf Tage später starb er. Nicht an den Knochenbrüchen. Der Arzt sagte, die 42 Minuten Flug hätten all seine Lebenskraft verbraucht.

Die Alpen waren jetzt tatsächlich die Mitte Europas. Es wäre zu viel behauptet, würde man sagen, dass sie sich wehrten. Sie schickten Lawinen, erschwerten mit Gesteinsdruck und Überschwemmungen den Bau von Eisenbahntunneln, verstopften Straßen mit Schnee, rissen Flugzeuge in Luftlöcher, versperrten mit Nebel den Blick auf Abgründe. Aber sie waren jetzt eine Möglichkeit. Wer sie nicht betreten hatte, hörte die Geschichten derer, die das Gebirge mit eigenen Augen gesehen hatten: wahre Höhe, Tiefe und Weite, die unfassbare Größe der Welt. Bilder entstanden, Filme. Man konnte im Wohnzimmer sitzen oder im Kinosessel und in den Alpen sein. Man wollte dorthin, wo bislang die Grenze war.

〽〱

Elm ist ein Dorf, wie wir es von Alpenbildern kennen. An der schmalen, ansteigenden Straße stehen schiefe Holzhäuser aus dem 16. Jahrhundert. Brunnen plätschern mit Bergwasser, im Wiesengrund steht eine weiße Kirche. Die Grabsteine auf dem Kirchfriedhof sehen aus wie kleine Felsen, sie sind aus dem gleichen Material gemacht wie das Gebirge. Elm steht wie in einer Theaterkulisse. In den Bergen überm Dorf leben Steinböcke, Gämsen und Alpenschneehühner. Der mit Firn bedeckte 3158 Meter hohe Hausstock im Südwesten gehört zum Alpenhauptkamm. Auch der Vorab im Süden ist weiß. Im Vorabgletscher, der aus 3018 Metern Höhe in den Kanton Graubünden fließt, steht die höchste Hochspannungsleitung Europas. Über besonders stabile, 32 Meter hohe Masten, die um 18 Grad gegen

die Vertikale geneigt im Eis ausharren und nur vom Helikopter aus gewartet werden können, bringt sie den Strom vom Vorderrhein nach Zürich.

In der Gebirgskette östlich von Elm stehen der Piz Sardona und die Gipfelreihe der Tschingelhörner. Auf 2600 Metern haben die Tschingelhörner ein Loch. Es ist von etwa fünfzehn Metern Durchmesser und lässt den Fels aussehen wie einen riesigen Hühnergott. Im Frühjahr und im Herbst scheint die Morgensonne durch das sogenannte Martinsloch auf Elm. Ein Strahlenbündel tastet wie ein Scheinwerfer das Dorf ab, bevor die Sonne nochmal für eine Viertelstunde verschwindet und dann über der Bergflanke aufgeht. Ihre Kirche haben die Bürger von Elm einst so ins Tal gestellt, dass der Scheinwerfer sie trifft. An wenigen Tagen im März und im September tritt das ein, frühmorgens für jeweils kaum zwei Minuten.

Die Bürger haben einst auch den Schiefer aus den Bergen rings um Elm geholt. Anfangs war der Bergbau für die Bauern im Sernftal nur ein Nebenverdienst. Als in Mitteleuropa jedoch Mitte des 19. Jahrhunderts immer mehr Schiefertafeln für Schulen geordert wurden, schien es ihnen, als könnten sie hier in den Alpen tatsächlich reich werden. Also begannen sie 1878, auf eigene Faust die Stollen immer tiefer in den Plattenberg über Elm zu treiben. Doch nicht nur die Menschen rackerten. Es rackerte auch der Berg. Gesteinslast kann berechnet und gestützt werden. Bewegungen im Berginnern vollziehen sich hingegen recht eigenwillig. Irgendwann meldeten Häuer Risse und Wassereinbrüche. Am 11. September 1881 stürzte ein Stück vom Plattenberg ab. Es war an einem späten Sonntagnachmittag. Das Gestein prasselte ins Tal. Im Bergwerk, das verschüttet wurde, arbeitete gerade niemand. Kein Mensch wurde verletzt, nur der Tschingelbach verschwand unterm Geröll. Unerschrocken eilten die Bürger herbei, um aufzuräumen.

Siebzehn Minuten später brach erneut ein Stück Berg ab. Eine Schuttlawine raste auf Elm zu. Bäume bogen sich unter ihr, Dächer flogen weg, Häuser brachen zusammen. Der Wiesengrund war eine graue Wüste. Wie eine Herde gescheuchten Wilds, heißt es in der Dorfchronik, flohen die Menschen. Doch der Vergleich mit Tieren hinkt. Die Panik entstand nicht aus Instinkt, sondern rührte aus dem Wissen heraus, das beim Schieferbergbau mutmaßlich ignoriert worden war: Der ruinierte Berg würde fallen.

Vier Minuten gab der Plattenbergkopf den rennenden Bürgern von Elm. Ehe sie weit genug kommen konnten, verwandelte er sich in eine dunkle Wolke, die das Tal verschlang. Er ließ die Erde erzittern und riesige Gesteinsblöcke wie Geschosse durchs Geschehen fliegen. Am Ende war das Sernftal ein Grab.

Leichen wurden geborgen, in weiße Tücher gehüllt und zur Kirche getragen. Körperteile, blutig, vom Schiefer geschwärzt, wurden aufgebahrt. Obwohl 114 Menschen ums Leben gekommen waren, konnten drei Tage später nur elf große und zwei Kindersärge in die Elmer Friedhofserde gelassen werden. Die Trauerfeier fand auf der Wiese statt. Während man betete, polterte es am Berg. Der vom Geröll eingeklemmte Sernf drängte aus dem Flussbett. Mit Sonderzügen rückten Helfer aus St. Gallen und Zürich an, Wagen und Pferde kamen über die Pässe. In allen Kantonen boten sich Menschen an, die Waisenkinder von Elm aufzunehmen. Doch nur fünfzehn wollten weg. Eine Probezeit wurde vereinbart, sechs Kinder kehrten wieder zurück. Dorthin, wo zehn Millionen Kubikmeter Fels den Wald, fast neunzig Hektar Boden, 22 Wohnhäuser, 61 Ställe, ein Schieferbergwerk, Straßen, Wege, Brücken, die Telegrafenleitung, eine halbe Million fertige Schiefertafeln, die Ernte der Bauern sowie Spritze und Löschgeräte der Feuerwehr hatten verschwinden lassen. Dorthin, wo eine der größten vom Menschen verursachten Katastrophen der Neuzeit ausschließlich das Vieh oben auf der Alp verschont hatte.

Albert Heim, der vollbärtige Geologieprofessor aus Zürich, der zehn Jahre zuvor auf dem Säntis gesessen und das Alpenpanorama gezeichnet hatte, war jetzt 31 Jahre alt. Er eilte nach Elm an den Plattenberg, untersuchte und rechnete. Er schlug vor, die Felswand, die immer noch locker war, zum Absturz zu bringen. Im Dezember 1881 fuhr man Geschütze auf und schoss auf den Berg. Zwei Tage lang. Teure Granaten rasten gegen den Felsen und zerschellten. Der Berg zitterte ein bisschen, mehr nicht. Wachen wurden aufgestellt. Immer wieder meldeten sie Abstürze. Immer wieder suchte der Schreck das Sernftal heim. Wohl oder übel musste man den Fortgang der Dinge wieder der Natur überlassen.

⋀

Die Natur ist der Grund, warum ich das malerische Dorf nicht schön finden kann. Die Berge beeindrucken mich zu sehr. Wir müssen uns für einen der Pässe entscheiden, um von Elm weiter in Richtung Italien zu kommen.

Vor uns liegt der Panixerpass, 2407 Meter hoch. Er führt ins Vorderrheintal nach Graubünden und ist der direkte Weg nach Süden. Doch beim Deutschen Alpenverein hat man uns geraten, ihn besser nicht zu gehen. Er dauert lang, und beim Aufstieg haben wir 1430 Höhenmeter zu überwinden. Auf dem Pass steht eine unbewirtschaftete Schutzhütte. Der Schlüssel steckt, man kommt unter, ist dann aber mit Felsen, Wind, Steinböcken und der Nacht allein. Der Abstieg wiederum ist gefährlich, sobald Wetter oder Boden nicht trocken sind. Wer ihn schafft, kommt nach Pigniu. Dort ducken sich die kleinen

Häuser der nur 35 Bewohner am Hang. Man kann nicht bleiben.

Beim Alpenverein hat man uns den Foopass empfohlen. Er führt Richtung Osten. Nicht dass er ein Umweg ist, gibt uns zu bedenken. Gestern Abend am Ober Murgsee haben wir auf die Karte geschaut. Mittlerweile lesen wir sie wie ein Buch. Wir verstehen die Zeichen, die sie uns geben will, erkennen an den Höhenlinien, welchen Aufwand ein Anstieg bedeutet. Auch der Foopass führt über hohes Gebirge. Unser Plan ist, ihn oben rechtzeitig zu verlassen, um die Sardonahütte zu erreichen, und am nächsten Morgen auf den Pass zurückzukehren. Rechtzeitig. Erreichen. Zurückkehren. Der Plan hangelt sich an Wahrscheinlichkeiten entlang. Er fordert das Glück heraus.

Elm hat eine kleine Touristeninformation. «Übern Panixer, das wird ein harter Tag. Aber es ist machbar», sagt die Frau, die sich drinnen aufhält. «Zumindest für euch, so wie ihr ausseht.»

Wie sehen wir denn aus? Bedenken verbergen sich unter unserer Ausrüstung. Sonnengebräunte Haut. Oberarm- und Wadenmuskeln zeichnen sich ab. Die helfen nicht weiter, wenn wir die zuweilen blassen, im Gegenlicht oder im Dunst versteckten Wegmarkierungen nicht finden. Muskeln sind in den Bergen auch nur eine Wahrscheinlichkeit. Die Frau, die uns Mut macht, heißt Katja Sulzberger. Das erfahren wir, weil sie uns ihre Telefonnummer aufschreibt. Ahnt sie bereits, dass wir uns heute noch öfter sprechen werden?

Am späten Nachmittag ruft sie im «Gasthaus Sonne» an. Wir haben gewaschen und das Dachzimmer mit Sachen ausgehängt. Sie sagt: «Das Wetter schlägt um.» Als müssten wir das Wetter jetzt im Auge behalten, verlassen wir umgehend das Haus. Wir sehen nur ein paar kleine Wolken. Wir fragen die Wirtin am Friedhof, in deren Garten wir Xprützte Wisse (Weißweinschorle) trinken. «Es kann heute Nacht kommen», sagt sie über das Wetter.

Wir stehen vor dem Haus in der Dorfmitte, in dem vom 4. zum 5. Oktober vor genau 210 Jahren der russische Feldmarschall Alexander Suworow übernachtete. Er wollte mit seinem Heer über den Panixerpass. Elm hat ihm ein Reiterdenkmal errichtet. Das Pferd steht nicht auf dem Sockel. Es bäumt sich auf, mitsamt Reiter, in den Himmel, an dem jetzt immer mehr Wolken zusammentreiben. «Es kann morgen Nachmittag kommen», sagt ein Elmer Bürger vorm Suworow-Haus über das Wetter. Katja Sulzberger sagt: «Es kann auch gar nicht kommen.» Niemand nimmt uns die Entscheidung für oder gegen den Panixer ab. «Aber ihr müsst an den Fuß des Berges heran. Die anderthalb Stunden Fußmarsch bis dahin habt ihr nicht zu verschwenden.» Es ist immer noch sonnig. Die Frau von der Touristeninformation macht sich in den Feierabend auf. Wir schauen ihr nach. «Morgen früh um halb sieben», sagt sie. «Ich fahre euch.» Als wir im Garten unseres Gasthauses zu Abend essen, formieren sich die Wolken am Himmel zu so etwas wie einer Wetteraussicht. Aber zu was für einer?

«Alles ist möglich», sagt die Kellnerin.

Heidi ist der «Wird-schon-alles-Typ». Ich bin der Typ «Was, wenn nicht?». Vor dieser Reise haben wir uns darauf geeinigt, uns während der Reise stets einig zu sein, bevor wir unseren Weg fortsetzen. Im Dachzimmer rangeln unsere Argumente um die Tauglichkeit einer solchen Vereinbarung. Wir sind angespannt. «Beine zusammen und Energiefelder meiden!» Das hat man uns beim Alpenverein geraten, sollten wir in der Höhe einmal in ein Gewitter kommen. Wo sind auf einem Berg die Energiefelder? Und wird das hier jetzt ein Streit? Frustriert oder ängstlich, ich weiß es nicht genau, ziehe ich mich über den Flur ins Gemeinschaftsbad zurück. Um 5:30 Uhr wird in der ersten Etage des Gashauses unser Frühstück bereitstehen.

«Dann entscheiden wir», sagt Heidi, als ich zurückkehre. «Gute Nacht.»

Elfter Tag: Von Elm nach Ilanz

Dienstag, den 25. August

General Alexander Wassiljewitsch Suworow muss ein kleiner, drahtiger Kerl gewesen sein. Auf Gemälden, mit denen
russische Maler die Feldzüge ihres Landsmanns durch etliche
Kriege des 18. Jahrhunderts verewigten, trägt er selten Kopf-
bedeckung. Niemals gingen ihm Mut und Kampfkraft aus.
Jedoch beizeiten die Haare über der Stirn. Nur eine weißgraue
Locke hielt dort die Stellung und kringelte sich wie das Loo-
ping einer Achterbahn. Auch auf der Stirn des Reiters auf dem
Denkmal steht die Locke noch, obwohl der General, dem sie
gehört, schon siebzig Jahre alt war, als er durch Elm kam. Ein
lustiger Opa galoppiert durchs Dorf.

Zu jener Zeit war er schon hinter den Alpen gewesen, in
Oberitalien, hatte 1799 die Franzosen vertrieben und damit für
die russisch-englisch-österreichische Koalition einen Feldzug
gegen Napoleon gewonnen. Umgehend hatte der russische Zar
Suworow zum Fürsten von Italien gekürt. Dann aber beriet sich
Väterchen Zar mit den Koalitionären und schickte den Ge-
neralissimus mit der Armee aus politisch-taktischen Gründen
wieder zurück in die Alpen. Nachdem sie Napoleons Truppen
in Italien bereits besiegt hatten, mussten Suworows Soldaten
sich nun in den Bergen wieder mit ihnen herumschlagen. Den
Gotthardpass konnten sie Mitte September noch erobern. Bis
zum Glarner Land jedoch steckten sie arge Verluste ein. Den
Versuch, an den Walensee und damit auf dem kürzesten Weg
in Richtung Österreich zu gelangen, vereitelten die Franzosen.
Dem Feldherrn blieb nur noch eine Chance, seine Truppen zu

retten: über Elm und den bereits verschneiten Panixerpass vom Glarner ins Bündner Land zu flüchten.

In der Nachmittagsdämmerung des 5. Oktober 1799 kam die Armee über einen holprigen Saumweg nach Elm, gnadenlos verfolgt von den Franzosen, die unablässig von der gegenüberliegenden Talseite schossen. Es schneite in dicken Flocken. Der alte General soll beim Einmarsch zum grauen Überrock den dreispitzigen Hut aufgesetzt haben. An den Männern aus seinem ausgemergelten Heer hingen die Uniformen in Fetzen. Nicht einmal mehr die Schuhe der Offiziere waren ganz. Viele Soldaten gingen barfuß oder hatten die Füße mit Lumpen umwickelt. Während seine Armee unterm Himmel kampierte, kam Suworow in einem stattlichen Haus an der Dorfstraße unter. Was seine bislang so disziplinierten Soldaten anstellten, während er sich aufwärmte und ein paar Stündchen schlief, davon erzählt ebenfalls die Elmer Dorfchronik.

Zunächst saßen sie im Schnee, stocherten in ihren Wunden und pulten sich Flintenkugeln aus den Schenkeln. Dann trieb der Hunger sie durch Elm. Sie hielten ihre Lanzen an die Fenster, damit jemand Brot oder eine Kartoffel dransteckte, durchsuchten Kehrichthaufen und Straßenrinnen nach Essen. Sie wurden gewalttätig. Rissen Zäune nieder, um Feuer zu entfachen. Drangen in die Häuser ein, stöberten Nahrung und Schuhe auf, rissen den Bauern die Kleider vom Leib. Sie brachen Ställe auf und warfen Heu für ihre abgemagerten Pferde auf die Straße oder bauten Nachtlager daraus. Das Vieh banden sie los, zerrten es auf die Straße, um es zu schlachten, rissen es in Stücke und verzehrten es – roh, noch dampfend. Die Dorfchronik drängt den Nachfahren eine Frage auf: Warum hat Elm dem General ein Denkmal gesetzt?

Am 6. Oktober um zwei Uhr morgens brach der General mit seiner Armee zum Pass auf. Es stürmte. Verwundete blieben in der Kirche zurück. Ein paar Männer aus dem Dorf mussten mitkommen, um Laternen zu halten. Die Maultiere, die vorangingen, wühlten den steilen Anstieg auf. Dichte Wolken hingen im Weg, ohnehin konnte man in der Dunkelheit kaum den Vordermann erkennen. Halbnackte Soldaten steckten zuweilen bis zu den Hüften im Schnee. Sie lösten Erd- und Schneelawinen aus, die Menschen, Tiere und Geschütze vom Berg rissen. Bereits auf dem Weg zum Pass brachen viele Männer zusammen, blieben liegen, lieferten sich dem Gebirge aus. Die unbeschlagenen Pferde rutschten ab und rissen Reiter mit in die Abgründe. Nach 23 Stunden erreichte nur die Vorhut der Armee das kleine Dorf Panix, das heute Pigniu heißt.

Der ganze große Rest, zu dem auch Suworow gehörte, schaffte es über den Tag bis zum Dunkelwerden nicht mal bis auf die Passhöhe. An Felsen gelehnt, auf Steinen und im Schnee liegend, versuchten bis auf die Haut durchnässte Krieger unter klarem Himmel und bei strengem Frost zu übernachten. Lanzen wurden zerbrochen, das reichte für ein Feuer für den General, den sie «Väterchen» nannten. Während die Elmer Bürger die Laternen löschten und sich durch das ihnen nicht unbekannte Gebirgsland nach Hause flohen, sammelte der Bergtod am Panixer kräftig ein.

Mit dem Abstieg am nächsten Morgen stand Suworows Armee noch das Schlimmste bevor. Die Hänge, an denen sie entlangklettern mussten, waren gefroren und glatt. Hunderte rutschten ab, die heiseren Schreie der Stürzenden hallten in den Schluchten unterhalb von Alp Ranasca auf der Südseite des Berges wider. Bis zum Abend kamen die letzten Soldaten in Panix an. Tausende Männer verlor Alexander Wassiljewitsch Suworow bei seinem Marsch über den Panixerpass. Er zog weiter mit seinen Männern über Ilanz durch Graubünden. Als er schließlich hinter Chur österreichischen Boden betrat, hatte er, so heißt es, fast zehntausend Mann, an die zweitausend Pferde und Lasttiere sowie sämtliche Geschütze verloren. Die siegreiche russische Armee, die er einst befehligt hatte, existierte nicht mehr.

⋀⋀

Früh um fünf läuten die Kirchenglocken. Brennt's?

Konturen von Bergen und Wolken. Ein Alpental ist selbst im Hochsommer um die Zeit noch stockfinster. Wir könnten uns wieder hinlegen und bleiben. Stattdessen kommt wie jeden Morgen sofort Bewegung auf. Salben, kleben, knoten, binden, schnüren. Ich genieße es, die Tapepflaster an den Fersen glattzustreichen. Das Hirschtalg zwischen die Zehen zu massieren. Die dicken Strümpfe zurechtzuzupfen. Die Hose fast millimetergenau so zu binden, dass sie über den Hüftknochen spannt und sich nicht in den Bauch gräbt. Mich auf die Reihenfolge der Oberbekleidung festzulegen. Die Wasserflaschen zu platzieren. Die Haare unters Tuch zu binden. Ich mag es, an den Schnürsenkeln zu ziehen und die Schuhe meiner momentanen Verfassung anzupassen. Ich liebe den Aufbruch. Das Bleiben gefällt mir nicht mehr.

Neben unseren Frühstücksgedecken steht noch eins. Brotkrümel, Marmeladenreste, verstreuter Zucker, der abgeschnittene Rand vom Käse. Jemand ist vor uns aufgebrochen. Über welchen Pass? Wusste der mehr als wir? Ist er schon um zwei los, so wie Suworow? Seine Kaffeetasse ist kalt. Wie deprimierend. Wir trinken den Rest von seinem Orangensaft.

Ein Auto mit beschlagenen Scheiben fährt vor. Am Steuer sitzt ein Mann. Er winkt. Katja lässt Grüße ausrichten. Er ist Lehrer. Eigentlich wollte er heute mit den Kindern in den

Wald. «Wenn's einen Föhn hat, bleibt das Wetter.» Den Waldtag wird er abblasen. «Ich glaub nämlich nicht, dass es heute einen Föhn hat.» Nach wenigen Fahrminuten dankt der Straßenbelag ab und übergibt an die Berge. Wir sind am Ende des Sernftals. Würde er den Pass auch abblasen? «Oben in der Hütten», sagt er, «da könnt's euch unterstellen!»

Der Weg nimmt Anlauf. Er windet sich um kleine Büsche und streift Gräser, die mit Wassertropfen behängt sind. Er wirft sich in den Wildbach, der aus der Höhe kommt, und nimmt die Bergflanken in sanften Kurven über die Diagonalen. Es geht strikt aufwärts, das kann er uns nicht ersparen. Aber noch liegt er als schmales, graues Band in einer mit Gras, Flechten und Blumen dekorierten Landschaft und ist weithin sichtbar. Wir können uns mit den Augen an ihm festhalten und uns hochziehen.

Wie oft macht man Tempo auf den Wegen durchs Leben. Um rechtzeitig anzukommen, versetzt man alle Körperteile in Gang, die dienlich sein könnten, treibt sich einem Ziel entgegen und kann doch eigentlich nur hoffen, den Hochbetrieb so lange wie nötig zu verkraften. Auf der Flucht hingegen wird man ohne eigenes Zutun beschleunigt. Es gibt den Impuls, und es gibt die Richtung. Und nicht alle Körperteile sind beteiligt. Ich erschrecke, als ich mich umdrehe und Heidi nicht mehr da ist. Ich stelle fest: Meinen Kopf habe ich auch nicht dabei. Ich warte. Heidi sagt nichts, wirft den Rucksack ab, entledigt sich der Jacke, trinkt eine halbe Wasserflasche aus. Mein Kopf ist wieder da. Er erklärt mir: Du fliehst vor dem Wetter.

Wir klettern in einem Tobel nach oben, einem ansteigenden, V-förmigen Gebirgseinschnitt. In der Höhe, nachdem sich sämtliche Pflanzen haben zurückfallen lassen, sieht er aus wie die Müllhalde der Natur. Kurzzeitige, aber heftige Erosionen haben riesige Gesteinsschutthaufen angerichtet. Im Laufe von

Jahrmillionen hat das Wasser alle Farben ausgewaschen. Nur das schlammige Graubraun, das die Muren anschleppen, ist noch vorhanden. Die riesigen Flanken des V fallen rechts und links mal steiler, mal flachwinklig ein. Sie sind mit lockerem Geröll bedeckt. Lauernde Steinlawinen. Wo sie aufeinandertreffen, klemmen Altschneefelder, die von Gebirgswasser unterhöhlt sind. Es gibt keinen Weg mehr. Nur noch rote und weiße Striche auf Steinen in der Steinwüste. Das Tobel ist nach oben weithin offen. Aber die Passhöhe können wir nicht sehen, denn immer wieder schieben sich Bergflanken ins Blickfeld.

Das hier oben ist das gröbste und kühlste Stück Alpen, durch

das wir bislang gekommen sind. Ein leerer Raum mit Wänden und Himmelsdach. Nicht nur die Farbe fehlt, es fehlen auch die Töne. Das Einzige, was zu vernehmen ist, kommt von uns: Atem und Schritte. Wir stören. Denn es ist nicht nur still, es herrscht nicht einfach nur ein Mangel an Geräuschemachern. Es herrscht Schweigen. Das Schweigen der Steine und der Felsen, das Schweigen von Schutt und Geschiebe, das Schweigen des Schnees. Wegmarkierungen sind kaum auszumachen. Wir suchen. Das Geröll, über das wir klettern, rutscht. Ein frostiger Luftzug kommt uns aus der Höhe entgegen und vereist die feuchten Kleider. Wir gehen durch eine Welt, die sich beeindruckend feindselig inszeniert. Wir sind weit weg von zu Hause. Jede kämpft für sich, und wenn wir Ausschau nacheinander halten, dann ist die andere in der Weite ein Stein, der sich bewegt. Einmal wandere ich über einen eiszeitlichen Hühnergott und besitze nun, ausgerechnet vom «Angstpass», einen Talisman. Einmal hockt sich Heidi auf einen Felsbrocken, um zu verschnaufen. Da steht plötzlich eine Herde Alpensteinböcke vor ihr. Auch die Tiere machen kein Geräusch.

Wir blicken uns einfach nur an. In Heidis Augen, zwischen den roten Wangen und dem schwarzem Kopftuch, das sie weit in die Stirn gezogen hat, ist Glanz. Mir ist, als würde ich mich in diesen Augen spiegeln. Diese Welt hier ist großes Theater. Diese Feindseligkeit ist zum Jubeln!

Dennoch: Wir haben keine Zeit zu verlieren. Das Bergland hinter uns füllt sich von unten her mit Wolken. Es sieht aus, als würde im Glarner Land große Weißwäsche gemacht. Der Dampf wallt, kocht über und kraucht uns nach. Als wir nach drei Stunden den Panixerpass erreichen, hat er sich schon an unsere Fersen geheftet. Mittlerweile grau und dicht, fächert er die Morgensonne zu einem violetten Vorhang auf. Auch über der Schutzhütte, die im Gestein kauert, hängen schon Wol-

146

ken. Sie berühren das Dach. Neben der Eingangstür hängt eine Gedenktafel. Väterchen Suworow hat am Feuer, das seine Soldaten entfachten, die Nacht überlebt. Im Schlafraum hängt die Hüttenordnung. *Dem Hüttenbesucher wird möglichste Schonung der Hütte und des gesamten Mobiliars zur Pflicht gemacht. Beim Verlassen ist das Geschirr gründlich zu reinigen und zu versorgen, der Boden ist zu kehren und das Feuer sorgfältig zu löschen. Die Benützer werden gebeten, nicht mehr Holz zu verbrennen als notwendig.* Außerdem wird mitgeteilt, wo sich Trinkwasser befindet: *400 Meter Richtung Westen, Koordinaten 726700/191000, ca. 308 Grad von der Hütte.* Die letzten Gäste haben die Schweizer Armeedecken ordentlich gefaltet und gestapelt. Wo sie den Küchenschlüssel versteckt haben, finden wir nicht heraus. Ich verspeise einen Energieriegel, der nach «Cookies and Cream» schmeckt, die Konsistenz von Knete und die Kalorien einer kräftigen Mittagsmahlzeit hat. Im Windschatten der Hütte tauschen wir verschwitzte Kleidung gegen trockene und ziehen, da es immer dunkler wird, die Regenjacken an.

Über Passhöhen läuft man zuweilen wie auf einem Sprungbrett. Erst vorn am Rand sieht man, wie's weitergeht. Verbindet der Übergang Nord- und Südseite eines Gebirges, ist augenblicklich alles anders. Hinterm Panixer fällt der Berg grün nach Südwesten ab. Schafe stehen weit verstreut, Hunde tollen bellend um sie herum, Wasser plätschert. Wir müssen am Hang entlang zu Tal, so als würden wir eine Regenrinne passieren, immer am linken oberen Rand, immer ein Bein gestreckt, das andere geknickt. Der Boden ist dunkel und locker und sollte möglichst trocken sein.

Zwar scheint keine Sonne, aber das Licht ist eingeschaltet. Es gibt Farben und Schatten. Es gibt den großen Chor der Schafe. In den Heidi-Büchern liegt Geißenpeter rücklings im Gras. Er kaut auf einem Grashalm und schaut in den Himmel. Der Hirt am Panixer sitzt und liest ein Buch. Derweil stauen sich auf der Passhöhe die Glarner Schlechtwetterwolken, um Graubünden anzugreifen.

Vielleicht haben wir den ersten gefährlichen Hang schon geschafft. Jedenfalls pfeift es. Mehrmals. Die Hunde bellen. Der Chor der Schafe gerät außer sich. Dann geht alles sehr schnell. Momentaufnahme: Die Schafe haben sich hinter uns zu einer endlosen Kolonne formiert, wackelnde Wollkörper streben bergab wie in einer Polonaise. Momentaufnahme: Die Schafe machen Tempo, schließen zu uns auf. Wir haben ohnehin Mühe, im Regen, der schlagartig eingesetzt hat, Halt am Hang zu finden. Momentaufnahme: Mein Rucksack verschwindet unter der roten Regenhülle, jedoch sitzt sie verkehrt herum, eigentlich müsste ich sie unten binden. Momentaufnahme: Die Schafpolonaise ist da, schwenkt um uns herum, die Tiere haben sich gegenseitig die Wolle braun gesprenkelt. Momentaufnahme: Ich lasse die Hülle, wie sie ist, zerre an den Bändern, um sie dicht zu machen, am Reißverschluss meines Deckelfachs kräuselt sich schon das Wasser. Momentaufnahme: Heidis perfekt sitzende Regenhülle leuchtet orange, die Regenhosenbeine sind knallig blau, mein riesiger, mit Schlamm panierter Wanderschuh passt nicht durch mein Regenhosenbein. Momentaufnahme: Heidi kommt. Ein Schuh ist durch die Hose, der Reißverschluss des anderen Hosenbeins vollständig aufgezogen, Stoffbahnen hängen an mir herunter, der Regen peitscht, wo mein Rucksack steht, staut sich ein kleiner See, Wasser von oben und unten, Matsch an den Händen. Heidi zaubert mir ein Hosenbein. Momentaufnahme: Die Schafe sind weg.

Und dann müssten wir eigentlich stehenbleiben. Denn das Gebirge ist klitschnass und nebelverhängt, und wir sehen nichts mehr. Wir laufen auf einer Art fußbreitem Balkon am Hang, der drei Schritte vor uns in milchiger Soße ertrinkt. Einen halben Schritt neben uns ist der Abgrund, ohne Schrecken, weil randvoll mit Nebel gefüllt. Wo sollen wir hier ein trockenes Plätzchen finden und wie lange sollen wir warten und frieren? Wir einigen uns. Rasch und wie verabredet. Viel wert ist die Einigung nicht, denn wir befinden uns an der Alp Ranasca, wo sich 1799 die Schreie stürzender Soldaten in Echos überschlugen. Es gibt keinen Grund, sich bei Regen und Dunst sicher zu fühlen.

Alle Armeen, die durch die Alpen zogen, bekamen es hier mit einem weiteren Feind zu tun: dem Gebirge. Die Kriege, derentwegen sie eigentlich unterwegs waren, spielen daher in den Geschichten von diesen Alpenüberquerungen kaum eine Rolle. Es gibt Worte für das, was Armeen tun. Im Gebirge jedoch können sie nicht in die Offensive gehen. Nie können sie den Zustand erreichen, der sich Überlegenheit nennt. Sie wagen einen Vorstoß, doch letztlich ist das Bergland mit Dunkelheit und Minusgraden, mit Steilheit und Höhe, Wasser und Schnee ein einziger Hinterhalt. Hier fällt der Soldat nicht, sondern stürzt ab oder erfriert, wird erschlagen oder verschüttet. Im Gefecht gibt es für ihn nichts zu gewinnen als das eigene Überleben. Hat er verloren, gehört er den wilden Tieren in der Schlucht und bekommt nicht einmal sein Grab.

Von Hannibal Barkas aus Karthago in Nordafrika weiß bis heute niemand, wie er aussah. Bilder oder Büsten, die von ihm existieren, entstanden in der Phantasie der Nachwelt. Von der Alpenüberquerung des Feldherrn in den Zweiten Punischen Kriegen über zweihundert Jahre vor Christus jedoch existieren zahllose Geschichten. Obwohl auch niemand weiß, wo entlang genau er sein Heer vom Westen übers Gebirge in die Po-Ebene führte, um die Römer, deren Flotte den Seeweg versperrt hatte, von hinten zu überwältigen, sind sie voll von verschiedenen Ortsangaben, Zahlen, Zeitangaben, Details. Die Oktobersonne soll geschienen haben, als er mit fünfzigtausend Soldaten, neuntausend Reitern, mit Schlachtvieh, Tragetieren und 37 afrikanische Elefanten an der Isère aufbrach.

«Was sind denn die Alpen anderes als hohe Berge?», soll er gefragt haben.

Im Bergschatten und in den Nächten gab es keine Oktobersonne. Wer aushielt, überlebte. Zum Überleben gehörte für

Hannibals Armee aber auch Glück. Gesteinsbrocken, die sich aus Felsen lösten, rissen Reiter von den Pferden. Verwundete Tiere wendeten fluchtartig und fegten im vernichtenden Galopp durch nachfolgende Reihen. Unter Gebrüll stürzten Männer und Tiere ab. Die Schluchten waren erfüllt vom entsetzlichen Geschrei Verwundeter, vom schrillen Wiehern verletzter Pferde. Überall in der Tiefe lagen zerschmetterte Körper.

Verängstigte Berglandbewohner griffen die Krieger aus der Höhe an, Häuptlinge gallischer Stämme schickten Pfeile, Speere und Steine. Die Kriegselefanten, die sich in schwankenden Dreierreihen durchs Gebirge schoben, trampelten sich den Weg frei, schleuderten alles Störende von sich weg. Wurden sie jedoch von Speeren getroffen, veranstalteten sie ihren Schmerzenstanz: Sie bäumten sich auf viel zu engen Gebirgswegen auf und verletzten dabei mit ihren Stoßzähnen die anderen Tiere. Verloren sie auch nur einmal das Gleichgewicht, war es um sie geschehen. Wie trompetende Bauwerke sollen sie in den Abgrund gekippt sein. Und wie riesige Ruinen blieben all jene Dickhäuter in den Bergen zurück, die sich morgens nicht mehr erhoben, weil sie in der Nacht erfroren waren.

Als das Heer nach vierzehn Tagen die Alpen überquert hatte, soll Hannibal den Hordenführern befohlen haben, Haare und Bärte zu stutzen, um als gepflegte Sieger in Rom einzumarschieren. Und er bat sie, die Verluste zu nennen. Jemand notierte und rechnete zusammen. Dreißigtausend Männer fehlten, siebzehn Elefanten, unzählige Pferde und Packtiere. «Sag mir die Summe nur einmal. Und sag die Summe nur mir», soll der Feldherr angewiesen haben. «Schreib sie in deinen Bericht, aber quäle meine Männer nicht damit.»

Obwohl er über bessere Straßen ging, war es auch für Napoleon Bonaparte zu Beginn des 19. Jahrhunderts noch eine organisatorische Herausforderung, über vierzigtausend Soldaten samt Kanonen über die Pässe zu bringen. An schwierigen Passagen soll er sein Heer mit Musik angefeuert haben. Außerdem soll er selbst nicht bergauf geklettert, sondern mit auf dem Maultier über Hirtenpfade geritten sein. Und angeblich rodelte er auf dem Hintern bergab. Mit dem Koalitionskrieg zwischen Frankreich und England, Österreich und Russland waren die Alpen zwischen 1799 und 1802 erstmals auch Kriegsschauplatz geworden. Bei Zürich wurden Schlachten geschlagen, in der Schöllenenschlucht am Gotthard, am Kinzigpass und am Pragelpass wurde gemetzelt. Ein Jahrhundert später, im Ersten Weltkrieg, zogen sich Hunderte Kilometer Frontlinie durch Täler und an Hängen entlang, über Gipfel und Kämme. Das Kampfprinzip lautete: Wer die Höhen hat, hat die Täler. Ein anderes Prinzip, das seit eh und je in den Alpen galt, wurde dafür verletzt: Ein Bergsteiger tötet niemals einen Bergsteiger.

In den Dolomiten bei Cortina d'Ampezzo standen sich seit 1915 tausende Soldaten der österreichisch-ungarischen Kaiserjäger und der Alpini, der italienischen Gebirgsjäger, gegenüber. Sie kämpften um den 2778 Meter hohen Lagazuoi. Es gab keine Erfahrungen damit, wie ein solches Gefecht im Hochgebirge auszutragen wäre. Doch es gab Schlachtpläne. In über zweitausend Metern Höhe beschossen sich die Armeen. Die Alpini erklommen eine Felsnische auf dem Gipfel. Die Kaiserjäger versuchten, sie von da oben runterzuschießen. Weil das nicht gelang, wollte man dem Feind den Berg sozusagen unterm Hintern wegreißen. Minen lösten Steinlawinen aus, sprengten Wände ab, schlugen Krater. Die Kriegsstrategie war nicht auf den Feind, sondern auf den Berg ausgerichtet. Um sich gegenseitig zu vernichten, griffen beide Armeen den Lagazuoi an. Er war nicht Schauplatz, sondern Kriegswaffe. Die Natur wurde für die mieseste Idee der menschlichen Zivilisa-

tion missbraucht. Von beiden Seiten grub man schließlich ver-
winkelte Stollen ins Massiv. Eines Tages sollten hier Tonnen
an Sprengstoff gezündet werden. Eines Tages sollte der Berg
mitsamt dem Feind in die Luft fliegen.

Wenn sich die Krieger auch immer großartiger aufspielten,
in den Alpen waren sie noch genauso klein wie zu Hannibals,
Suworows und Napoleons Zeiten. Im Winter 1916/17 fielen am
Lagazuoi in den Dolomiten insgesamt zwölf Meter Schnee. Es
herrschten Temperaturen bis zu minus 30 Grad. Der Winter
machte es den Armeen unmöglich, die Soldaten in der Höhe
mit ausreichend Proviant zu versorgen. Sowohl Italiener als
auch Österreicher kürzten während des Krieges mehrmals die
Rationen. Es fehlte an Brot und Fleisch. Allein für Proviant hätten auf beiden Seiten täglich 150 Träger aufsteigen müssen. Im
Schnee jedoch waren sie für Scharfschützen zu gut zu erkennen.
Auch die Soldaten kamen nur bei Dunkelheit aus den feuchten
und stinkenden, von Auspuffgasen der Benzinmotoren erfüll-
ten Stollen gekrochen und hockten sich an den Berg. Nicht
rauchen, nicht sprechen und trotz der Kälte nicht bewegen, das
waren die Überlebensregeln. Nur das Eis knackte, und im Innern des Lagazuoi ließ sich der Feind vernehmen: das Geräusch
seiner Bohrer und Meißel. Das Hochgebirgswetter biss zu, und
der Berg übte erbarmungslos Gewalt aus. Durch Steinschlag,
Lawinen und Schneestürme, durch Erkältungen und Erfrieren
starben mehr Menschen als durch feindliche Munition. Überall lagen Leichen im Schnee, erstarrt in den Verkrampfungen
des Todeskampfes. Das Gebirge kämpfte mit. «So muss es sein,
wenn die Europäer einander auszurotten trachten», schrieb Arnold Zweig in «Dialektik der Alpen».

Im Zweiten Weltkrieg gab die Schweiz 657 Millionen Franken aus (das sind heute etwa acht Milliarden), um die Alpen zu
einer Festung auszubauen, die ein Viertel des schweizerischen

Territoriums, das Landesinnere südlich des Alpennordrands einnahm. Wäre das Land angegriffen worden, hätte es viel zu verteidigen gehabt: Freiheit, Eidgenossenschaft, Demokratie. Doch besaß die Armee keine eigene Panzerwaffe und war zu klein, um Hitler und seinen Verbündeten in einem flächendeckenden Gebirgskrieg standzuhalten. Ein Rückzug in die Berge war vielversprechender und hatte überdies einen großen Sinn. Wer die Hochalpen verteidigte, verteidigte die Pässe und hinderte den Feind daran, die Alpentransversalen zu nutzen. Es gab eine Grenzzone mit Vorverteidigungsanlagen. Es gab Stellungen im Mittelland, wo Verzögerungskämpfe stattfinden sollten. Je tiefer man ins Gebirge vordrang, desto undurchdringlicher wurde es. Taleingänge waren versperrt, Brücken und Tunnel vermint, Infanteriewaffenbunker, Hindernisse, Artilleriewerke errichtet worden. An einigen Durchgängen nach Süden stand das Heer mit Panzervernichtungswaffen. Im Festungsgürtel im Zentralraum, vor allem im Rumpf des Gotthard, verschanzte sich das Gros der Armee. Das Reduit war eine unterirdische Welt mit kilometerlangen Gängen, zahllosen Anlagen, mit Bäckereien und Lazaretten, die sich von den Sarganser Bergen übers Gotthardmassiv bis nach Saint Maurice im französischsprachigen Teil des Wallis erstreckte. Sie war ein exzellent gehütetes Geheimnis, das nur über Schießscharten und ein paar Telefonleitungen überhaupt mit der Außenwelt in Kontakt kam und dessen Zugänge durch massive Festungsbauten gesichert waren. Soldaten, die jahrelang im Reduit den Festungsalltag lebten, durften niemandem verraten, wo sie sind. In Schweizer Familien, in den Köpfen von Generationen, heißt es heute im Land, habe sich das Zurückziehen in die Berge als Verhaltensform verfestigt.

Auch bei den Nationalsozialisten des Deutschen Reichs gab es einen Alpenfestungsplan. Im Angesicht der bevorstehenden

Kriegsniederlage wollte man sich in die bayrischen, italienischen und österreichischen Berge zurückziehen. Doch ehe der Plan umgesetzt werden konnte, kamen die Alliierten der Anti-Hitler-Koalition. Sie marschierten nicht durchs Gebirge, sie flogen drüber weg. «Britische Flieger haben die Alpen gleichsam zum Verschwinden gebracht. Für sie dehnt sich von London nach Turin oder Mailand ein Stück Erdrinde, dessen Beschaffenheit im Einzelnen sie weder fördert noch hindert», schreibt Arnold Zweig. «Die furchtbare Notwendigkeit, sich gegen den Zerstörungswillen mit Zerstörungskräften zu wappnen, hat kaum einen besseren Ausdruck gefunden als diese Fähigkeit des Menschen, seine Maschinen immer weiter zu verbessern und aus den Kräften des Unbewussten ein Heer von Helden der Luft aufsteigen zu lassen.»

⌇

Irgendwann können wir sicher sein, es geschafft zu haben. Der Pfad am Hang wird breiter, sieht bald wie ein Weg aus, die Temperatur steigt an, und der Regen ist keiner mehr, den man sich vom Leibe halten muss. Wir legen die wasserdichten Hüllen ab, tragen sie bergab nach Pigniu. Gleißender Sonnenschein trocknet dort alles im Nu. Glitzerndes Brunnenwasser spült den Bergdreck von den Schuhen. Pigniu gehört zur Talschaft Surselva, das heißt auf Deutsch «oberhalb des Waldes». Es gibt größere Orte wie Disentis und Ilanz, ansonsten kaum Menschensiedlungen, dafür Auerwild, Steinböcke, Gämsen, Rothirsche sowie Seitentäler mit intakten Hochmooren und alpinen Auen. Vor ein paar Jahren sind vom Westen her Luchse in die Surselva eingewandert und geblieben.

Fast die Hälfte der achtzehn Quadratkilometer großen Gemeinde Pigniu ist unproduktives Gebirgsland. Nur von gerodetem Land auf über 1200 Metern Höhe, wo schlichte Hütten und Ställe stehen, lässt es sich leben. Die sogenannten Maiensässe, die vor Jahrhunderten errichtet wurden, um auch auf hochalpinen Flächen Milch, Butter und Käse produzieren zu können, sind mittlerweile Raritäten in den Alpen. Die 35 Menschen von Pigniu siedeln auf sieben Hektar. Wir treffen zwei von ihnen. Eine Frau bleibt am Brunnen stehen und redet mit uns. Sie spricht Surselvisch, den rätoromanischen Dialekt, der hier Amtssprache ist. Wir lächeln einfach nur. Ein weißhaariger Herr mit elegantem hellblauen Oberhemd und schwarzer Bügelfaltenhose ist kein Einheimischer. Er hat von der Gemeinde das Restaurant «Alpina» gepachtet, das in der Wiese oberhalb der Straße steht. Er spannt Sonnenschirme auf, fegt mit einem Besen die Holztische vorm Haus, bringt die Espressomaschine in Schwung, serviert eiskalte Cola. Schön, bezaubernd, göttlich. Gibt es Worte für diesen Ort?

«Pigniu wirkt nur dreißig Minuten», sagt der Restaurantbesitzer. «Nach dreißig Minuten begreifen die Leute, dass sie es über den Panixerpass geschafft haben.» Während uns das Postauto über Serpentinen nach Rueun bringt, räumt er die Sonnenschirme ab und schließt das «Alpina» wieder. Die Rhätische Bahn braucht von Rueun ein paar Minuten bis Ilanz. Aber sie hält nur, wenn man rechtzeitig den Knopf an den Gleisen drückt.

Mittwoch, den 26. August

Ein Berg stürzt. Wir nennen das eine Katastrophe. Warum? Was geschieht? Es scheitert etwas, das nach unserem Ermessen gar nicht scheitern kann.

Die Naturwissenschaft klärt auf: Nie stürzt ein ganzer Berg. Es brechen Wände oder steile Hänge. Sie stürzen auch nicht unbedingt, es kommt vor, dass sie schlicht abrutschen. Ein Bergsturz muss bestimmte Bedingungen erfüllen, um als solcher zu gelten. Die erste: Es muss schnell gehen. Innerhalb von Sekunden oder Minuten müssen Felsen oder Schutt mit hoher Geschwindigkeit niedergehen. Die zweite: Er muss groß sein. Mindestens eine Million Kubikmeter Material muss am Boden landen und dort mindestens eine Fläche von einem Quadratkilometer bedecken. Ein Bergsturz kann von Erdbeben ausgelöst werden. Vom Wasser, das beispielsweise nach langanhaltenden, starken Niederschlägen als Kluft- und Porenwasser weit ins Berginnere eindringt. Oder dadurch, dass die Eiszeit in den Trogtälern übersteile Hänge hinterlassen hat. Aufklärung erhellt die Ereignisse. Daran, dass wir zu den Ereignissen eine komplizierte Beziehung pflegen, ändert sie nichts.

Für einen Bergsturz gibt es keinen Termin. Er ereignet sich unerwartet. Er erschüttert uns in unserem planmäßigen Dasein. Damit es zum Sturz kommt, muss das Gestein im Innern eines Berges von Bruchlinien durchzogen sein. Gleichzeitig muss es die Fähigkeit besitzen, über sehr lange Zeit Spannungen auszuhalten. Unwissenschaftlich ausgedrückt: Der Berg ist kaputt und trotzdem heil.

Der Sturz ist wie das rasche Sterben des Vaters im einzigen Moment, da er mal kränkelt. Es ist der Moment, der sich Schlaganfall nennt, und der tatsächlich mit einem Schlag der sprachgewandten Mutter die Sprache raubt. Es ist der unfassbare Augenblick, da das Kind in die Bewusstlosigkeit fällt und mit den Augen, die sich eben noch rastlos Gewissheit verschafft haben, ins Leere starrt. Der Bergsturz trifft unsere Schwachstelle. Er rührt an unseren nachlässigen Vorstellungen vom Leben und von der Existenz der Dinge. An der Herabwürdigung des Unsichtbaren. An der Anbetung von Ärzten, Versicherungen, Experten und dem TÜV. Er ist ein natürlicher Prozess, der sich katastrophal auf uns auswirkt.

Obgleich die letzte Eiszeit schon vor 12 000 Jahren endete, gehören Bergstürze bis heute zu den normalen geomorphologischen Prozessen des Hochgebirges. Sie sind gewöhnlich und zugleich ungewöhnlich gefährlich. Sie gehören zu den größten Bedrohungen für die Menschen im Gebirge. Denn es gibt keine Technik, die es ermöglicht, sie zu kontrollieren. Der größte Bergsturz, der sich in den Alpen ereignete, der zweitgrößte weltweit, war der von Flims in Graubünden, unweit der Stadt Ilanz. Vor etwa 10 000 Jahren stürzte das Gestein, zerbarst, bedeckte 51 Quadratkilometer Erdboden, füllte das Vorderrheintal Hunderte Meter hoch mit Geröll auf. Der Fluss wurde zu einem See gestaut. Auf der Alpenkarte kommt er fast geradlinig vom Gotthardmassiv her. Bevor er sich mit dem Hinterrhein zum dicken blauen Rhein vereint, gerät er ins Schlingern, auf manchen Karten sieht es aus, als würde er zittern. Das ist die Ruinaulta, die Bergsturzstelle hinter Ilanz und kurz vor Flims. Man nennt sie auch den «Grand Canyon der Schweiz». Der Vorderrhein schlängelt sich über Geröllmassen. Unverzagt und mit großer Ausdauer hat er sich einen Weg aus der sogenannten Naturkatastrophe gebahnt.

Die über siebenhundert Jahre alte Kleinstadt Ilanz – «die erste Stadt am Rhein» – prahlt mit dem Fluss. Er fließt durchs Stadtwappen. Ilanz ist das kleine Zentrum der Surselva. Hier sitzen die Verwaltungen, hier befindet sich der Marktplatz, hier stehen die Schule und das Spital. Offiziell heißt es, Deutsch habe sich als Umgangssprache durchgesetzt. Doch anders als Flüsse verfügen Sprachen nicht über Durchsetzungsvermögen. Bei der letzten Volkszählung gestand die Mehrheit der Ilanzer ein, im Alltag Romanisch zu sprechen. Die Backpacker-Station, in der wir untergekommen sind, steht über dem Plazza Cumin, am oberen Ende der Via Centrala. Das Haus riecht nach Absteige. Nach Zigarettenrauch, feuchten Badmatten, dem beißenden Geruch von Achselschweiß. Nach Menschen, die nicht vorhaben zu bleiben. Wenn wir in Elm nicht den Panixerpass, sondern die empfohlene Ausweichroute genommen hätten, wären wir auf dem Weg nach Ilanz durch die Rheinschlucht gekommen. Wir lassen unser Gepäck im Zimmer, frühstücken im «Caffè sil Plaz» und sehen sie uns heute an: die Ruinaulta.

Scharade ist ein Gesellschaftsspiel, bei dem man sich anderen Menschen verständlich macht. Man agiert als Pantomime. Dafür greift man auf Details des Allgemeinwissens zurück und versucht, erkennbare Gesten hinzubekommen. Obwohl man sich dabei ziemlich verbiegt, ist Scharade sehr beliebt. Denn man kann sich nur verständlich machen, wenn man vorspielt, worin sich alle einig sind. Das Spiel funktioniert auf der Basis dessen, was uns verbindet. Es ist eine Wohnzimmerangelegenheit. Das Gegenteil einer Reise.

Allerdings wird es einem auch erschwert. Was man pantomimisch darstellt, denkt man sich nicht selbst aus. Man bekommt einen Zettel gereicht. Und mitunter ist es sehr problematisch, sich verständlich zu machen. Zum Beispiel wenn auf dem Zettel steht: *Die Schweiz.*

«Ich kann die Schweiz nicht erklären», schrieb der Schweizer Schriftsteller Urs Widmer vor drei Jahrzehnten im Nachwort zu seinem Buch, einer Ansammlung von Geschichten über seine Heimat. Auf dem Titel war das Matterhorn. Widmer lebte seit fünf Jahren in Frankfurt am Main. «Können Sie mir erklären, warum Sie so lange im Ausland wohnhaft gewesen sind?», wird der Erzähler in den «Schweizer Geschichten» gefragt. «Ich, ich habe mir nichts Besonderes dabei gedacht», antwortet er. «Ist es verboten?» Wie einst, als Otto Julius Bierbaum mit dem Auto über den Gotthard kam, ist auch diesmal der Fragesteller ein Polizist. Er sagt: «Verboten nicht gerade, aber es gibt uns natürlich zu denken, wenn es einem hier bei uns nicht passt, oder?» Der Vorfall taugt für Scharade. Es sind die Schweizer Hüter der Ordnung, der Geschwindigkeiten und der Ausweispapiere, die das Schweizersein repräsentieren. Das Schweizer Gesetz und das Schweizer gute Gewissen tragen ein und dieselbe Uniform.

Natürlich kann ich die Schweiz erst recht nicht erklären. Ich werde Details bemühen und Details weglassen. Ich werde mich verbiegen für dieses Land. Vielleicht errät jemand, dass ich es mag.

Ich spiele einen Mann, der sorgfältig einen imaginären Apfel auf einem imaginären Kopf platziert. Dann geht dieser Mann auf Distanz, spannt eine imaginäre Armbrust und zielt. Vermutlich erkennt jemand Wilhelm Tell. Seine Geschichte erzählt von der Wut eines berüchtigten Armbrustschützen aus Uri, der vom Landvogt Gessler gezwungen wurde, auf den Apfel zu schießen und damit direkt über den Kopf des eigenen Sohnes zu zielen. Sie erzählt von Tells kühnem Entschluss, dem grausamen Vogt in der Hohlen Gasse aufzulauern und ihn zu töten. Sie erzählt von den Bewohnern der Urschweiz, den Leuten aus den Kantonen Uri, Schwyz und Unterwalden, die sich auf der Rütliwiese am Vierwaldstättersee verbünden, um gleich all die fremden habsburgischen Vögte und Herrscher aus der Heimat zu werfen.

Erst knapp zweihundert Jahre nach den Ereignissen um Wilhelm Tell wurde zum ersten Mal von ihm berichtet. 1470 tauchte er zwischen Urkunden und Überlieferungen im «Weißen Buch von Sarnen» auf, einer Schriftsammlung, die im 16. Jahrhundert zu einer Art Urschweizer Geschichtsbuch verfeinert wurde. Der Wirklichkeitsgehalt des Werkes war nicht bewiesen. Es war jedoch mit zwei Behauptungen gespickt, die es dafür qualifizierte, die folgenden Jahrhunderte zu überdauern, vervielfältigt und in der Vitrine des Staatsarchivs im Kanton Obwalden deponiert zu werden. Erste Behauptung: Der Bund zwischen Werner Stauffacher, Walter Fürst und Arnold vom Melchthal, den Anführern aus Schwyz, Uri und Unterwalden, sei auf der Rütliwiese nicht nur per Handschlag, sondern schriftlich besiegelt worden. Zweite Behauptung: Das habe sich am 8. November 1307 ereignet.

Die Schweiz hatte nun also einen Geburtsort und einen Geburtstag. Und dann tauchte Ende des 19. Jahrhunderts auch noch der Bundesbrief, das Schriftstück von der Rütliwiese, auf! Die Schweizer Tell-Geschichte schien perfekt. Es gab nur ein kleines Problem: Auf dem Papier war der Pakt nicht auf das Jahr 1307, sondern auf 1291 datiert.

Der Bundesrat, die Regierung der demokratischen Schweiz, die seit 1848 existierte, legte sich im Namen aller Bürger auf 1291 als Gründungsjahr der Eidgenossenschaft fest. Und da man schon mal beim Festlegen war, wählte man einen Hochsommertag zum «Bundesfeiertag»: den 1. August.

Vielleicht drangen die wichtigen Nachrichten aus Bern nicht über die Berge bis nach Uri durch. Vielleicht wollte man sich in dem stolzen Kanton, wo der großartige Apfelschuss stattgefunden haben soll, aber auch nicht vorschreiben lassen, wie und wann man aus Geschichte große Festtage macht. Eines schönen Tages feierte Altdorf, der Hauptort des Kantons, pompös das 600-jährige Bestehen der Eidgenossenschaft. Die ganze Schweiz wurde zum Fest an den Originalschauplatz geladen. Und es kam die ganze Schweiz. Wohl oder übel schickten die Bundespolitiker eine Delegation. Das war 1907. Die Sache mit 1291 hatte sich nun ganz offiziell wieder erledigt.

Es war wohl die Schuld von Friedrich Schiller, dass sich die Leute in Uri so hochnäsig verhielten. In seinem Drama «Wilhelm Tell», bereits zu Beginn des 19. Jahrhunderts am Weimarer Schreibtisch erdacht, standen nicht nur der Armbrustschütze und die entschlossenen Rütliverschwörer auf der Bühne. Der Dichter richtete die Theaterscheinwerfer auf das Alpenvolk. Allen, die ihm angehörten, gab er eine gemeinsame Stimme: «Sie werden kommen, unsre Schaf' und Rinder / Zu zählen, unsre Alpen abzumessen, / Den Hochflug und das Hochgewilde bannen / In unsern freien Wäldern, ihren Schlagbaum / An unsre Brücken, unsre Tore setzen, / Mit unsrer Armut ihre Länderkäufe, / Mit unserm Blut ihre Kriege zahlen … O unglücksel'ge Stunde, da das Fremde / In diese still beglückten Täler kam, der Sitten fromme Unschuld zu zerstören!»

Hier sprachen Menschen, die der Natur seit Generationen ein lebenswertes Leben abgerungen hatten. Den Einmarsch der Habsburger in ihre Gebirgswelt stilisierte Schiller zur Freiheitsberaubung. «Was führt euch her? Was sucht Ihr hier in Uri?», fragt Walter Fürst. Und Werner Stauffacher, aus Schwyz gekommen, um zu kämpfen, antwortet: «Die alten Zeiten und die alte Schweiz.»

Obgleich es in der alten Schweiz Patrizierfamilien, Zünfte, zahllose Untertanen und Rechtlose gab, kämpften bei Schiller Tradition und Bodenständigkeit gegen das Neue. Der Eid erhielt seine Kraft, da er von Verbündeten mit den Bergen geschlossen wurde. «Die Hirten Will ich zusammenrufen im Gebirg, / Dort unter freiem Himmelsdache, wo / Der Sinn noch frisch ist und das Herz gesund», sagt Arnold vom Melchthal. «Denn so wie ihre Alpen fort und fort / Dieselben Kräuter nähren, ihre Brunnen / Gleichförmig fließen, Wolken selbst und Winde / Den gleichen Strich unwandelbar befolgen, / So hat die alte Sitte hier von Ahn / Zum Enkel unverändert fortbestanden.»

Obwohl Schiller die Kulisse akribisch beschrieb, war seine Bühne nicht einfach nur Natur, sondern Bühne der Geschichte. Und Wilhelm Tell war der Vorreiter. Seine Wut und sein Mut reichten aus, um in der Hohlen Gasse den Feind allein zu richten. Seit Schiller taugte er zum Mythos.

Das Drama sorgte noch für einen zweiten Mythos. Die mit den Bergen leben, stand dort geschrieben, denen gehören auch die Wege durchs Gebirge, die sie erschlossen haben. Der Kampf um die Freiheit ist der Kampf um die Pässe. Das Schiff, mit dem die Habsburger den Tell in Gefangenschaft bringen wollten, geriet in Schillers Drama in «ein grausam mördrisch Ungewitter». Der Sturm kam «aus des Gotthards Schlünden», von jenem Berg, der Schillers Freund Goethe immer wieder magisch angezogen und in ein Hochgefühl versetzt hatte. Rasch wurden die Fesseln des Gefangenen gelöst, damit er das Schiff durchs Gebirgswetter steuerte. Geschickt setzte er es an eine Steilwand, sprang auf eine Felsplatte, floh. Es war der Gotthard, der Wilhelm Tell zur Flucht verhalf. Dieser Berg und die Freiheit gehörten zusammen. «Ist aus dem Innern doch der Feind verjagt, / Dem Feind von außen wollen wir begegnen. / Nur wen'ge Pässe öffnen ihm das Land, / Die wollen wir mit unsern Leibern decken.»

Geschichten führen kein Eigenleben. Erst wenn sich gute Erzähler ihrer annehmen, bekommen sie Charakter und Gestalt. Will es das Publikum, so haben sie eine Temperatur, ein Aroma und einen Puls. Fortan trugen Touristen am Vierwaldstättersee den «Wilhelm Tell» bei sich. «Märchenkönig» Ludwig II. reiste 1881 mit einem Hofschauspieler an. An den Schauplätzen der Geschichte ließ der Sohn der ersten bayrischen Alpinistin den Mimen aus Schillers Drama rezitieren. Von überall her kamen Europäer auf die Rütliwiese, ließen sich übers Wasser rudern und von Immensee in die Hohle Gasse nach Küssnacht führen. Obwohl schon zu Beginn des 18. Jahrhunderts Joseph Kyselak, der Mann mit dem schwarzen Namenszug, die Armut in den österreichischen Alpen beklagt und obwohl Heinrich Heine sich über den Ausverkauf der Tiroler Bergbauerntradition mokiert hatte, entwickelten sich Schweiz-Reisen zu einer Art Rausch. Es gab das Land wirklich. Es hatte Dimensionen. Und es war schön! Mächtige und arrivierte Europäer strömten auf Schillers freies Stück Erde. Sie begutachteten das einfache, aber stolze Bergvolk und spürten in den Landgemeinden pure Demokratie auf. Dann ging's wieder ab nach Hause. Nüchtern betrachtet, hatte die Schweiz mit ihren Nachbarn aus Europa einfach das ideale Publikum.

Das Wahre an der Schweizer Tell-Geschichte war, dass es in den Alpen gewisse alpine Freiheiten gab. Um nachhaltig am Berg wirtschaften zu können, mussten die Bauerngesellschaften im Agrarzeitalter Rahmenbedingungen schaffen. Sie mussten sich politisch selbst verwalten. Während in den mittelalterlichen Feudalstaaten Landarbeiter den Reichtum der Großgrundbesitzer erackerten, agierten die Bewohner der Insel Alpen mit einer Vielfalt von Rechten und Freiheiten. Im 13. und 14. Jahrhundert schrieben sie ihre eigenen Gemeindesatzungen. Wirklichkeitsnah und nüchtern machten sie Politik. Sie bewahrten sich familiäre Freiheit und schützten Familieneigentum, um familiär wirtschaften zu können. Im Laufe der Zeit gestanden sie den Gemeinden zu, auf Gemeindeland einheitlich zu wirtschaften. Sie kamen auf die Idee, sich in einer Region zusammenzuschließen, Hauptorte und Marktorte einzurichten und gemeinsam föderalistische Politik zu betreiben, um die freiheitlichen Errungenschaften zu verteidigen.

Den europäischen Mächten war das alles nicht unrecht. Als die Walser, eine alemannische Volksgruppe, die sich vor etwa tausend Jahren im heutigen Kanton Wallis niedergelassen

hatte, von dort aus in alle Richtungen durch die Alpen zog, bedachte das Römische Reich sie überall, wo sie sich ansiedelten,
mit Privilegien. Weil sie unter Strapazen Land urbar machten,
durften sie sich selbst verwalten, Waffen anschaffen, Gericht
halten, Handel betreiben, Steuervorteile genießen. Und: Bereits im 10. Jahrhundert verabreichten deutsche Kaiser den Gebieten, die an den großen Alpenpässen lagen, gesetzliche und
steuerliche Vorteile sowie Sonderrechte zur Verteidigung. Die
Pässe waren eine politische Angelegenheit. Von strategischer
Bedeutung. Womit wir beim Wahrheitsgehalt einer weiteren
Schweizer Geschichte wären: der des Gotthard.

Die Pässe waren viel wert. Transportgeschäfte mit Eseln,
Maultieren und Mauleseln, den Saumtieren, die auf besonders
festen Hufen trittsicher durchs Gebirge zogen, ausdauernd
und genügsam, und große Lasten trugen, brachten auf beiden
Seiten eines Berges Geld. Ebenso Handel und Gastronomie
am Wegesrand. Um die Einkünfte selber zu nutzen, anstatt sie
an fremde Herrscher abzugeben, schlossen sich im Hochmit-
telalter viele Orte diesseits und jenseits der Übergänge zu
Pass-Staaten zusammen. Am Brenner zwischen Innsbruck und
Bozen entstand die Grafschaft Tirol, an den Bündner Alpenpässen befand sich jetzt Graubünden, am Gotthard die Schweizer
Eidgenossenschaft, und es gab noch einige andere. Die meisten
Alpenpass-Staaten jedoch wurden in der frühen Neuzeit zer-
schlagen, aufgeteilt oder verschluckt. Jeder in Europa wollte die
Pässe, und kein Europäer gönnte sie dem anderen. Hätte der
Kontinent nicht seine Hände nach dem Gebirge ausgestreckt
und nach den Pässen gegriffen, würde es heute vielleicht einen
einzigen großen Alpenstaat geben.

Als Napoleon Bonaparte Ende des 18. Jahrhunderts mit
seiner Armee in die Alpen kam, fand er dort die Alte Schweizer Eidgenossenschaft vor, ein Geflecht aus souveränen Orten

und Regionen. Es war nach dem Zusammenschluss der Ur-
kantone zu Tells Zeiten immer größer geworden und umfasste
mittlerweile fast genau das Territorium der heutigen Schweiz.
Nacht wie vor verteidigte es die einst erworbenen alpinen Freiheiten. Napoleon machte eine französische Tochterrepublik
daraus. Aber die Tochter war ein schwieriges Kind. Von den
Schweizern heißt es: Zur Durchsetzung ihrer Sonderrechte
und Freiheiten, zum Kampf darum, dass alles bleibt, wie es
sich bewährt hat, hätten sie sich stets leichter zusammengetan
als irgendwer sonst in Europa. Erst gab es Aufruhr in den Ur-
kantonen, dann rumorte es überall. Napoleons zentral regierte
Helvetische Republik hielt kaum vier Jahre.

Seit 1848 ist die Schweiz ein Bundesstaat. Sie nennt sich
eine «Willensnation, die weder ethisch noch sprachlich oder
religiös eine Einheit bildet». Der Großteil der Bevölkerung
spricht Deutsch. Aber natürlich nicht so wie im Flachland.
«Schwizerdütsch» oder «Schwiizertüütsch» ist, wie schon die
Bezeichnungen verraten, ein Gemisch aus vielerlei vermeint-
lichem Deutsch vor und hinter den Bergen. Die Schweizer
tragen keine Armbrüste bei sich, sondern Handys so wie wir.
Um bei schlechtem Netzempfang im Gebirge eine SMS an
den Mann zu bringen, müssen sie allerdings hin und wieder
gute Schützen sein. Im Norden des Landes schlagen sie sich
mit den mitteleuropäischen Niederschlägen herum. Im Tessin
atmen sie Espresso, denn dort ist Südeuropa. Schweizer Schul-
kinder lernen, dass auf dem Gotthard die Flüsse Rhein, Rhone,
Reuss und Ticino wie ein Schweizerkreuz in vier Richtungen
auseinanderfließen. In Bern zu regieren, sagen die Schweizer,
bedeute, stets nach dem kleinsten gemeinsamen Nenner zu
suchen. Jeder der 26 Schweizer Kantone – «cantons» (französisch), «chantuns» (rätoromanisch), «cantoni» (italienisch)
– macht seine eigene Politik. Mehrere tausend Bauordnungen

sollen im Land existieren. Taucht ein Problem auf, das alle angeht, steigen die Schweizer von den Höhen herunter, kommen aus den Tälern, machen sich in Dörfern und Städten auf die Beine und geben ihre Stimme ab. Das Trennende der Berge ist verbindlich. Die Alpen haben Staatsform angenommen.

Und dann hat die Schweiz noch ihre Neutralität. Das wäre doch mal ein Begriff für Scharade. Wie spielt man jemanden, der sich heraushält, Stacheln aufstellt, untätig bleibt, sich quasi seine Unabhängigkeit erigelt, ohne dass es so aussieht, als wäre er gar nicht mehr am Leben? Über die Schweizer Neutralität in der Außen- und Sicherheitspolitik wird gern geredet wie über eine Marotte. Als handle es sich um die fixe Idee eines Volkes, die Luft anzuhalten, wenn andere Völker etwas von ihm wollen, und abzuwarten, bis sie wieder verschwinden. Um Borniertheit. Um ein Benehmen von gestern. Genau das ist es allerdings. Schon im Dreißigjährigen Krieg, der Mitteleuropa verwüstete, verhielt sich die Eidgenossenschaft neutral. 1647 vereinbarten die Kantone ihre bewaffnete Neutralität schriftlich als immerwährenden Willen. Ein Jahr später, da in Münster und Osnabrück die Kriegsparteien nach fünfjährigem Hickhack endlich den Westfälischen Frieden schlossen und damit eine neue Ordnung für das Zusammenleben der Europäer schufen, waren Unabhängigkeit und Neutralität der Schweiz Teil des Vertragswerks.

Im Herbst 1814 kam Europa auf Einladung des österreichischen Außenministers Fürst Metternich wieder zusammen. Nach langem, aber siegreichem Kampf gegen Napoleon wurde in Wien der Kontinent abermals neu sortiert und eine neue Staatenordnung geschaffen. Man feilschte um Macht, trat einander Gebiete ab, schob sich welche zu. Die Schweiz indes blieb unberührt. Abermals garantierte man ihr Neutralität und Selbständigkeit. Nüchtern blickten die Mächte auf die Al-

168

penpässe. Die Schweiz wusste, dass sie nur überleben konnte, wenn sie alle Europäer gleichermaßen passieren ließ. Niemals hat wirklich sie selbst über ihr neutrales Dasein bestimmt.

Ich würde die Neutralität wie ein Haus darstellen, die Hände überm Kopf zum Dach gefaltet. Flüchtlinge schlüpfen in meinem Haus unter, sie entkommen Krieg und Verfolgung. Der 23-jährige Dichter und Revolutionär Georg Büchner wurde in Hessen steckbrieflich gesucht, verschwand über Straßburg nach Zürich, wo er im Oktober 1836 ankam. Jedoch erkrankte er bald an Tuberkulose. Die Leute, die nebenan wohnten und ihn pflegten, waren ebenfalls Flüchtlinge. Vier Monate nach seiner Ankunft in der Schweiz trugen sie ihn hier zu Grabe.

Der Dichter Georg Herwegh floh 1839 vor der Zwangsrekrutierung aus Stuttgart nach Zürich. Auch er trug revolutionäre Ideen nicht nur in Gedanken mit sich herum. Er war ein unruhiger Geist, stets auf der Suche nach Verbündeten und nach Aktionen. Es zog ihn weiter nach Paris, dort entstand «An Emma. Einladung in die Berge». Das Gedicht hörte sich an, als stürmte da jemand so verwegen durch die Welt, weil er ein tröstliches Asyl kannte. «Komm, mein Mädchen, in die Berge, / Wo der Himmel tiefer blaut / Und das stille Volk der Zwerge / Uns kristallne Schlösser baut. / (…) Komm, wo dir der Sturm die Locken / Aus der heißen Wange streicht, / Kaum der dumpfe Klang der Glocken / Und kein Glauben dich erreicht. / Während er im Tale zittert, / Losgebundner Knechte Schwarm, / Ruhen wir, wenn's hochgewittert, / Freudetrunken Arm in Arm.» 1848 war Herwegh unter den Aufständischen der Märzrevolution in Baden. Erneut floh er in die Schweiz, wo er 1863 Bevollmächtigter des Allgemeinen Deutschen Arbeitervereins wurde.

Ein vollbärtiger russischer Revolutionär zog auf seiner Flucht aus der sibirischen Verbannung große Bögen durch die Welt. Michail Alexandrowitsch Bakunin war in Japan, den USA, England, Schweden und Dänemark, in den Niederlanden und Italien zugange, bis er sich 1873 mit fast sechzig Jahren krank aus der anarchistischen Arbeiterbewegung zurückzog und niederließ: im Schweizer Locarno am Nordufer des Lago Maggiore. Hier kaufte er eine Villa, um sie zum Zufluchtsort für polizeilich gesuchte Revolutionäre zu machen.

Für die Schweizer müssen die Flüchtlinge so etwas wie Welttheater gewesen sein. Sie erzählen, dass vor allem Russen sich immer irgendwie dekadent benahmen. Mit eingezogenen Köpfen und hochgestellten Mantelkragen gingen sie durch die Straßen und ließen sich mit falschen Namen anreden. Lew Dawidowitsch Bronstein etwa nannte sich Trotzki. Er war ein rastloser Emigrant, lebte in London, Paris, München und auf dem Balkan. Aber kaum drohte ihm die Verhaftung, blieb nur noch die Schweiz. Seit Februar 1916 wohnte ein Rechtsanwalt namens Wladimir Iljitsch Uljanow in der Zürcher Spiegelgasse 17 zur Untermiete. Er soll sehr klein und dünn gewesen sein und wollte Lenin genannt werden. Im April 1917 verließ er Hals über Kopf die Stadt, kehrte über Deutschland, Finnland und Schweden nach Russland zurück. Wenig später hörte man in der Schweiz, er habe dort Revolution gemacht.

Da ist er wieder, dieser merkwürdige Eindruck, den das Schweizer Haus, das ich spiele, erweckt: fernab von der Welt zu sein. Jedoch ereigneten sich in diesem Haus auch Dinge, die die Welt veränderten. 1863 gründeten in Genf 25 Schweizer Staatsbürger eine Organisation, die sich seit 1876 Internationales Komitee vom Roten Kreuz nannte und sich nun doch in Kriege einmischte. Sie setzte weltweit die Gepflogenheit durch, vor Ärzten, Krankenpflegern und Verletzten die Waffen zu senken. In der ersten Genfer Konvention vereinbarten 1864 zwölf europäische Staaten, mit dem roten Kreuz auf weißem Untergrund – der Umkehrung des Schweizer Wappens – fortan Menschen unter Schutz zu stellen. Kurz nach dem Ende des Ersten Weltkriegs, im Jahr 1920, entstand in Genf der Völkerbund. Mehrere europäische Staaten bemühten sich um internationale Kooperation, vermittelten in Konflikten und überwachten die Einhaltung von Verträgen, um dauerhaft Frieden zu sichern. Der Völkerbund war maßgeblich für die Gründung der Vereinten Nationen, deren Institutionen heute unter anderem auch in Genf sitzen.

Nach der Machtergreifung der Nazis kamen bis Herbst 1933 etwa zweitausend Flüchtlinge, vorwiegend Juden und Intellektuelle aus dem Deutschen Reich, in die Schweiz. Kurz nach dem Anschluss Österreichs an Deutschland trafen zehntausend ein. Mit den internierten Soldaten und Juden aus Osteuropa waren es bis Kriegsende 115 000 Flüchtlinge. Bereits als im April 1938 die ersten österreichischen Juden kamen, verlangte die Eidgenossenschaft von den Deutschen, die Flüchtlingsströme zu kontrollieren. Man verhandelte ausgerechnet mit Menschenfeinden über diese Menschen. Im Endeffekt drückten die Nazis den Reisepässen der Juden Stempel auf. Schon an der Grenze konnten die Schweizer die mit dem J gestempelten Flüchtlinge aussortieren.

Auf der Konferenz von Évian, die im Juli 1938 von den USA am Ort des Völkerbundes anberaumt wurde, wollten 32 Nationen eigentlich beraten, wie sie flüchtenden Juden helfen konnten. Auf Wunsch der Schweiz wurde der Tagungsort ans französische Ufer des Genfersees verlegt. Man wollte es sich mit den Deutschen nicht verscherzen. Während der neun Tage in Évian wurde weniger über das Schicksal Verfolgter als über die sogenannten Schmerzgrenzen der Staaten debattiert. Wie viele Menschen konnte ein Land aufnehmen? Man sprach von den Juden wie von einem Problem. Und so wie andere Länder versuchte auch die Schweiz, sie abzuwehren.

Nachdem die Fremdenpolizei, in deren Departement sich offenkundig fremdenfeindliche und antisemitische Ansichten breitgemacht hatten, im August 1942 versucht hatte, die Grenzen gänzlich zu schließen, zog ein Unwetter öffentlicher Proteste herauf. Der Präsident der Zürcher Kirchensynode lehnte sich laut dagegen auf, dass im Namen der Neutralität geschwiegen wurde, obgleich schwerstes Unrecht geschah. «Wer ein schon stark besetztes kleines Rettungsboot mit beschränktem Fassungsvermögen und ebenso beschränkten Vorräten zu kommandieren hat, indessen Tausende von Opfern einer Schiffskatastrophe nach Rettung schreien, muss hart scheinen, wenn er nicht alle aufnehmen kann», antwortete der zuständige Bundesrat.

Das «volle Boot» schippert durchs Geschichtsbewusstsein. Sich als überfüllten, seeuntüchtigen Kahn ausgegeben zu haben ist vielen Bewohnern der europäischen Insel mit den hohen Bergen bis heute peinlich. Immer wieder wird im Land über die Nazizeit gestritten. 1996 beauftragte das Schweizer Parlament eine internationale Historikerkommission damit, herauszufinden, wie und woher während des Nationalsozialismus Vermögenswerte ins Land kamen. Ob die Industrie mit der deutschen Wirtschaft zusammenarbeitete. Ob es sonst noch Geschäfte mit Hitler gab. Wie die Flüchtlingspolitik zustande kam. Die Kommission war nicht bei allen Eidgenossen beliebt. Zeitzeugen gründeten eine Art Gegenverein. Im Jahr 2002 bekamen die Schweizer ihre Geschichte in Form eines Schlussberichts übereicht. Er umfasst 12 000 Seiten.

Im Sommer 2009 schrieb das Schweizer Fernsehen Geschichte. «Alpenfestung – Leben im Reduit» war ein Mehrteiler zur besten Sendezeit. Es gab achthundert Bewerber. Drei

Frauen und fünf Kinder bezogen am 27. Juli einen Bauernhof hoch überm Ufer des Vierwaldstättersees. Sie versorgten fortan 25 Männer, die sich in der nahegelegenen Festung einquartierten. Die Männer waren in Dienstgrade eingeteilt, trugen alte Armeeuniformen, wurden mit Munition ausgestattet und bekamen Befehle. Ihre Suppe aßen sie aus der Gamelle, während im Radio Sendungen aus den 1940er Jahren schnarrten. «Big Brother» ist eine der blödsinnigsten europäischen Ausgeburten des Fernsehens. Selbst beim Blödsinnigsein ist das Bergland Schweiz noch speziell. Mit einer Bunkershow wurden Zuschauer dazu eingeladen, «den Alltag zur Zeit des Zweiten Weltkriegs hautnah zu erleben». Wer sonst in Europa könnte auf so eine Idee kommen?

Die Schweizer akzeptierten die «Geheimsache Gotthard» nicht nur zur Nazizeit. Bis zum Ende des Kalten Krieges hielten sie am Festungsmythos fest, zelebrierten ihre Abwehrhaltung. «Acht Jahre bin ich mit dem Gewehr am Rhein gestanden, und jetzt sitzen sie in unseren Wirtschaften», sagt in Urs Widmers «Schweizer Geschichten» ein Mann zum anderen. Der antwortet: «So ist es. Ich bin im Aktivdienst in der Gotthard-Festung gewesen. Acht Jahre im Felsen, aber wenigstens gab es keine Ausländer.»

Das Fremde wird nicht angegriffen, aber es ist dem Schweizer suspekt. Man behält es nach wie vor im Blick. «Die Schweizer sagen, man sieht ja, wohin das mit dieser laxen Ausländerpolitik geführt hat, erst hat sich Lenin in Bern und Zürich vollgefressen, dann ist er nach Russland gefahren und hat den Kommunismus eingeführt», schrieb Widmer 1975. In ihrem autobiographischen Erinnerungsbuch «Mehr Meer» erzählt die Schriftstellerin und Literaturwissenschaftlerin Ilma Rakusa, wie sie in den fünfziger, sechziger Jahren mit ihren Eltern aus Südosteuropa kam und lernte, wie man in der Schweiz lebt.

«Das wirkliche Leben war eng. Oder wir ließen es uns eng machen. Emigranten, Ausländer, das haftete an uns. (...) Ein begrenzter Horizont. In dieser Begrenzung herrschte pedantische Ordnung. Der Rasen säuberlich gemäht, die Teppichstangen blank, Vorschriften regelten das Schließen des Haustors, die Reinigung des Plattenwegs, die Nachtruhe ... Meine Eltern hielten sich strikt daran, als müssten sie ihre Schweiz-Eignung beweisen. (...) Die Frage hieß immer: Was gehört sich? Und: Was denken sie über uns?»

Anfang 2009 machte im Land eine Zeitungskarikatur die Runde. Das Matterhorn stand als Emmentaler Käse da, aus den Löchern guckten Mäuse und starrten eine Mäusefamilie an, die vorm Käseberg um Asyl bat: keine Reaktion. Ausländer sind heftiges Diskussionsthema in der wohlhabenden Schweiz mit seinem scharfen Asylrecht. Was hatten Anfang der 1980er Jahre die Demonstranten und Straßenkämpfer der Zürcher Jugendrevolte gerufen, die zunächst nur ein autonomes Jugendzentrum forderten, dann mehr kulturelle Freiheit, überhaupt mehr Anderssein? *Nieder mit den Alpen, freie Sicht aufs Mittelmeer!* Anfang 2009 waren in der Stadt die Gassen mit Zetteln beklebt: *Liebe Ausländer, bitte lasst uns nicht mit den Schweizern allein!*

Im gleichen Jahr stimmten die Eidgenossen vor und hinter den Bergen mal wieder ab. Eine große Mehrheit war dagegen, dass zu den vier Moscheen mit Minaretten, die bereits im Land stehen, noch weitere gebaut werden. Europa gibt sich geschockt. Erinnert die Schweizer an die Errungenschaften der Aufklärung. Eine Berliner Zeitung titelt: *Schweizer Referendum mit dem Rücken zur Welt.* Da ist es grad ein Jahr her, dass in der deutschen Hauptstadt eine Moschee eröffnet wurde. Hartnäckig hatten Berliner Bürger das zu verhindern versucht. Protestdemonstranten behaupteten, den Mehrheitswillen zu vertreten. Stadtbezirkspolitiker stellten sich auf die Seite der Moscheengegner. Es gab einen Brandanschlag auf die Baustelle, der Staatsschutz ermittelte, die Polizei lief Patrouille. Muslimische Gemeindemitglieder nächtigten auf dem Baugelände, um die vom Grundgesetz garantierte Religionsfreiheit zu bewachen. Ist Berlin die Welt? Dann hat die Schweiz die Welt ganz gut im Blick.

Gern werden den Schweizern Komplexe zugeschrieben. Nahezu abgöttisch liebten sie ihre Swissair, die in Minuten das Gebirge überwand und dem Zürcher Flughafen den Charme eines Wallfahrtsortes verpasste. Weltschmerz ergriff sie, als die Fluggesellschaft im Jahr 2001 plötzlich ihre Kerosinrechnungen nicht mehr bezahlen konnte. Obwohl es in der Schweiz gar kein Meerwasser gibt, gibt's Hochseeschiffe, Reedereien und eine Küstenfunkstelle. An die meisten Substantive hängen die Schweizer ein i. Sackli, Stöckli, Steinli. Gegenüber den Bergen ist fast jedes Ding klein. Ob die Schweiz das größte Land Europas wäre, wenn man die Berge wie ein Tischtuch glattziehen würde? Das Bundesamt für Landestopographie hat nachgerechnet, obwohl sich das mit dem Tischtuch recht kompliziert gestaltete. Die Antwort war: Nein.

Und dann der Gotthard! Er ist kein besonders grandioses Bergmassiv. Er hat keinen markanten Gipfel. Wo das Hospiz steht, ist oben, aber man hat von oben keinen Ausblick. Die Schweizer hätten im Gotthard gern ihren höchsten Berg gesehen. Schon Ende des 18. Jahrhunderts stellte sich durch Messungen heraus, dass er das nicht ist. Sie nennen ihn «Steinerne Seele», «Fels in der Brandung der Weltgeschichte», «Dach Europas», «Berg der Mitte». Die großen Alpenkämme treffen hier zusammen, das stimmt. Und an vielen Tagen des Sommerreiseverkehrs bilden die europäischen Kraftfahrzeuge hier den größten Stau. Bei Schiller stand der Gotthard für die

Zukunft der Menschen am Berg. Dafür steht er bis heute. Die meisten Europäer, die seinen Namen aussprechen, meinen die Passautobahn.

«Die Alpen sind immer noch die Alpen, auch wenn jeder zweite Bach für einen Kraftwerksee durch Stollen umgeleitet wird und die Bergbauern langsam zu Alpengärtnern umgeschult werden, die Subventionen für jede Kuh über 2000 Meter Höhe bekommen», erklärt Urs Widmer im Nachwort zu den «Schweizer Geschichten». «Gerade weil die Schweiz so schön ist, tut sie mir manchmal leid, wenn ich sehe, wie schnell sie kaputt spekuliert wird. Deutschland brauchte immerhin einen Weltkrieg, um zu so scheußlichen Städten wie Frankfurt zu kommen. Die Schweizer schaffen es mitten im Frieden. (…) Der Kapitalismus in der Schweiz ist besser getarnt. Es sieht alles so hübsch aus.»

Für wen das Alpenland nicht nur Transitland ist, der wandert über eine 32 Kilometer lange Rundtour auf den Spuren Wilhelm Tells am Vierwaldstättersee oder schippert mit der DS Schiller übers Wasser bis zur Rütliwiese. Dort feiern die Eidgenossen am 1. August ihr Nationalfest. Sie schwingen Fahnen, halten Reden, blasen in Alphörner und verlesen den Bundesbrief. Man kann, um die Tell'schen Spuren zu verfolgen, auch den Bus nehmen. Es gibt den «Tell-Pass». Er gilt für zwei Tage und länger. Er gewährt freie Fahrt und vergünstigten Eintritt. Der «Tell-Pass» ist wie die Passautobahn: Wohl und Übel zugleich.

«Schnaubend vor Wut rollten die Schweizer Felsbrocken den Abhang hinunter und rannten hinterdrein. Die Fremden starrten den Abhang hoch. Sie sahen die Hirten, und ein grässlicher Schrecken fuhr in ihr Herz. Sie ahnten, das war das Ende.» Urs Widmers Bericht von den Revolutionären der Urschweiz klingt knapp zweihundert Jahre nach Schiller ganz anders. «Wie wir wissen, wurden die meisten Ritter in den See gestoßen. Weil sie ihre schwerste Reisekleidung angezogen hatten, standen sie bald alle wie Taucher auf der Seeunterfläche, nur ohne Luftschläuche. Minutenlang starrten die Schweizer auf die Luftblasen, die aus den grünen Wassertiefen hochstiegen, überall zuerst, dann noch hie und da, dann gar nicht mehr. Oben, am grünen Abhang standen die Frauen bereit, mit Latten und Sensen.»

Wer sich ein Herz fasst und Revolution macht, muss noch lange nicht das Herz am rechten Fleck haben, stellte Otto Julius Bierbaum 1902 fest. «Außer den Bergen, der Verschwendung in Rachenlauten und einer gewissen Derbheit der Mädchen ist eine Hauptspezialität der Schweiz die gute Schokolade. Doch hat sich deren Süßigkeit dem Volkscharakter nicht mitgeteilt. Es scheint, dass die republikanische Staatsform mit Höflichkeit unvereinbar ist in diesem Land.» Etwa zur selben Zeit schrieb der Schweizer Schriftsteller John Knittel im Roman «Via Mala»: «Ich bin durchaus nicht der Meinung, dass auf jedem Gipfel eine Schweizer Fahne wehen sollte, und ich betrachte auch nicht den Rückgang unserer Gletscher als ein nationales Unglück. Aber ich habe zuweilen das Gefühl, es sei hier etwas in der Erde, in den Felsen und den Wänden, das in mich übergegangen ist.»

Die Schweizer sind Bürger der ältesten unter den modernen europäischen Republiken. Sie können es nicht leiden, wenn man sie zu untertänigem Verhalten zwingt. Landvogt Gessler ließ einst in Altdorf seinen Hut auf eine Stange stecken. Jeder, der vorbeikam, sollte diesen Hut grüßen. Weil Wilhelm Tell sich dem Blödsinn verweigerte, zwang ihn der Vogt, den Apfel vom Kopf des Sohnes zu schießen. Wenn an einer Schweizer Straßenkreuzung kein Verkehr ist, eine rote Fußgängerampel die Eidgenossen dennoch zwingen will zu warten, sagen sie: «Das ist ein Gesslerhut» und gehen rüber.

Die Schweizer treten nicht der EU bei, profitieren jedoch kräftig von den europäischen Verflechtungen. Man könne nicht den Fünfer haben und das Weggli, sagen die Deutschen. Die strenge Ermahnung geht auf ein Schweizer Sprichwort zurück: Wer ein weißes Brötchen essen will, muss dafür aber auch fünf Rappen hergeben. Das Sprichwort ist alt. Ist den Schweizern vorzuwerfen, dass die Welt sich verändert hat, seit es in Umlauf kam? Scheinbar kann man heute doch den Fünfer und das Weggli haben. Sind die strengen Deutschen vielleicht einfach nur neidisch? «Im Verhältnis zur EU zeigt sich unsere Verschiedenheit drastisch. Sie träumen, wir rechnen. Sie bauen auf die Zukunft, wir pochen auf die Vergangenheit. Sie schleifen erneut ihre Flanken, wir retirieren wieder einmal ins Réduit», schrieb der Schriftsteller Thomas Hürlimann, ein Schweizer, im März 2009 in der Zeitung an die Deutschen. Hürlimann lebt in Berlin, und zwar gern. «Und solang ich lebe, das ist mein Rütlischwur, werde ich mit jenen sein, die zu verhindern suchen, dass sich die schweizerische Eidgenossenschaft einer Brüsseler Politbürokratie unterwerfen muss.»

Hätten wir Deutschen nicht auch gern einen Wilhelm Tell?

«Der brave Mann denkt an sich selbst zuletzt», sagen wir. Und: «Wer Tränen ernten will, muss Liebe säen.» Das ist aus Schillers Drama. Wir sagen: «Die Axt im Haus erspart den Zimmermann.» Das sagt in dem Stück der Tell. Als er später in der Hohlen Gasse lauert, um den Landvogt zu töten, ist ihm nicht wohl. Er spricht sich den Mut zu, den all diejenigen haben müssen, die in höherer als nur der eigenen Mission handeln: «Du hast aus meinem Frieden mich herausgeschreckt, in gärend Drachengift hast du / Die Milch der frommen Denkart mir verwandelt. (…) Es kann der Frömmste nicht im Frieden bleiben, / Wenn es dem bösen Nachbarn nicht gefällt.»

Der deutsche Schlagersänger Roland Kaiser singt: Es kann der Frömmste nicht im Frieden leben, wenn ihm die schöne Nachbarin gefällt.

178

Dreizehnter Tag: Von Ilanz auf den Glaspass

Von Ilanz auf den Glaspass

Donnerstag, den 27. August

Heute ist großes Kino. Das fängt schon bei der Garderobe an. Heidi ist aus der Bergwandereruniform desertiert. In der Ramschecke eines Ilanzer Gemischtwarenmarktes hat sie gestern Abend einen Rock gefunden. Er ist derb. Wenn sie große Schritte machen will, kann sie ihn vorn aufknöpfen. Er ist cremeweiß. Das ist weder Heidis Lieblingsfarbe noch praktisch. Der Rock ist reine Selbstbehauptung.

Wir brechen beizeiten nach Duvin auf. Das rätoromanische Dorf steht südlich von Ilanz auf einer Felsplatte, durch tiefe Schluchten vom Umland abgetrennt. Vor ein paar hundert Jahren warfen Bürger ihre Marienstatue in eine dieser Schluchten. Sie waren wütend. Während sie allesamt brav einer katholischen Prozession beiwohnten, hatte heftiger Regen die gesamte Heuernte vernichtet. Anstatt schützend die Hand über das Dorf zu halten, war der Herrgott beim Unwetter tatenlos geblieben. Beim Sturz in den Abgrund verletzte sich die Maria. Als sie geborgen wurde, fehlten an der rechten Hand zwei Finger. Die restlichen drei hielt sie wie zum Schwur erhoben. «Zweimal wird Duvin abbrennen!», soll sie gedroht haben. «Das dritte Mal jedoch wird das ganze das Dorf in die Schlucht stürzen!» Auch diese Geschichte handelt von Selbstbefreiung. Die Bewohner entsagten dem katholischen Glauben. Bis heute sind sie die einzige protestantische Gemeinde weit und breit. Bereits zweimal ist das Dorf auf der Felsplatte fast vollständig niedergebrannt.

Das prächtige Holzhaus mit Portal neben dem Dorfbrunnen ist die Post. Der Mann, der über Nacht hier das Duviner Postauto parkt, ist zugleich der Duviner Jäger. Er kennt sich dort aus, wo wir hinwollen: nach Südosten zum Passübergang Güner Lückli, 2470 Meter hoch, der einzigen Lücke im Gebirgskamm, hinter dem das Safiental liegt. Das Lückli sei nicht zu verfehlen, sagt er, weil man es immer über sich sehe. Neulich habe er von Ilanz einen schätzungsweise 70-Jährigen mitgenommen. Er war aber bereits neunzig und wollte dort hoch. Fünf Stunden habe er eingeplant. Der jagende Postautofahrer lacht laut schallend. Er peilt Heidis kurzberockte Beine an. Allerdings habe er den 90-Jährigen nicht zurückkommen sehen. «Na ja», sagt er. «Wir müssen uns mal wieder um die Markierungen kümmern. Das Vieh bei Alp Gretg trampelt alles kaputt.»

Aufwendige Kulisse beim Aufstieg durch die Waldzone. Spinnentiere haben Tausende von Fäden quer über den Weg gespannt. Von Baum zu Baum, von Sträuchern zu Gräsern. Die Morgensonne bringt sie zum Funkeln. Scheinbar sind wir seit langer Zeit die Ersten, die hier entlangkommen. Wie Zielbänder hängen die Seidenfäden an uns dran, kleben an den Lippen, über den Augen, saugen sich beim Einatmen in die Nasenlöcher, kräuseln sich um die Ohren. Wir müssen die Wanderstöcke zweckentfremden und uns wie Prinzen durch die Dornenhecke schlagen.

Die Heckendicke beträgt eine gute Stunde wandern. Dann ist der Wald zu Ende. Ab 1852 Metern steigt die Trampeltierzone der Unteren Alp Gretg sanft an. Bei 2109 Metern strebt die Trampeltierzone der Oberen Alp Gretg steil auf. Saftiges Gras, saftige Erde, saftige Exkremente. Wir waten in den Spuren der Kühe. Unter uns klappt die Landschaft auf. Das Bergland fällt von uns ab und liegt uns zu Füßen. Bis zum Horizont liegt Gebirge am Boden. «He!», ruft Heidi. Feindliche Umgebung ver-

langt, dass man sich verhält. Prächtige Landschaft schert sich nicht. Man fühlt sich, als wäre man gar nicht da. «He», mault Heidi, «ich will nicht mehr!»

Wir brauchen dreieinhalb Stunden bis zum Pass, länger, als wir für den Aufstieg vorgestern gebraucht haben. Wir schaffen es nicht bis nach oben, ohne zu frühstücken. Auf Steinen sitzen wir nebeneinander. Die Leinwand ist so weit gespannt, dass wir die Köpfe hin- und herbewegen müssen. Ich beiße in eine grüne Paprika, dass es nur so kracht. Heidi schluchzt wieder. Sie hat sich mit einem weißen Rock dem Gebirge gegenüber Geltung verschafft. Jetzt gibt sie sich geschlagen. «Es ist ... so ... schön.»

Hinterm Passübergang beim Abstieg ins Safiental: die Komparsen. Der schrille Warnpfiff. Wir stoppen sofort. Regen uns nicht, suchen das Gelände ab. Der Wachposten der Murmeltiere steht aufrecht, die Vorderpfoten hamsterartig angewinkelt, Knopfnase zum Himmel gereckt, vorm Loch. Es führt unter die Erde in verzweigte Gänge und mit Heu ausgepolsterte Kammern, in denen es nie wärmer ist als 13 Grad. Wenn das Murmeltier täglich loszieht, um etwa anderthalb Kilo Gras und Kräuter zu fressen oder sich einfach in die Sonne zu legen, entfernt es sich nie allzu weit. Es hat angelegte, fast taube Ohren, ein Halbmondlächeln und einen lustigen Überbiss. Mit seinen dunklen Augen kann es Wanderer schon aus vierhundert Metern Entfernung sehen.

Gehen Tieren im Ruhezustand Gedanken durch den Kopf, so wie mir? Werden sie auch von Bildern heimgesucht? Kommen sie auf Ideen, die sie gar nicht haben wollen? Ich weiß, Tiere zerbrechen sich nicht den Kopf. Aber warum wird so getan, als wäre das ein Nachteil? Stillstehen lässt sich schwer aushalten, wenn in einem drin so viel passiert. Ich kann nicht wirklich ruhig sein, immerfort spricht jemand in mir, fordert mich auf, mich wie ein Mensch zu verhalten. Um es vorwegzunehmen: Kein einziges Murmeltier, mit dem wir es in den Alpen aufgenommen haben, hat sich als erstes bewegt.

Was dann geschieht, würde ich nicht glauben, wäre ich nicht höchstpersönlich dabei. Wir laufen, wo sich ein Erdpfad auftut oder das Gras niedergetreten ist. Mal bleibt die eine stehen, mal die andere. Die Route kommt uns komisch vor. Nirgendwo Markierungen. Das Safiental ist nicht zu sehen. Eine Reihe Holzhütten auf dem Bergabsatz unter uns. Es wäre unklug und kräftezehrend, sich geradeaus dorthin durchzuschlagen, denn mitunter sind die Löcher im Gelände tiefer als knietief. Heidi sucht mit dem Gesicht zum Tal nach einer Möglichkeit, ich

gehe nochmal bergauf, so wie wir gekommen sind. Hellbraune Kühe stehen herum und glotzen mich an. Ich finde keine Stelle, an der wir einen Fehler gemacht haben könnten, und kehre wieder um.

Heidi ist weg.

Ich bin jetzt dort, wo wir uns getrennt haben. Ich rufe. Sie antwortet nicht. Ich suche den Hang ab. Da unten die Hütten, keine Heidi. Ich filtere Farbtöne aus der Wiese, hänge mich an Bewegungen, identifiziere Schatten. Rufe. Nichts.

Heidi bahnt uns unterdessen einen Weg bergab, aber ich sehe sie nicht. Selbst mit dem großen Rucksack ist sie zu klein für die geräumige Landschaft. Sie läuft über den baum- und strauchlosen Westhang dem Nachmittagslicht in die Arme. Es tilgt ihre Konturen. Meine Stimme, mit der ich sie sonst wie am Seil halte, reicht nicht an sie heran. Sie ist die ganze Zeit da, aber bis wir uns bei den Hütten plötzlich gegenüberstehen, habe ich sie, an einem der wohl übersichtlichsten Orte, an die man geraten kann, verloren.

Die archaischen, schlichten Holzhäuser von Zalöner Hütta stehen auf 1940 Meter Höhe über dem Safiental in einer Reihe dicht beieinander. Sie sind aber kein Dorf, sondern gehören zur Zalöner Alp und dienen einem Zweck: Jeder Bauer bringt von Frühjahr bis Herbst seine Kühe nach oben, hütet, melkt und macht Käse. Er lebt im «Stupli», einem quadratischen Verschlag mit Bett, Tisch, Bank und Fenster. Außer ihm sind im Holzhaus oft noch Tiere, Milchkeller und Sennerei untergebracht. Die Walser begannen mit dieser Art von Landwirtschaft, als sie Anfang des 14. Jahrhunderts vom Hinterrhein ins Safiental kamen. Über Hunderte von Jahren wurde sie aufwendig betrieben. Mitte des 20. Jahrhunderts hat sie sich nicht mehr rentiert. Die Menschen im Tal sagen: Die Zalöner Hütta sind Vergangenheit. Dabei stehen sie doch hier oben am Hang.

Seit ein paar Jahren gibt es im Tal den Verein Safier Ställe. Er nennt die insgesamt rund hundert Holzhäuser an den Hängen «ein Stück Kulturgeschichte der Alpen». Hält sie für eine Form des Zusammenlebens. Für «kulturelles Erbe». Das klingt nach einem Wert. Der Verein will die Besitzer der seit über fünfzig Jahren ungenutzten Hütten dazu bewegen, die Dächer zu decken, ehe die Gebäude zerfallen. Schweizer Denkmalpfleger, eine Stiftung und private Spender stehen zur Hilfe bereit. Man kann die Zeit nicht zurückdrehen, aber man kann Zeit gewinnen. Sind erst mal die Dächer auf den Walserhütten, wollen sie im Safiental nachdenken. Welche Zukunft hat die Vergangen-

heit? Kann man die Häuser wiederbeleben? Und dann wollen
sie ihr kulturelles Erbe antreten.

Eine Vogelscheuche steht am Hang. Sie trägt eine braune
Kordhose und ein schwarzes T-Shirt. Von der Glatze bis zu den
Schuhen ist sie mit blassgrünem Grasstaub bedeckt. Heu hängt
in ihrem Bart. Dann lächelt sie und sagt: «Hallo!»

Der graumelierte, gestutzte Bart ist Teil seines Berlin-Zeh-
lendorfer Institutsoutfits; die Scheuche ist ein Wissenschaftler.
Seit Wochen ist der Mann mit einem orangefarbenen elek-
trischen Handmäher beschäftigt. Der Teppich aus gemähten
Halmen, den er bald zurücklässt, ist Ergebnis seines gesamten
Jahresurlaubs. Er hilft den Bauern beim Mähen steiler Hänge,

die nicht mit Maschinen befahren werden können. Als letzten Monat plötzlich eine Kaltwetterfront über die Alpen herzog und am 18. Juli Schnee lag, hat er tagelang pausiert. Das Gras musste sich erst wieder aufrichten. Dann hat er an Arbeitstempo zugelegt. Es gibt Listen in Europa mit den Namen der Menschen, die den Alpenbauern Hilfe anbieten. Die Listen könnten länger sein. Aber das Gebirge wirbt nicht drum. Im Gegenteil: Einmal wollte der Zehlendorfer am Feierabend das Safiental verlassen, aber es gab kein Benzin für sein Auto. Er wollte wenigstens im Safiental einkehren. Doch der Automat der Kantonalbank spuckte seine Geldkarte immer wieder aus.

Heidi sagt nichts. Ihre Stöcke baumeln am Handgelenk und ratschen über die asphaltierten Serpentinen, die von Alp Zalön ins Tal führen. So hört es sich an, wenn sie flucht. Und sie flucht, weil die Kirchturmuhr von Safien Platz schon viermal schlägt und dieser Weg nach unten nur der Abstieg vor dem Anstieg auf den über 1800 Meter hohen Glaspass ist, auf dem wir heute übernachten. Krrrchchch, macht Heidi. Krrrchchch.

Ich beschleunige. Glas, pass, Glas, pass. Glas, pass. Eine Kurve gutgemacht. Glas, pass, Glas, pass, Glas, pass. Zwei Kurven. Über mir bremst ein Auto.

Hihihi, macht Heidi. Eine sanfte Männerstimme verausgabt sich.

«Ich bin aber nicht allein», raspelt Heidi über mir, «da vorne ist noch eine.»

Glas, pass, Glas, pass, Glas, pass. Da vorne ist noch eine. Glas, pass, Glas, pass, Glas, pass. Über mir schlägt eine Autotür ins Schloss. Sie kommen angerollt. Klein, eckig, rot. Eine schmutzige Schachtel auf Rädern. Die Köpfe der beiden berühren das Dach, sie füllen die Fahrerkabine in der ganzen Breite und Höhe. Sie sehen aus, als hätte man ihnen ein rotes Kondom übergestülpt. Der Mann am Lenkrad: gelber Stoff-

hut, ausgedünnter weißer Bart. Das karierte Hemd über ge-
bräunten Armen aufgekrempelt. Die Knopfleiste offen, weißes
Brusthaar wallt hervor. Ich würde sagen, der Alpöhi hat meine
Heidi eingeladen. Säße da nicht dieses hochmoderne Utensil
auf seiner Nase: die Pornobrille. Da-vorne-ist-noch-eine darf
im roten Laderaum Platz nehmen. Neben ihr liegt ein Geweih,
es hängen Hautfetzen dran. Es ruckelt. Das Geweih kommt
immer näher. Endlich: Safien Platz. Von innen kann Da-vorne-
ist-noch-eine die Laderaumtür nicht öffnen.

In der Fahrerkabine säuselt Heidi: «Ach bitte, darf ich Sie
fotografieren?»

Den engen, alten, steilen Saumpfad zum Glaspass beginn-
nen wir auf allen vieren und wie einst die bepackten Esel der
Säumer. Die Tiere trugen das Zehnfache an Gewicht. Oben
auf dem kahlen, sich buckelnden Bergrücken steht tatsächlich
das «Berggasthaus Beverin». Vierhundert Jahre stecken in dem
Haus, Erinnerungen, lauter Tinnef. In kleinen Holzzimmern
stehen große Holzbetten. Vor den Fenstern hängen prächtige
Fototapeten. Die Sonne geht gerade unter, wir starren auf das
Motiv Alpenglühen.

Als Letzter tritt heute Willi auf. Er ist der Herbergschef.
Während Heidis Porno-Opa über einen gewissen Sex-Appeal
verfügte, hat sich Willi bei Maske und Kostüm was einfallen
lassen. Das dunkle Haar mit dem grauen Schimmer trägt er
strähnig und zottellang. Im Gesicht steht ein ungemähter Bart.
Ein grellgelbes T-Shirt spannt sich über einem hochgebirgs-
artigen Bauch. Darauf ist ein Bierkübel abgebildet. Vorm Haus
steht Willis großes Motorrad. Willi ist Biker, wie viele, die bei
ihm einkehren. Biker sind Männer in schweren, luftundurch-
lässigen Klamotten, die vor jedes Alpenmotiv, das sie mit dem
Fotoapparat bannen, ihre Maschine stellen. Willi stellt ein
Fernglas auf die Terrasse. Wir sollen die Gämsen beobachten

und uns den knapp dreitausend Meter hohen Piz Beverin ansehen. Er steht quasi vor der Tür. Am Gipfel schrammt der Halbmond entlang.

Das «Berggasthaus Beverin» ächzt und knarrt. Keiner der Gäste soll früher aufstehen als die anderen, dann wären nämlich alle wach. Im Gastraum steht ein dicker Kachelofen. Auch unbeheizt strahlt er Wärme aus. Es gibt 36 Betten. Wenn mehr Gäste kommen, rennt Willi übern Bergrücken zu den paar Menschen, die hier wohnen, und besorgt Privatquartiere. Bei Willi nächtigen auch die Männer, die morgens losziehen, um nach Bergkristallen zu suchen. Einer von ihnen ist vor Kurzem ums Leben gekommen. «Der Idiot», sagt Willi, denn der Mann war alleine unterwegs. Niemand konnte Hilfe holen, als er abstürzte. Er lag mit gebrochenen Rippen in der Schlucht und musste den wer weiß wie langen Weg durch die Gasse aus Schmerz und Panik nehmen, bis es ihm endlich gelang, aufzuhören zu atmen. Willi gibt uns seine Visitenkarte. Hintendrauf stehen die Notrufnummern für die Schweizer und die italienischen Alpen. Wir sollen uns auf seiner Homepage melden, wenn wir in Italien angekommen sind.

Freitag, den 28. August

Irgendwann standen Menschen in dem harschen, schwarz-grauen Gebirge fassungslos vor den Bergkristallen: in Palästen aus glasklarem Quarzgestein, das tief im Innern des lichtlosen Bergs so prachtvoll schillerte, als wäre es seine eigene Energiequelle. Die Menschen hatten den Mut, dieses Gestein zu berühren. Sie brachen es und trugen es nach draußen, wo die Strahlen der Sonne mitten durch die Festigkeit und das Gewicht des Materials hindurchschienen. Hielten sie Eis in den Händen, das niemals schmolz? Handelte es sich um das Inventar der Götter- und Dämonenwelt, in die nur derjenige gelangte, der sich durch dunkle, enge Höhlengänge wagte und den Zwerge, Gnome, Kobolde aus unerfindlichen Gründen passieren ließen?

Schon zur Römerzeit zogen Männer los, um aus den Alpen Kristalle und Mineralien zu holen. Sie trugen ein Werkzeug bei sich, das als Meißel und Brechstange fungierte, den Aufstieg sicherte und das Gehen erleichterte. Einige von ihnen waren eifrige Sammler, andere versessene Forscher. Die meisten trugen die Schätze der Natur zu Markte, um ihren Lebensunterhalt aufzubessern. Bergkristalle gab es viele. Sie waren über lange Zeit in wässrigen Lösungen zu so unterschiedlich geformten Kristallen herangereift, dass sich kaum zwei gleich aussehende auftreiben ließen. Obwohl sie in Massen vorkamen, waren sie doch Unikate. Da sie nicht einmal zu den Halbedelsteinen zählten, galten sie nicht als besonders wertvoll und brachten kaum Geld ein. Aber in den Schmuckstücken, in

189

die man sie einarbeitete, entfalteten sie einen nahezu unbezahlbaren Glanz. Sie glichen den armen Männern, die sich für sie in steile Wände wagten und ins Berginnere zwängten, damit das Leben ein schöneres Antlitz bekam. Seit eh und je werden in den Schweizer Alpen diese Männer «Strahler» genannt. Der Bergkristall gilt als «das Aschenbrödel unter den Edelsteinen». Viele Prinzen, die ihn begehrten, hat er das Leben gekostet.

Das Aschenbrödel von klarer Schönheit, das mir Willi aus seiner Vitrine gibt, wird angeblich meine geistigen Blockaden beseitigen und mich zu innerer Harmonie und Ausgewogenheit führen. Es wird mich stärken und negative Energien abwehren. Willi sagt, dass nachmittags Regen kommen soll, aber niemand wisse, woher. Mit zusammengekniffenen Augen scannt er den blauen Himmel, der sich von Thusis und dem Heinzenberg im Osten über die Spitze des Piz Beverin im Süden bis zu den Kämmen hinterm Safiental im Westen spannt. «So isch das im Labä», sagt er. Das Gasthaus ächzt, weil seine Leute in den Zimmern Bettdecken aufschütteln und putzen. Sein T-Shirt ist heute blau. Es gibt ein Rätsel auf. *Was ist geil und hat einen Streifen auf dem Rücken?*, steht auf Willis Bauch.

Mein Bergkristall, sagen Willis Leute, wird Gehirn-, Augen-, Magen- und Darmerkrankungen abwehren. Auch über Haut und Knochen wird er wachen, sich außerdem um Brandblasen, negatives Zellwachstum, Kreislaufbeschwerden und Übelkeit kümmern. Ich verknote den Stein mit dem Lederband, an dem auch mein Alpenhühnergott hängt, trete barfuß vors Haus in die Sonne, in der meine Schuhe stehen und sich dehnen. Bergkristalle, heißt es weiter, seien zwar im emotionalen Bereich nicht so fähig wie im körperlichen, jedoch stärkten sie den Standpunkt desjenigen, der einen bei sich trage. Heidi ist abmarschbereit und winkt. Bin ich unfair, weil ich mit diesem

Kristall um den Hals so dermaßen zu meinen Gunsten aufrüste? Willi erklärt, mit beiden Händen fuchtelnd, wie wir nach Thusis gehen sollen.

Man müsste mitschreiben und fotografieren. Man müsste den Schweizer Bergmenschen nachweisen, dass ihre Begabung beim Finden der richtigen Pfade bewundernswert, doch für unsereinen nicht nachvollziehbar ist. Man müsste sie daran erinnern, dass ein Weg zwei Enden hat. Während das Ziel variabel und daher nicht allzu verhängnisvoll ist, befindet sich der Start nicht dort, wo man losging, sondern dort, wo man herkommt. Man kann sich auf einen Weg begeben. Aber man kann sich niemals selbst verlassen.

In der Touristeninformation am Bahnhof von Thusis soll eine Frau sitzen, die uns ein Bett geben wird. «Wenn ihr sagt, euch schickt der Willi», sagt Willi. Nach dem Abschied löst sich das Erotik-Rätsel auf seinem Bauch. Er hat einen riesigen weißen Streifen auf dem T-Shirt-Rücken.

Wohin führen die Wege durch die Alpen? Was bedeuten die sich gabelnden und windenden, hin und wieder spurlos verschwindenden Bergpfade? Dass eine Richtung gar nicht verbindlich vorgegeben werden kann? Es ist nicht ratsam, ein Schneefeld zu queren, indem man einfach einer Spur folgt. Man kann die Hacken in den Boden rammen, um fester zu stehen. Man kann mit dem Bauch zum Hang absteigen, um sich im Fall eines Falles besser abfangen zu können. Von Vorteil jedoch wäre, zu wissen, wer die Spur gezogen hat. Wer ist da eigentlich unterwegs gewesen? Was hatte er in den Bergen vor? Vor allem: Wo kam er her?

Der Zürcher Patriziersohn Conrad Ferdinand Meyer verlor

mit fünfzehn den Vater und wuchs mit der psychisch schwer angeschlagenen Mutter auf. Dass der Mensch sich geborgen fühlen kann, erfuhr er erst, als die Mutter sich das Leben nahm, da er und seine Schwester so viel Geld erbten, dass sie davon leben konnten. Meyer war einer der bedeutendsten deutschsprachigen Dichter der Schweiz des 19. Jahrhunderts. Er verkehrte in der Zürcher Oberschicht, in der Gesellschaft um Gottfried Keller und Johanna Spyri. Die Alpen suchte er auf wie andere Menschen die Kirche. «Bald nahe tost, bald fern der Wasserfall, / Er stäubt und stürzt, nun rechts, nun links verweht, / Ein tiefes Schweigen und ein steter Schall, / Ein Wind, ein Strom, ein Atem, ein Gebet!», heißt es in seinem Gedicht «Himmelsnähe». «Nur neben mir des Murmeltieres Pfiff, / Nur über mir des Geiers heis'rer Schrei, / Ich bin allein auf meinem Felsenriff, / Und ich empfinde, dass Gott bei mir sei.»

Goethe empfand so ähnlich wie Meyer, nur dass der naturwissenschaftlich interessierte Dichter nicht auf Felsenriffen sinnierte, sondern am Wegrand kniete, den Kopf gesenkt und den Blick in die Wiesenwelt getaucht, um dichter am Ursprung zu sein. «Wenn in der tiefern Gegend Zweige und Stängel stärker und mastiger waren, die Augen näher aneinander standen und die Blätter breit waren, so wurden höher ins Gebirg hinauf Zweige und Stängel zarter, die Augen rückten auseinander, so dass von Knoten zu Knoten ein größerer Zwischenraum stattfand und die Blätter sich lanzenförmiger bildeten.» Für Goethe waren die Berge keine Kirche, sondern Lehrbücher. Sie gaben ihm Aufschluss. «Auf dem flachen Lande empfängt man gutes und böses Wetter, wenn es schon fertig geworden, im Gebirge ist man gegenwärtig, wenn es entsteht.» Im Grunde nahm der Dichter aus Weimar in den Alpen immer nur seine eigene Spur auf. Denn die Alpen entsprachen dem Werden. «Nicht die Polhöhe allein macht Klima und Witterung, sondern die

Bergreihen, besonders jene, die von Morgen nach Abend die Länder durchschneiden. In diesen ereignen sich immer große Veränderungen, und nordwärts liegende Länder haben am meisten darunter zu leiden.»

Am Staubbachfall im Berner Oberland, wo das Wasser von einem Felsen fast 300 Meter tief auf dem Boden des Lauterbrunnentals stürzt, fühlte der Dichter sich nicht allein mit Gott, sondern dicht bei den Menschen. «Ragen Klippen / Dem Sturz entgegen, / Schäumt er unmutig / Stufenweise / Zum Abgrund (…). Wind ist der Welle / Lieblicher Buhler; / Wind mischt von Grund aus / Schäumende Wogen», heißt es im Gedicht «Gesang der Geister über den Wassern» aus dem Jahr 1779. «Seele des Menschen, / Wie gleichst du dem Wasser! / Schicksal des Menschen, / Wie gleichst du dem Wind!»

Dem Dichter Friedrich von Bodenstedt hingegen, der in Norddeutschland geboren worden war und später in Moskau und im Kaukasus gelebt hatte, gelang es beim besten Willen nicht, im Gebirge eine Verbindung zwischen der Natur und dem Menschlichen zu sehen. Er war Philosoph und Philologe. Sowohl ein Mann der Weisheit als auch des Wortes. «Auch das gewaltigste Naturschauspiel wirkt auf die Dauer ermüdend, wenn es nicht durch drohende Gefahr unsere Kräfte zum Widerstande aufruft», notierte er im Sommer 1858 in seinen Reiseaufzeichnungen im Tross von König Maximilian II. zwischen Lindau und Berchtesgaden.

Zwei Jahrzehnte zuvor war auf einem anderen Kontinent ein Buch über genau das erschienen, was Bodenstedt so schläfrig machte. «Wir erfahren von der Natur mehr, als wir willentlich mitzuteilen fähig sind», schrieb der 33-jährige US-Amerikaner Ralph Waldo Emerson in «Natur». Auch er hatte schon als kleiner Junge den Vater verloren, dann eine Frau geliebt, die kurz nach der Hochzeit im Alter von neunzehn Jahren verstorben war. Er lebte mit dem Glauben und mit der Erkenntnis. Er war Pastor, Unitarier, lehrte, hielt Vorlesungen an der Harvard-Universität. Er war durch Europa gereist, wo man Goethe rauf- und runterzitierte, wo das Geistesgut der Literaten und die Ideen der idealistischen Philosophen so etwas wie den Reichtum der Welt bedeuteten. «Natur» war Emersons erstes Buch. Es folgte dem Drang, zu behaupten, dass auch unter freiem Himmel zu aller Menschen Füßen geistiger Vorrat lag. Dass man in der unendlichen Landschaft der Vereinigten Staaten zu unendlich viel Weltanschauung gelangen konnte. «Sinnliche Dinge stimmen mit den Vorahnungen der Vernunft überein und spiegeln das Gewissen wider», schrieb Emerson. «Der moralische Einfluss der Natur auf jedes Individuum ist jenes Maß an Wahrheit, das sie ihm erklärt.»

Zwölf Jahre nach dem Erscheinen hatte er gerade mal fünfhundert Exemplare seines Buches verkauft. Dennoch machte das Werk, das die Menschen auf den Gedanken brachte, Ideen nicht nur zu zitieren, sondern sich das kulturelle Gut aus der Natur zu holen, den Blick ins Offene als Offenbarung zu begreifen, den Autor berühmt. «In der Lehre der Nutzbarkeit aber wird es dem Geist eine Übung sein zu erkennen, dass eine Sache nur dann gut genannt werden kann, wenn sie dienlich ist», schrieb Emerson, «und dass ein Zusammenwirken aller Teile und allen Strebens für jedes Wesen zu einem zweckdienlichen Wirken notwendig ist.»

Den Philosophen und Schriftsteller Henry David Thoreau, der in den vierziger Jahren des 19. Jahrhunderts eine Zeitlang in Emersons Haus in Massachusetts wohnte, unter einem Dach mit dessen Familie und dessen Einfällen, trieb «Natur» direkt in den Wald. Er borgte sich eine Axt, baute eine Hütte am Waldensee und lebte dort allein, fast zwei Jahre lang. «Ich zog in den Wald, weil ich den Wunsch hatte, mit Überlegung zu leben, dem eigentlichen, wirklichen Leben näher zu treten, zu sehen, ob ich nicht lernen konnte, was es zu lehren hatte, damit ich nicht, wenn es zum Sterben ginge, einsehen müsste, dass ich nicht gelebt hatte», schrieb er nach dieser Zeit in «Walden». Das Buch erzählt von einem Experiment. Für die Leser wurde es eine Art Leitfaden, wie es gelingen kann, Gleichgültigkeit gegenüber Geld, Ruhm, Luxus und anderen gesellschaftlichen Vorteilen zu erlangen. «Kein Mensch stand noch deshalb tiefer in meiner Achtung, weil er einen Fleck auf dem Rock hatte, doch bin ich überzeugt, dass man im allgemeinen mehr darauf besorgt ist, moderne oder wenigstens reine und ungeflickte Kleider zu besitzen, als ein reines Gewissen.»

Was Thoreau in und vor seiner Hütte trieb, wie er es drauf anlegte, mit Hilfe der Natur seinen wahren Bedürfnissen und seinem Wohlergehen näherzukommen, das nennt sich heute Erlebnispädagogik. Die Schule kann nicht der einzige Ort des Lernens sein, sagen deren Verfechter. Entgegen allen Behauptungen wachsen Erfahrungen eben doch auch auf Bäumen. Trotzdem ist es bis heute nicht gerade verbreitet, wie Emerson und Thoreau mit der Natur umzugehen. Man braucht Geld dafür, man leistet sich den Luxus, Naturerlebnisse sind ein gutes Geschäft. Während Thoreau sich in seinem Naturquartier Kapitel für Kapitel mit «Tönen», «Einsamkeit», «Heizung», einem «Bohnenfeld», «meinen Nachbarn, den Tieren», und dem «Teich im Winter» beschäftigte, will der Waldbesucher von heute erfahren, wie es sich anfühlt, Verantwortung für das eigene Handeln zu übernehmen. Man verspricht ihm, seine eigene Persönlichkeit zu finden und soziale Kompetenz zu erlangen. «Die unaufhörliche Aufregung und Sorge vieler Menschen ist eine fast unheilbare Krankheitsform», schrieb einst Thoreau. «Wir übertreiben die Wichtigkeit von allem, was wir tun, und wie vieles geschieht doch ohne uns!»

In Deutschland gibt es einen Mann, der seit Jahrzehnten Wege durch die Alpen nimmt. Sie haben ihm zu der einfachen Erkenntnis verholfen, dass es in diesem Gebirge Orte gibt, an denen der Mensch wirklich gut leben kann. Werner Bätzing ist Professor für Kulturgeographie an der Universität Erlangen-Nürnberg. Die Alpen sind sein Schaffensgebiet. Wer heutzutage etwas über das Gebirge wissen will, kommt um seine Bücher nicht herum. Es sind wissenschaftliche Werke, zugleich ausschweifende, dramatische Geschichten von der Erdoberfläche und den Menschen, die sich auf ihr bewegen. Sie verfolgen die Spuren, die das Leben in den Alpen hinterlassen hat. Die Geographie ist ein Sammelsurium aus Geschichten und Erinnerungen.

Wer versteht, was Bätzing schreibt, der versteht, dass man nicht so einfach verstehen kann. Das Verhältnis zwischen Mensch und Umwelt ist wie das zwischen Mensch und Mensch. Alles, was man wissen will, braucht konkrete Erfahrung. Auch das Wissen über die jahrtausendealte Kulturlandschaft Alpen lässt sich nicht erwerben wie im Seminar. Was der Mensch in diesem Bergland nicht selber entdeckt, meint Bätzing, wird er nicht sehen: «Weder die Kultur noch die Natur ist hier so vorbereitet und aufgearbeitet, dass man sie bloß passiv zu konsumieren braucht – wer das erwartet, wird sich wohl ziemlich schnell langweilen.»

«Orte guten Lebens, die Alpen jenseits von Übernutzung und Idyll» ist ein Buch, das sich Bätzing im Jahr 2009 sozusagen selbst zum Geburtstag geschenkt hat. Er wurde sechzig Jahre alt. Seine Arbeit hat er noch nicht beendet. Und die Alpen wären nicht die Alpen, wenn das Menschenleben eines Professors aus Franken ausreichen würde, um mit ihnen fertig zu werden. Wenn dieser Professor es aber zumindest vermag, die Wege der Europäer durchs Gebirge zu beeinflussen, dann

196

finden wir uns bald zu vielen im Alpen-Abseits wieder. Jenseits idyllischer Hanglagen und Talschaften, wo Kuhglocken das Heimatlied spielen und Schmelzwasser plätschert. Jenseits der Autobahnen und der vom Skitourismus zugerichteten Hänge. Jenseits von Industriegemeinden und Tourismusregionen. Wir träfen uns im Piemont, in den Cottischen Alpen und in den Seealpen, wo kaum noch ein Mensch ist, weil alle dorthin gegangen sind, wo das Leben einfacher ist. Wo sich die Natur das Kulturland zurückholt. Wo die Alpen verschwinden.

Im Jahr 2007 kündigte der in München geborene Investmentbanker Rudolf Wötzel seinen Chefsessel bei Lehman Brothers im deutschsprachigen Raum und lief von Salzburg nach Nizza, wochenlang über die Hochgebirgskämme der Alpen. Auch er wollte zu einer neuen Sicht kommen, doch ging es ihm weniger um das Gebirge als um sich selbst. Randvoll mit Zweifeln, ob die Welt der Finanzen und Bilanzen eine gute ist, geplagt von Sinnkrise und Burn-out, zog er im Mai los und hoffte, «dass meine Wanderung mich nicht nur ans Mittelmeer führen wird, sondern darüber hinaus zu einer neuen Lebensperspektive». Aber irgendwie misstraute er den Bergen doch. Unzählige Menschen hatten sich hier schon durchgekämpft. Hatte der Mensch Wötzel ein Wertsteigerungspotenzial?

Jede Selbstverwirklichung, notierte er in seinem Tagebuch, brauche eine persönliche Note. Sich selbst stufte er als Hannibal ein, zog als generalstabsmäßiger Eroberer los, nicht als so ein «Jakobsweg-Langweiler». Wie Hannibal schlug er sich mit den Tücken der Alpentour herum. Sein Bankerkörper machte ihm zu schaffen. Er schmerzte und schwoll stellenweise bedenklich stark an. «Wie im ‹richtigen› Leben ignoriere ich geflissentlich die eindeutigen Signale für eine rechtzeitige und sinnvolle Umkehr», berichtete er, «ich verfüge einfach nicht über die Antennen dafür. Wie auch?»

Nachdem Rudolf Wötzels Tagebuch «Über die Berge zu mir selbst» veröffentlicht war, erzählte er im deutschen Fernsehen von den Alpen. Neben ihm saß eine Psychologin. Sie war wegen des Amoklaufs an einer Realschule in die Talkshow eingeladen worden. Eben noch hatte sie über Jugendliche gesprochen, die an Schulen Menschen erschießen. Nun wandte sie sich dem Mann neben sich zu, der das Bergsteigen wie ein Finanzgeschäft betrieben, sich als Risikonehmer mit Renditeerwartungen an den Aufstieg gemacht und die Risikofurcht besiegt hatte. Er war sozusagen ihr nächster Problemfall. Sie diagnostizierte: Symptomverschiebung. Tatsächlich hatte Wötzel, bevor er losging, die Alpen lediglich eine Auszeit genannt. Sie waren der Akku, der seine Energie aufladen sollte, damit er weiterarbeiten konnte. Er benutzte sie als Fitnessstudio. Sie dienten ihm. Er konnte sie sich leisten. Nach der Tour sagte er, in den Bergen sei er runtergekommen. In einem der vielen Interviews, die er gab, fiel sogar das Wort Demut. Ja, so sind die Alpen. Sie erniedrigen einen. Sie wirken mit unheimlicher Kraft. Sie machen einem klar, dass es neben Berechnung auch noch das Schicksal gibt.

Schon der toskanische Dichter Francesco Petrarca, der erste Mann, der im 14. Jahrhundert freiwillig auf einen Berg stieg, hatte sich gewünscht: «Ach könnte ich doch ebenso mit dem Geist jene Wanderung vollführen, nach der ich Tag und Nacht schmachte, wie ich nach endlich überwundenen Schwierigkeiten die heutige Wanderung mit leiblichen Füßen vollführt habe!» Der Finanzmann Wötzel bilanzierte seine Wanderung in Zahlen: 1800 Kilometer von Salzburg nach Nizza, 856 Stunden Marschzeit, 120 Etappen, 129 Gipfel, 63 Hütten, 33 Viertausender, 65 Dreitausender. Der weite Fußmarsch endete in Wirklichkeit aber nicht am Mittelmeer, sondern in der Gemeinde Klosters in den Graubündner Bergen. Dort ließ er sich nieder, um Hüttenwirt zu werden. Dort wird sich zeigen, wie weit der Kopf gehen kann.

«Einige Stunden Bergsteigens machen aus einem Schuft und einem Heiligen zwei ziemlich gleiche Geschöpfe. Die Ermüdung ist der kürzeste Weg zur Gleichheit und Brüderlichkeit – und die Freiheit wird endlich durch den Schlaf hinzugegeben», schrieb Friedrich Nietzsche in seiner Aphorismen-Sammlung «Menschliches, Allzumenschliches». Bereits mit 24 Jahren war der in Naumburg aufgewachsene, wetterfühlige und stets kränkelnde Philosoph, Dichter und Philologe als Professor nach Basel berufen worden. Zehn Jahre später hatte er seinen Lehrstuhl aufgegeben. Migräneanfälle, Magenbeschwerden, Augenschwäche und häufiges Erbrechen trieben ihn seitdem über den Kontinent. Er suchte nach einem Ort, an dem es sich aushalten ließ. Nach einer Gedankenheimat. Nach einer körperlichen Bewegungsform, die auch den Geist in Bewegung versetzte.

1881 kam Nietzsche in Graubünden an, im Oberengadin, einem fast 1800 Meter hoch gelegenen Tal, in dem Seen liegen und dessen Hänge mit Alpweiden, Arven- und Lärchenwäldern verkleidet sind, in das sich Gletscher hineinschieben und über dem Schneegipfel in den Himmel ragen. Obwohl auch im Engadin Menschen lebten, fühlte er sich fern von dem, was man Alltag nennt. Er verbrachte sieben Sommer dort. Er war wie der große schweigende Felsstein am Hang überm Silvaplanersee, der die Touristen an sich vorüberziehen ließ. Er zählte die Kutschen und Equipagen vorm «Hotel Maloja», menschlicher Ballast, der in der Idylle parkte, er amüsierte sich über Hamburger und Hamburgerinnen, die mitten im Juni in den Engadiner Schnee gerieten. Er wanderte allein. «Ich habe es nie so ruhig gehabt, und die Wege, Wälder, Seen, Wiesen sind für mich wie gemacht», schrieb er an seine Schwester Elisabeth. «Der Ort heißt Sils Maria; bitte haltet den Namen vor meinen Freunden und Bekannten geheim, ich wünsche keine Besuche.» In seiner Autobiographie «Ecce Homo» räumte Friedrich Nietzsche, kurz bevor er mit nicht einmal 54 Jahren starb, sich selbst und seinem Schaffen einen herausragenden Platz in der Philosophiegeschichte ein. Er erklärte, warum er eigentlich so klug ist: «So wenig als möglich s i t z e n; keinem Gedanken Glauben schenken, der nicht im Freien geboren ist und bei freier Bewegung – in dem nicht auch die Muskeln ein Fest feiern.»

Wissen kommt aus der Körpererfahrung. Es entsteht, wenn die äußere und die innere Landschaft ineinanderfließen. Das erfuhr auch der deutsche Autor und Regisseur Werner Herzog, der am Jahresende 1974 eine große Wanderung unternahm. Seine Erwartungen an den Weg waren ebenso groß wie Jahrzehnte später die von Rudolf «Hannibal» Wötzel. Herzog hatte erfahren, dass eine Frau, die ihm viel bedeutete, erkrankt war und mit dem Leben rang. Es gab Autobahnen und Flugzeuge. Doch er brach, mit Matchsack und Kompass ausgerüstet, von München zu ihr nach Paris auf, «in dem sicheren Glauben, sie werde am Leben bleiben, wenn ich zu Fuß käme». Sein Weg streifte die Alpen nur. Er führte durchs Schweizer Jura, den Höhenzug nördlich des Alpenkammes, mitten durch das wütende nordeuropäische Winterwetter, das vom Hochgebirge nicht nach Süden durchgelassen wurde.

In «Vom Gehen im Eis» berichtete Werner Herzog, wie sich das Ziel immer weiter entfernte, weil der Weg zwar mit jedem Schritt kürzer, aber immer bedeutender wurde. Das Buch ist dünn; der Bedeutungswandel vollzog sich schnell. Denn der Weg war das, was den damals 32-jährigen Gehenden von Anfang an unmittelbar berührte. Er spürte ihn durch die Schuhsohlen. Die Füße fragten schon nach wenigen Kilometern an, ob Herzog nicht ganz bei Trost sei. Er war mit Franzbranntwein und Trotz unterwegs. «Warum ist das Gehen so leidvoll?», fragte er sich. «Der Knöchel rechts ist sehr zum Schlechten verändert. Wenn er weiter anschwillt, weiß ich nicht, was tun (…). Links weiß ich auf einmal, was ein Meniskus ist, bei einer scharfen Wendung, ich wusste bisher davon nur aus der Theorie. (…) Die Sehne ist beim Fersenansatz ziemlich verdickt und fühlt sich an, als stecke sie in einem Futteral.»

Wenn auf dem Weg der eigene Körper so viele Neuigkeiten preisgab, war am Wegesrand wohl auch eine Welt zu entdecken. «Wir haben alle keine Ahnung mehr davon, wie viel Mäuse es auf der Welt gibt, es ist unvorstellbar», notierte Werner Herzog. «Nur wer geht, sieht die Mäuse.» Am Samstag, den 14. Dezember 1974, kam er bei der alten, kranken Dame in Paris an. Er setzte sich. Sie schob ihm einen zweiten Sessel hin. Er legte seine Beine drauf. In seinem Fußreisebuch steht: «Einen feinen, kurzen Moment lang ging etwas Mildes durch meinen todmüden Körper hindurch. Ich sagte, öffnen Sie das Fenster, seit einigen Tagen kann ich fliegen.»

Anfang des 20. Jahrhunderts ist in Europa das Wandern zu einer guten Idee erklärt worden. Die ersten Jugendherbergen wurden eingerichtet, Herbergsverbände gegründet. Der Gelsenkirchener Lehrer Richard Schirrmann, Begründer der Jugendherbergsbewegung in Deutschland, schrieb in einem Zeitungsaufsatz im Jahr 1910: «Auch die Knaben und Mädchen des gemeinen Mannes müssen frischfröhliches Wandern als Gegengewicht für die Stubenhockerzeit ihrer Schuljahre üben.» Die simple Erklärung brachte ihm breite Unterstützung und reichlich Spenden ein. Es begann die Zeit, in der immer mehr Kinder und Jugendliche durch Wald und Flur zogen. Die Zeit, in der das Wandern mit Begriffen ausgestattet wurde: Körper stählen, verborgene Kräfte wecken, den Geist auffrischen.

Die Zeit, da die Idee Teil einer Ideologie wurde. *Jugend wandere!*, rief der Reichsverband für Deutsche Jugendherbergen in Westfalen den jungen Menschen Anfang er dreißiger Jahre von einem Plakat aus zu. *Und ihr, die ihr in keinem Verein seid, schließt euch zu Wandervereinigungen zusammen, lernt von den Wanderbünden, wählt euch einen zuverlässigen Führer!* Drei bis vier Reichsmark kostete der Jahresbeitrag. Er diente der *Heranziehung einer gesunden, starken, reinen und frohen Jugend.* Sie wanderte, um die *unheimlich anschwellenden Lasten für Heilung und Fürsorge* zu mindern. Ihre Losung lautete: *Vorbeugen ist wichtiger als Heilen.*

Die Gesellschaft riss das Wandern an sich und machte eine Parade draus. Kolonne und Zweierreihe waren jetzt auch Bergvokabeln. Es gab das zuverlässige Kommando des Führers, Abmarschzeiten, Uniformen und Mitgliedsabzeichen. Das Wanderbuch, das der westfälische Reichsverband 1931/32 herausgab, hieß «Wann wir schreiten Seit an Seit». Dem zufolge, was dort geschrieben stand, gab es vor allem geeignete und weniger geeignete Wanderkameraden. «Burschen sind von Natur aus Wandervögel. Jüngferlein sind mehr Standvögel», hieß es. «Sie mögen einen frischen, freien Maigang machen; wenn sie aber bubenmäßig alles mitmachen wollen und die Schranken überschreiten, die das Geschlecht und die Sitte ihnen ziehen, so ist es vom Übel. Sie werden zu Landstreicherinnen, die irre gehen und den alten Weg nicht zurückfinden. Ach, du armes, verflogenes Vöglein mit deinem zerzausten Gefieder, du bist ein halbverlornes Ding! Du glaubst, viel gewonnen zu haben, aber das Beste hast du verloren, den Duft und das Haus der edlen Weiblichkeit!»

Mein Gefieder ist nicht zerzaust, als wir in Thusis ankommen, aber meine Sonnenbrille ist zerbrochen. Ich habe sie im Rucksack verstaut, weil der Weg schattig war, dann habe ich den Rucksack wütend abgeworfen, weil der Weg nicht mehr auffindbar war. Da ist es wohl passiert.

Thusis lag einst an der Handelsstraße, die in Richtung Süden zu den Pässen San Bernardino und Splügen führte. Gleich hinter der Stadt drängte die ramponierte Straße in die Via-Mala-Schlucht, ein berüchtigtes und gefährliches Wegstück durch die Alpen. Als Ende des 19. Jahrhunderts weiter westlich der Eisenbahntunnel am Gotthard eröffnet wurde, brach der Güterverkehr mit Pferden und Kutschen in Thusis zusammen. Und damit eigentlich auch die Stadt. Wie vielen Orten im Gebirge, deren lange Alpenbiographie mit der Industrialisierung jäh abbrach, war auch Thusis ein zweites Leben als Tourismusort beschieden. Am Eingang zur berühmten Via-Mala-Schlucht und am Fuße von verschneiten Hängen bringen Urlauber mehr Wohlstand ein, als der alte Säumerverkehr es je vermocht hätte. Schaulustige und Skisportler anzulocken und zufriedenzustellen ist leichter, als Lasten über Berge zu schaffen. Aber es ist eben auch, als würde man sein eigenes Dasein verkaufen. Wie an vielen Tourismusorten der Welt ist auch in Thusis eine Art Frust spürbar. Obwohl diejenigen, die hier leben, das Damals gar nicht mehr erlebt haben, scheint ihnen das Heute die falsche Existenz zu sein.

Betten gibt's nicht, sagen die Blicke der Frau in der Touristeninformation am Bahnhof. Sie telefoniert mit Gasthäusern, stellt hinterrücks immer die gleiche suggestive Frage: «Es ist doch richtig, dass ihr voll belegt seid?» In ihrer Sprache hängen die Reste vom Thusnerdeutsch, einem Gemisch, das deutsche Einwanderer vor Jahrhunderten schufen, indem sie das in der

Gegend übliche Romanisch mit Lauten ihrer Muttersprache vermengten. Die Sätze werden von vielen «aaa» und «äää» in die Länge gezogen, Konsonanten werden scheinbar je nach Belieben verschluckt oder verdoppelt. Die Frau spricht auch nicht direkt mit Touristen. Sie hält sich hinter der Sprechluke einer Glasscheibe auf wie andernorts die Fremdenpolizei und der Zoll. Wir sagen, dass wir überall hingehen, um zu schlafen, dass wir auch in andere Orte laufen. Denn mittlerweile sind wir gut im Laufen, und wir sind schnell. Dann sagen wir, dass uns der Willi schickt. Mit einem Mal treibt sie «das allerletzte Zimmer in Thusis» auf.

Den Schlüssel erhalten wir am Tresen einer Konditorei. In der Vitrine stapeln sich «Via-Mala-Torten». Das Zimmer ist überraschenderweise freundlich. Es ist eines von vielen Zimmern in der Herberge. In keinem brennt am Abend Licht. Außer uns scheint niemand hier zu wohnen.

Fünfzehnter Tag: **Von Thusis nach Donat**

Die Samstage sind unsere Dunkeltage. Das erfahren wir aus dem Fernseher, der zum Inventar des freundlichen Zimmers gehört. Während wir zum Aufbruch rüsten, läuft SF Meteo, das Wetterprogramm des Schweizer Fernsehens, von traditioneller Volksmusik untermalt. In einer Dauerschleife ziehen die

Bilder der Alpengipfel und Alpentäler übern Bildschirm. Ein jedes ist mit Angaben zu Temperatur und Witterungslage versehen. Minus vier Grad am Jungfraujoch. Fünfzehn in Bern. Zwei am Matterhorn in Zermatt. Die beste Aussicht, die geboten wird: eine graue Wolkenwand. Der Abschied von der Sonnenbrille – leicht gemacht.

Von Thusis führt die Via Spluga, ein alter Saumweg, über den Splügenpass nach Italien. In spätestens vier Tagen wären wir auf diesem Weg in Chiavenna. Entgegen unseren ursprünglichen Plänen werden wir ihn recht bald hinter der Via Mala wieder verlassen. Der Grund ist der Tourismus. Am Bahnhof und auf dem Tresen der Konditorei liegen Broschüren aus. Sie versehen Wegabschnitte mit Schwierigkeitsgraden. Sie bieten Umwege an. Hilfstreppen und Geländer. Sie scheren sich mehr um Rastplätze als ums Fortkommen. Obendrein unterbreiten sie das Angebot, doch lieber gleich den Bus zu nehmen. Die Broschüren degradieren unsere Alpenüberquerung und bestärken uns in unserer Meinung. Diese Meinung ist hochmütig, aber wir halten dran fest: Wir sind keine Touristen.

Touristen essen beim Gehen. Sie riechen wie die Kosmetikprodukte, die sie verwenden. Sie belächeln unser Gepäck, weil sie keine Ahnung haben. Sie wissen nicht, dass ein Rucksack, den man kaum vom Boden auf Hüfthöhe hieven kann, auf dem Rücken das Gewicht verliert, wenn man ihn als Körperteil begreift. Dass er sich bei kühler Witterung wie ein Freund von hinten an einen klammert und wärmt. Dass er am Morgen den Schlund aufreißt wie das brave Kind beim Zahnarzt und nachts im Zimmer die Sonne und den Duft der Berge ausdünstet. Dass er Bewegungen erlernt und von Tag zu Tag geschmeidiger wird. Touristen sind, selbst wenn sie nur zu zweit kommen, immer viele. Sie reden laut, weil sie wissen, dass sie etwas wert sind. Sie sind ein Produkt.

«Aadee!», verabschiedet sich Thusis auf Thusnerdeutsch und sagt: «Määärci!»

Die Via Mala ist eine Klamm, eine ungefähr sechs Kilometer lange und bis zu sechshundert Meter tiefe, enge Schlucht zwischen steilen, teilweise überhängenden Felswänden. Durch die Tiefe, wo sich die Wände an manchen Stellen mit nur wenigen Metern Abstand gegenüberstehen, drängt der Hinterrhein. Er kommt vom Rheinwaldhorn aus dem Süden. Er schäumt, windet und überschlägt sich und macht einen ziemlichen Lärm dabei. Schon zur Bronzezeit gab es einen Pfad durch die Schlucht. Später bauten die Römer ihn für die Säumerei aus. Genau genommen führte der Weg nicht wirklich hindurch, sondern hangelte sich sozusagen in der Höhe an den Wänden entlang. An Stellen, da es überhaupt nicht mehr weiterging, querte er über hölzerne Brücken das brausende Wasser. Niemand war besonders scharf darauf, diese Route in den Süden zu nehmen. Andere Straßen über andere Pässe waren leichter. Der Schluchtweg hinter Thusis zerfiel und bekam erst jetzt seinen rätoromanischen Namen: Via Mala, schlechter Weg.

Nicht nur europäische Herrscher, auch Alpenbewohner kämpften untereinander um Passwege. 1473 beschlossen die Gemeinden an der Schlucht, den Weg zu einer Straße auszubauen. Holzbrücken wurden durch klobige Steinbrückenbögen ersetzt, schattige Wege, auf denen das Gestein stets feucht und rutschig war, wurden aus dem Fels geschlagen, balkonartige Holzstege überm Abgrund befestigt. Man musste schwindelfrei sein, um die Via Mala zu passieren und die schweren Lasten zu balancieren. Auf den schmalen Wegen war es unmöglich, haarigen Situationen auszuweichen. Räuber lauerten den Passanten auf. Trotzdem entwickelte sich die Schlucht nach 1473 zur wichtigsten Transitroute der Region. Säumerkarawanen und Kuriere zogen flussaufwärts, Handelsreisende und Diplomaten. Schließlich wurde Anfang des 19. Jahrhunderts die Kommerzialstraße gebaut, die durch Tunnel, Felsgalerien und über neue Brücken führte. Nun war die Schlucht befahrbar. Die Via Mala verteidigte ihren Namen. Gut zehn Jahre nach Fertigstellung des Fahrwegs schwoll der Hinterrhein eines Tages zu einem verheerenden Hochwasser an. Rasend schnell, wie eine steinerne Badewanne, füllte sich die Klamm. Ein großes Stück Straße wurde wieder zerstört. Seit 1967 gibt es die Autobahn A13. In einem langen Tunnel umfährt sie die Via Mala zunächst und quert den südlichen Teil auf einer riesigen Brücke.

Von Thusis führen zwei Wege in die Schlucht. Man kann an den Wänden auf der Westseite hineinsteigen oder an der Ostseite. Von dort kommen wir. Bewegen uns über einen zur Seite abschüssigen Pfad, aus dem mächtige Baumwurzeln hervorbrechen, als wüssten sie nicht, dass sie am Gefälle nicht in die Horizontale wachsen können. Sie lehnen sich auf, krümmen sich und krallen sich erneut am Hang fest. An manchen Stellen hat man den Pfad mit zerschlagenem Fels ausgelegt. Das Wetter liegt oben auf den Schluchträndern. Wie unter einer Abdeckplane kondensieren wir hier unten vor uns hin. Die Felsbrockenwege werden zu einer rutschigen Angelegenheit. Wir halten uns an den Pflanzen der Hangseite fest. Unsere Wanderstöcke stoßen in den Boden. Da die Wände überhängen, können wir den Fluss nicht sehen, nur hören. Hin und wieder stehen die Felsen so, dass wir uns auf den Bauch legen, den Kopf über den Hangvorsprung schieben und in die Tiefe spähen könnten. Wir wagen es nicht. Die Natur lässt nach Belieben Materie rutschen, abstürzen oder bröckeln.

Die Via-Mala-Klamm ist der Ort, den kein Mensch meint, wenn er das Wort Alpen ausspricht. Sie ist die andere Seite, die zu jedem Gegenstand der Betrachtung gehört. Sie wurde mit den dunklen Farbtönen ausgestattet, die beim Schmücken der Südhänge, Schneekuppen und Gletscher keine Verwendung fanden. Das Wetter drängt in sie hinein und sitzt dort fest. Während die Alpenberge nach dem Firmament greifen, gibt es in der Schlucht kaum Himmel. Auch am helllichten Tage dominiert Dunkelheit. Es ist unendlich eng. Die Klamm macht nicht höhenkrank, aber sie macht einem das Leben schwer. In ihrem Innern kämpft sich der Fluss beharrlich von der Quelle zur Mündung durch. Das Unbegreifliche tritt hier zum Vorschein: Flussabwärts geht es nicht unbedingt leichter. Die Schlucht steht für das Überwinden der Tiefe.

Im ersten Drittel des 20. Jahrhunderts verarbeitete der junge John Knittel einen Mord, der hundert Jahre zuvor tatsächlich begangen worden war, zu einem Roman. Das war nichts Ungewöhnliches in der Literatur. Der Schweizer Schriftsteller hatte lange Zeit in London gelebt und verfasste alle seine Bücher auf Englisch. Er reiste viel, besuchte Schauplätze überall auf der Welt. Im Roman jedoch verlegte er den Tatort von Obermühle in Mittelfranken ausgerechnet in sein kleines Heimatland, nach Graubünden. «Via Mala» wurde eine Geschichte, die perfekt zu dem Ort passt, an dem sie stattfindet. Sie erschien 1934. Knittel hatte sie in der Ferne und in einer anderen Sprache geschrieben. Aus größtmöglicher Distanz.

Das Buch erzählt von steinigem, ruppigem Land, das die Menschen nicht nur umgibt, sondern auch in ihnen wohnt. Von Flusswasser, das sich endlos durch die Enge kämpft. «Tagelang, manchmal wochenlang packt ein dicker Nebel die Menschen an der Gurgel und zerreißt ihnen die Lunge, Brunnen und Bäche sehen aus wie aus Eis gebaute Märchenburgen. Dann kommt plötzlich ein warmer Föhnwind und beginnt über Nacht zu heulen, der Schnee verwandelt sich in weißen Teig, die Dörfler blicken ängstlich auf zu den Berggipfeln, denn ihr Weg ist auf Schritt und Tritt von Lawinen bedroht, und keiner weiß, wo die Lawine herkommen wird. Natur bedeckt sich mit triefender Nässe, die sich plötzlich in eine Eiskruste, hart wie Metall verwandelt, wenn das Barometer unter Null sinkt.» Das Schlimmste sind die Monate unter der Schneelast, «die die Seelen öde und leer werden lässt». Das Schlimmste ist das Leben an sich.

Die Familie des Sägemüllers Jonas Lauretz, vor deren Haustür im Schluchtinnern der Fluss schäumt, leidet unter dem trunksüchtigen, gewalttätigen Mann. Er schlägt und betrügt seine Frau, hat zwei seiner Kinder verstümmelt, die neugeborenen Zwillinge ermordet. Er hat die Sägemühle heruntergewirtschaftet, macht Schulden, prügelt sich in Wirtshäusern. Verbittert und voller Hass prügelt er das Pferd vor seinem leeren Karren über die Via Mala. Wenn er betrunken heimkommt, demütigt er die graugesichtigen, eingeschüchterten Angehörigen und stiehlt ihr Geld. «Und dann – was ist schließlich das Leben!», lässt Knittel eine seiner Romanfiguren ausrufen. «Weiter nichts als eine Lektion, die einem beibringt, wie man in seiner eigenen Haut umherspazieren soll.»

Der Schlucht, ihrem Dasein und Gewordensein kann die Familie Lauretz nicht entfliehen. Aber sie kann aus der eigenen Haut. Kinder und Mutter beschließen, den Alten umzubringen. Flachländer, Menschen, die nicht von hier sind, meint John Knittel, würden diese Grausamkeit nicht verstehen: «Sie haben nie jene Lethargie erlebt, haben nie Mangel an Hilfsquellen kennen gelernt, der das menschliche Wesen verwandelt und manchmal zum Wahnsinn treibt.» Die riesige, vom wilden

Wasser bewegte Säge, Axt und Messer, jene Werkzeuge, die der Familie Lauretz immer schon fürs Überleben zu Diensten waren, werden die Tatwerkzeuge sein. «So schlachtet man ein Schwein. Aber wie soll man den Alten dazu bringen, dass er den Kopf still hält?», heißt es, als sie ihre Tat in der Sägemühle proben. «Nichts ist fertig, bevor wir d a m i t nicht fertig sind.» Das viele Blut, das vom Gemetzel zeugt, spülen sie mit dem Flusswasser weg. Oben am Berg heben sie die Grube für die Leiche aus, bedecken den toten Mann mit Erde, Wiesenstücken und Flechten und rollen einen Felsstein über ihn. Sein Grab fällt nicht auf im Gebirge. Sie melden ihn als vermisst.

Niemand, auch nicht der Richter des nahe liegenden Städt-chens, vermisst ihn wirklich.

Jahre später vermisst ihn erst recht niemand mehr. Jedoch verläuft das Leben auch in der Via Mala nicht nur schicksal-haft, sondern zugleich auch in den Bahnen von Recht, Gesetz und Bürokratie. Der Fall Jonas Lauretz wird wieder aufgerollt. Untersuchungsrichter Andreas von Richenau hat sich noch einmal mit dem Verschwinden des Sägemüllers zu befassen. Ausgerechnet er ist mittlerweile Teil der Familie, denn er hat Lauretz' jüngste Tochter Silvelie, seine große Liebe, geheiratet. Bald schon kommt Richenau auf die richtige Spur. Die Familie hat sich von dem Alten befreit, aber sie leidet unter den Er-innerungen an die Mordnacht. Sie gesteht.

«Er fühlte, wie ein ganzes Gedankensystem allmählich aus der Welt verschwand. Uralte Einrichtungen wankten und stürzten. Der Geist des Bösen stand in seiner ganzen Gewalt vor ihm», schreibt Knittel über Andreas von Richenau, der zwar aus der Stadt kommt, jetzt jedoch irgendwie auch in die Schlucht gehört. «Aber die Feudalzeiten mit dem Recht des Stärkeren waren dahin. Jetzt galt die Zeit der Schreiberlinge, der Wissenschaftler und ‹logischen› Streithähne.» Die Via Mala ist der Flecken Erde, an dem sich Richenau für das Verstehen-wollen und gegen gerechtes Urteilen entscheidet. Er wählt zwischen Vernunft und Liebe. «Es gab eine größere Freiheit. Menschen wie die Familie Lauretz hatten nach einem Werk-zeug der Befreiung gegriffen. Ihr Gewissen war nicht von Vor-schriften eines Moralgesetzes geprägt, ihr Hirn nicht durch ein Übermaß an Wissen und Bildung umnebelt. Sie empfanden keine Reue. Ihre Leiden und Ängste waren die des Tieres.»

Der Untersuchungsrichter fälscht eine Akte. Er vertuscht den Mord. Er trickst die moderne Welt mit ihren Mitteln aus. «Er kam sich vor wie ein Verbrecher. Die Würde und Verantwortung seines Amtes hatte er missbraucht – und dennoch –, immer stärker setzte sich in ihm das Gefühl der Erleichterung und der Freiheit durch. (…) Es ist gut, ein Bauer zu werden. Die von Richenaus waren immer Bauern gewesen, aristokratische Bauern mit einer Geschichte. (…) Warum sollte nicht auch er Bauer werden? Wenn Kriege, Revolutionen und Hungersnöte kamen, wer zählte dann am meisten in der Welt? Der Bauer! Denn er ist es, der von der Erde kommt, er ist der wahre Patriot, der aufsteht und für seinen Boden kämpft.»

In den vierziger und sechziger Jahren wurde der Roman zweimal fürs Kino verfilmt. 1985 entstand außerdem eine dreiteilige Fernsehserie. Zur Musik von Ennio Morricone tobt Mario Adorf als Jonas Lauretz wütender durch die Schlucht als der Fluss. Als Andreas von Richenau zu Hause verkündet, dass er kein Mädchen von hohem Stande, sondern Silvelie Lauretz aus den Bergen heiraten wird, muss er dem Vater folgende Fragen beantworten: Kann das Mädchen aus der Schlucht lesen und schreiben? Und wie verhält es sich bei Tisch? «Ich hoffe, wir sind uns darin einig», tobt Richenaus Vater, der durch Aktienspekulationen in der Weltwirtschaftskrise sein riesiges Vermögen verloren hat, im Fernsehfilm, «dass Anständigkeit nicht unbedingt eine Kuhglocke um den Hals tragen muss!»

Wer heutzutage an der engsten Stelle in die Via-Mala-Schlucht hinabsteigen will – dorthin, wo sich die gegenüberstehenden Wände fast berühren, der Fluss sich durch den Felsen beißt und riesige Löcher, die Strudeltöpfe, entstehen lässt –, der muss dafür bezahlen. 321 steinerne Stufen führen nach unten. Aber nur denjenigen, der ein paar Schweizer Franken oben lässt. An der Bude, wo wir bezahlen, dürfen wir die Rucksäcke abstellen.

Ein Bus kommt über die alte Kommerzialstraße, parkt, kippt Busreisende aus. Einmal raus, einmal runter, in einer halben Stunde geht's weiter, Fotoapparate nicht vergessen. Gewusel. Ich behalte den riesigen Rucksack auf dem Rücken.

᠕

Zwischenfall. Das Traversinertobel ist eine Schlucht an der Schlucht. Es zerschneidet den Hang an der Ostseite der Via-Mala-Klamm. Der Weg hat einen breiten, tiefen Riss. Seit dem 16. Jahrhundert kann man sich in Europa an solchen Stellen weiterhelfen.

«Ein Problem mit Hängebrücken?»

Nö. Die Brücke: 56 Meter Spannweite, zwei Hauptseile, Holzbretter, die durch Seile stufenartig miteinander verbunden sind, wie eine schlaffe Wäscheleine hängt die Brücke durch, 22 Meter Höhendifferenz. Das Tobel: siebzig Meter tief. Was soll ich sonst noch sagen? Es gibt Probleme, von denen man nicht weiß, dass man sie hat.

Heidi geht vor. Es klappert unter ihren Schritten. Sie betritt ein Brett, löst Bewegung aus, die sich sofort aufs nächste Brett überträgt, aufs nächste, aufs nächste. So gesagt: Heidis Bewegungen eilen Heidi voraus. Das Bauwerk vollführt eine Art Hüftschwung. Und plötzlich kehrt Heidi um.

Sie kommt gebückt, die Hände im Gesicht. «Geh schon mal, ich brauche länger.»

Ich versuche, den Hüftschwung auszubremsen. In die Mitte der Holzbretter zu treten. Gerade nach vorn zu schauen. Ich bin noch nicht mal am tiefsten Brückenpunkt, da schaue ich nach unten. Verteufelt abgründig. Jetzt geht's treppauf. Die Brücke schlingert hinter mir wie ein nervöser Katzenschwanz. Dann bin ich drüben.

Heidi folgt mir nicht.

Dafür kommt ein Pärchen angewandert. Der Mann filmt, wie die Frau über die Brücke geht. Sie hebt die Hände in die Luft wie die Reiterin, die auf dem Zirkuspferd in der Manege kreist. In der Mitte dreht sie sich um, winkt in die Kamera, kreischt, hüpft und schaukelt. Das Seitental scheppert. Als die beiden drüben sind, winkt auch Heidi.

Eindeutig. Ich soll zurückkommen.

Ausbremsen. Mitte der Stufen. Fest geradeaus. Keinesfalls nach unten. Diese Lücken zwischen den Brettern! Ich bin fast drüben.

«Ich hab auf der Brücke eine Kontaktlinse verloren», sagt Heidi. Im Wald kreischt die Frau, die eben so lustig geschaukelt hat. Ich schätze: Bretterabstand acht bis zehn Linsen. Heidi kommt. Ganz langsam. Unsere Blicke sind auf die Brücke unter unseren Füßen geheftet. Ich weiß: Auf einem Auge ist sie jetzt so gut wie blind. Ich denke: Achtung, Heidis blinde Seite sollte nie die Abhangseite sein!

Ein greller Schrei. Greifvogelartig stürzt sie sich auf eine der Stufen. Da liegt sie. Die klitzekleine, nahezu unsichtbare Beute. Nicht mal einen Fingerbreit vom Absturz entfernt.

Sechzehnter Tag: Von Donat in die Rofflaschlucht

Sonntag, den 30. August

Wenn die lange Via Mala ein ganzes verdammtes Leben ist, dann ist die kleine Rofflaschlucht, die ein paar Kilometer flussaufwärts liegt, ein entscheidender Moment. Einst sind die Menschen gar nicht erst in den engen Gebirgseinschnitt hinabgestiegen. Sie kletterten am Südhang entlang. Der Fahrstraße zum Splügenpass jedoch konnte man die Schlucht nicht ersparen. Man legte sie wie eine Schlaufe mitten hinein. Sowohl aufwärts als auch abwärts war die enge und steile Kurve ein schwieriges Wegstück für Kutschen und Saumtiere. Genau dort, wo die Straße die Kehre machte, stand ein Gasthaus. Hier rasteten Mensch und Tier und kamen zur Nacht unter. Den Wirtsleuten brachte das ein bescheidenes, aber konstantes Einkommen. Im Jahr 1833 kaufte ein Mann namens Johann Melchior das Haus.

Nach dem Bau der Gotthardeisenbahn zog Ende des 19. Jahrhunderts auch durch die Rofflaschlucht kaum noch Güterverkehr. Mittlerweile war aus dem Agrarland Schweiz ein Industrieland geworden. Das Leben vieler Menschen geriet aus den Fugen. Vor allem außerhalb der Städte fühlte es sich gar nicht mehr gut an. Die Schweizer flohen vor der Armut. Es war nicht nur die von Felsen umstellte Rofflaschlucht, die keine Aussicht bot. Auch sonst machte man sich keine Hoffnungen. Von 1850 bis 1914 verließen rund 400 000 Schweizer ihr Land. Wer sein Glück in Amerika versuchen wollte, dem finanzierten die eidgenössischen Gemeinden die Überfahrt. Alpenmenschen gründeten Wohnkolonien in Nord- und Südamerika und gaben ihnen Namen von zu Hause. Über ein Dutzend Mal gibt es allein in den USA heute einen Ort mit dem Namen Lucerne.

Auch Christian Pitschen-Melchior und seine Frau, die Nachfahren des Wirtes in der Rofflaschlucht, reisten aus. Während die Eltern zurückblieben und sich um die wenigen Gäste kümmerten, fanden die Kinder in New York Arbeit. Christian wurde Diener eines reichen Engländers. An freien Tagen fuhr er mit seiner Frau zum Strand. Da standen die beiden Bergmenschen im weichen Sand und blickten ins Offene. Sie liebten sich. Sie bekamen Kinder. Hinterm Meer lag Europa mit dem Hochgebirge im Herzen. New York fühlte sich nicht wie eine Heimat an. Einmal zogen Pitschen-Melchior und sein Herr durch Amerika. Sie kamen an die Niagarafälle. Standen zwischen zahllosen Touristen, die ein Ticket gekauft hatten, um dicht an das Naturereignis heranzukommen. Alles staunte mit weit geöffneten Augen. Nur der Mann aus der Schweiz staunte mit den Ohren. Er kannte das Geräusch des fallenden Wassers. Es kam aus der Rofflaschlucht. Es steckte tief zwischen den undurchdringlichen Felswänden hinterm Gasthaus. Pitschen-Melchior staunte über die Idee, auf die er von allein nicht gekommen war.

Ein ganzes Jahr brauchten er und seine Frau, ehe sie das Geld für die Rückreise zusammenhatten. Sie kehrten in die Alpen zurück, von wo sie weggeschickt worden waren wie Hänsel und Gretel von ihrem Zuhause. Im Sommer widmeten sie sich den Touristen, im Winter 1907 begann Christian Pitschen-Melchior, Sprenglöcher in die Felswände hinterm Gasthaus zu schlagen. Er zündete etwa achttausend Sprengladungen, drang immer tiefer in die enge Rofflaschlucht vor, bahnte einen steinernen Galerieweg, bis er 1914 dort anlangte, wo das Geräusch herkam, das er von Kindheit an vernommen hatte – wo der

Hinterrhein über eine Felsklippe stürzte. Die Sehenswürdigkeit gehörte nun zu seinem Gasthaus. Es überstand die Touristenflaute im Ersten Weltkrieg. Es überstand die Wirtschaftskrisen, von denen die Schweiz in den zwanziger und dreißiger Jahren erschüttert wurde. Nicht nur um die Landwirtschaft stand es nun schlecht, auch um den produktiven Sektor. Es gab immer mehr Arbeitslose. Es gab eigentlich nur noch eine Chance: den Dienstleistungssektor.

Zwischen 1950 und 1970 lief das Roffla-Gasthaus sehr gut. Autos und Motorräder parkten neben dem Haus, dicht an der Straße standen Tische und Stühle. Der Grill, auf dem die Forellen schwitzten, stand direkt an der Außenkurve der Splügenstraße, wo kräftig Gas gegeben wurde, damit nicht allzu leistungsfähige Autos die Ansteigung schafften. Dann kam die A13. Die Autobahn wird von dicken Pfeilern getragen, die wie die Beine eines Riesen oberhalb der Schlucht am Hang stehen. Der Verkehr Richtung Süden lässt das weiße, zweistöckige Gasthaus mit den hölzernen Fensterläden quasi unten rechts liegen. Die Wirtsleute von heute sind die fünfte Generation nach Johann Melchior. Sie leben von Wochenendgästen, die zum Essen kommen und verschwinden, sobald am Nachmittag kein Sonnenstrahl mehr in die Schlucht fällt. Sie schlagen sich mit Ausflüglern herum. *WC-Touristen zahlen einen Franken am Büffet*, steht auf einem handgeschriebenen Zettel im Eingangsflur. Sie geben Wanderern ein Bett, die morgens beizeiten mit Sack und Pack die hölzerne Treppe hinunterknarren und auf Nimmerwiedersehen aufbrechen.

Ihre treuesten Kunden sind die tollkühnen Biker, die in die alten Serpentinenstraßen vernarrt sind und die Autobahn verschmähen. Auch in der Abwärtskurve geben sie Gas. Manchmal rutscht einer weg, schießt mitsamt Gefährt auf der Seite liegend auf die Gasthaustische zu und wird mit viel Glück von den buntbepflanzten Blumenkübeln, die wie eine Barrikade davorstehen, ausgebremst. *Wieder schwerer Töff-Unfall in der Rofflaschlucht.* Das steht öfter mal in der Zeitung. Die Holztür im Schankraum gleich neben dem Tresen halten viele Gäste für die Klotür. Auch dort hängt ein Schild: *Zum Wasserfall Eintritt drei Franken.* Es geht über den von Hand gefertigten Gehsteig in die Rofflaschlucht. Auch im Hochsommer ist es dort hinten zwischen den Felsen kalt. Der junge Rhein stürzt mehrmals, nicht besonders tief. Jedes Mal wechselt er die Farbe, von Tiefblau bis Ultramarin. Er ist nicht besonders spektakulär, aber er ist Teil einer Geschichte. Sie erzählt davon, wie ein Mensch in den Alpen überlebt hat. Sie erzählt vom bitteren Beigeschmack des Glücks, in den Alpen zu überleben. Davon, dass der Mensch die Natur verkauft.

⋀⋀

Die ganze letzte Nacht haben wir den Brunnen vorm Fenster in Donat gehört. Die Alpenbrunnen werden nicht aus der Tiefe gespeist. Das Wasser kommt aus der Höhe und tröpfelt aus engen Röhren in die Becken. Unsere Herberge hieß genauso wie Willis Haus auf dem Glaspass. «Ustreia Bavregn» (Gasthaus Beverin). Wieder stand der Piz Beverin quasi vor der Tür, nur befand er sich diesmal im Norden. Wir sahen ihn von der anderen Seite. Wir waren nun in der Gegend von «Calanda». Auf Plakaten steht das Glas mit dem frisch Gezapften auf einer Höhe mit den eisbedeckten Gipfeln am Horizont. Während das «Appenzeller Bier» die Menschen auf den lauschigen Bergwiesen beglückte, ist *Calanda, aus reinem Bergquellwasser gebraut,* angeblich nicht nur Heimat, sondern hat auch Charakter. Im Werbespot hockt ein Murmeltier und pinkelt in hohem Bogen in den Schnee. Ein Steinbock rülpst lang anhaltend.

Eine strenge Stimme sagt: «Das neue Calanda Viva aus dem Bündnerland. Bitte nie unbeaufsichtigt herumstehen lassen!» Mittlerweile trinke ich auf dieser Reise an einem Abend mehrere Kübel Bier. Ich weiß nicht, wo es hinfließt. Ich mag gar kein Bier, aber ich höre, wie mein Körper danach ruft. Er zwingt mich auch, das Essen nachzusalzen. Seit gestern Abend sind meine Fußrücken taub. Es stört mich nicht. Aber wenn ich mit dem Finger drüberstreiche, fühlt es sich an, als gehörten meine Fußrücken nicht mir.

Wir kommen schon am frühen Nachmittag in der Rofflaschlucht an, beziehen ein kleines Zimmer im ersten Stock des Gasthauses, benutzen das Gemeinschaftsbad, gehen durch die Tür am Tresen zum Wasserfall. Dann ist immer noch früher Nachmittag. Er fühlt sich an wie eine unendlich lange Werbepause im Fernsehen. Der Forellenduft hängt schwer in der Straßenkurve. Unsere Beine sind unruhig. Gern wären wir noch weiter in südliche Richtung gegangen, aber weder in Ausserferrera noch in Innerferrera war ein Nachtquartier zu bekommen. Wir streunen ums Gasthaus, in die eine und in die andere Richtung, nirgendwo geht's weiter. Eine Stahltreppe windet sich um einen der dicken Autobahnpfeiler. Sie führt den Wanderweg aufs Galeriedach der A 13. Dort oben ist er so breit wie mehrere Fahrspuren. Und er kribbelt in den Füßen. Gerade rechtzeitig werden wir die Via Spluga morgen früh verlassen.

⋀⋀

Man stelle sich das Gebirge als einen großen, alten Teppich vor. Er liegt in einem der zentralen Räume Europas. In diesem Raum befindet sich allerhand Inventar. Man sieht dem Teppich an, auf welche Weise sich die Menschen zwischen den

Möbelstücken hin und her bewegen: Auf direkten Verbindungen, kreuz und quer ist das Gewebe niedergetreten. Die Wege führen in die Höhe über Sattel, Pässe, Joche und Scharten. Sie sind schmal, schräg, stufig und steinig, passen sich dem Gebirge an sowie den Lasttieren. Und bemerkenswert ist: Die Wege sind überall.

Die asphaltierten Güterstraßen, die ab Mitte des 20. Jahrhunderts gebaut werden, machen die Alpen nicht kaputt. Doch anders als die alten Handelswege mühen sie sich nicht mit Bergen ab. Sie bestehen aus Zeit und Geld, folgen ihrem eigenen Plan. So weit wie möglich entziehen sie sich dem Gebirge. Auf dem Teppich ist zu sehen, wie die neuen Verkehrswege die Alpen verändern: Da geht's nicht mehr kreuz und quer, das Inventar ist nicht mehr verflochten. Nebenstraßen münden in Hauptstraßen, Hauptstraßen bündeln sich in Schnellstraßen, an Knotenpunkten läuft alles zusammen. Die Alpen sind jetzt hierarchisch organisiert.

Der Verkehr, der im Industriezeitalter im Gebirge entstand, war von außen erdacht und organisiert worden. Er führte nicht in die Alpen hinein. Er verband Märkte und Reiseziele in Nord- und Südeuropa. Man gelangte von draußen in die Alpentäler und von dort – wieder hinaus. Der Kontinent schlug Schneisen durch die Gesteinsbarriere und fand für den Transitverkehr schließlich drei große Routen: Brenner, Gotthard und Mont Blanc. Anders als einst an den Säumerstraßen hatten die Alpenbewohner in den Transit-Tälern nichts vom Verkehr. Im Gegenteil: Täglich Autos und Lastkraftwagen, die an ihnen vorbeirauschten, das war alles andere als ein gutes Leben. Das 21. Jahrhundert begann in den Alpen mit großen Demonstrationen gegen den Lkw-Verkehr beiderseits des Mont-Blanc-Tunnels zwischen Frankreich und Italien. Mit einer gewaltigen Unterschriftensammlung gegen den Ausbau des Straßentunnels im Gotthard. Seit den neunziger Jahren des letzten Jahrhunderts besetzten die Bürger des Unteren Inntals mehrfach die Brennerautobahn.

Zwanzigtausend Lastwagen fuhren Mitte des 20. Jahrhunderts über den Brenner. Weil die alte Bundesstraße das nicht verkraftete, baute man die Autobahn. Sie steht seit 1974 auf Betonstelzen im Inntal. Die Menschen, die dort lebten, meinten zunächst, sie würde zwar etwas Krach machen, dafür aber den Verkehr quasi über die Alpen hinweghheben. Indes bewarf sie das Gebirge mit Dreck. Ruß setzte sich auf die Pflanzen und verfärbte im Winter den Neuschnee. Salzlauge, bei Föhnwind von der Straße gefegt, klebte an Fenstern und fraß sich in die Fassaden der Wohnhäuser. Das Straßenbauwerk rumpelte unter Kolonnen von schnaufenden Sattelzügen. Der Motorenlärm kletterte bis in die Höhenlagen. Und: Die Brennerautobahn, kürzeste und damit billigste Nord-Süd-Route, zog nur noch mehr Verkehr an. Mitte des Jahres 2009 kamen täglich siebzigtausend Fahrzeuge. Die Tiroler Landesregierung hat das Untere Inntal bereits zum Luftsanierungsgebiet erklärt und ein Nachtfahrverbot für Lkw verhängt, doch die Schadstoffgrenzwerte sind immer noch überschritten. Die Alpen stöhnen. Die Europäische Union nennt das Gebirge einen Binnenmarkt und garantiert das Recht auf freien Waren- und Personenverkehr.

Die Eisenbahn, diese weltbewegende Maschine, angeführt von der Lokomotive, einer wackeren Dame, die ratterte und schnaufte und puffte, war ihrerseits geradezu prädestiniert dafür, gegen die Berge anzugehen. Mit der Bahn, die vor allem im unebenen Gebirge so schwer zu schleppen hatte, kamen die Tunnel. Seit Mitte des 19. Jahrhunderts sparte sich die Semmeringbahn, die heute zum UNESCO-Weltkulturerbe gehört, auf dem Weg über den Pass nach Südösterreich viel Bergauf und Bergab, indem sie über Viadukte, durch Galerien und Tunnel fuhr. Die Mont-Cenis-Bahn fuhr ab 1871 in einem Tunnel auf fast 1300 Meter Höhe durch den Berg zwischen Frankreich und Italien hin und her. Zwischen Wien und Paris fährt die Eisenbahn seit 1884 in 1311 Metern Höhe durch den Arlbergtunnel. Unter Napoleons Passstraße eröffneten die Schweiz und Italien 1906 den Simplontunnel. Er war mit zwanzig Kilometern damals der längste Tunnel der Welt. Der Lötschbergtunnel im Wallis, 14,6 Kilometer lang, wurde 1913 fertig.

Die Tunnel wurden gebaut, obwohl man kaum etwas über die Geologie des Gebirges wusste. Man maß die Berge von außen und rechnete. Man griff den Berg von beiden Seiten an und konnte es – wie beim Tunneldurchstich im Gotthard im Februar 1880 – kaum fassen, dass die Stollen beim Aufeinandertreffen im Berginnern nur 33 Zentimeter voneinander abwichen. Tunnel waren risikoreiche Unternehmen. Sie verschluckten Unmengen von Geld und forderten Menschenopfer. Seit es die Tunnel gibt, sind die Alpen nicht nur überwindbar, sondern durchlässig. Sie sind Politik. Anfang des 21. Jahrhunderts gibt es in der Schweiz rund neunhundert Verkehrstunnel. Bereits mit dem Bau der ersten, heißt es, habe sich das Land neu erfunden.

Die Eisenbahnstrecke, die ab 1872 ins Gotthardmassiv getrieben wurde, brachte dem verehrten Berg einen Namen ein, der nicht ganz so rühmlich war. «Gottardo maledetto», verfluchter Gotthard, schimpften ihn nicht nur die Tunnelarbeiter, sondern auch die Menschen, die an den Portalen in Göschenen im Kanton Uri und in Airolo im Kanton Tessin lebten. Obgleich er nicht wusste, was ihn im Berginnern erwarten würde, hatte sich der Genfer Ingenieur Louis Favre auf einen Knebelvertrag mit Alfred Escher, Politiker und Gotthardbahnchef aus Zürich, eingelassen. Die Männer hatten acht Jahre Bauzeit vereinbart. Für jeden Tag, den er länger brauchen würde, sollte

Favre fünftausend Franken Strafe zahlen. Nach sechs Monaten Verspätung würden täglich zehntausend fällig werden. Nach einem Jahr sollte die millionenschwere Kaution, die er hinterlegt hatte, an die Bahngesellschaft gehen.

Die meisten von Favres Arbeitern waren Italiener. Sie trieben als Mineure mit Hämmern, Meißeln und Pickeln, grabend, schaufelnd und kratzend die beiden Stollen voran oder beseitigten als Schutter nach einer Sprengung das Geröll. Ihr Tagelohn betrug drei bis vier Franken, das Geld für das Lampenöl wurde abgezogen. Erst als Dynamit, Bohrmaschinen und Pressluftgeräte eingesetzt wurden, kamen sie im Berg wirklich voran, durchschnittlich viereinhalb Meter pro Tag. Der Fels, an dem sie sich zu schaffen machten, war glitschig. Das Funzellicht der Öllampen, die so rußten, dass die Augen tränten, konnte nicht groß was ausrichten. Es herrschten Dunkelheit und Platzangst. Immer wieder mussten Tunnelarbeiter an die Druckluftleitung geschleppt werden, damit sie atmen konnten, denn es war grundsätzlich verboten, mehr Frischluft in den Tunnel zu leiten, denn die wurde für die Bohrmaschinen gebraucht. Es gab auch kaum Trinkwasser im Schacht. Immer wieder brach flutartig Bergwasser in die Stollen ein.

Bis zu 35 Grad Celsius herrschten im Gotthard. Die Männer arbeiteten fast nackt, standen mitunter bis zu den Knien in einer Lache aus Wasser, Dynamitpulverrückständen, Ölen, Fetten und Urin. Ihre Füße waren aufgedunsen. Manchmal stürzte Gestein herab und traf einen von ihnen. Dann fischten die anderen nach der Leiche. Heranrollende Schuttwagen zerdrückten Körper. Gerüstteile schlugen Schädel ein. Hin und wieder ging eine Dynamitpatrone los. Wer im Arbeiterspital nur ein Körperteil amputiert bekam, gehörte zu den Glücklichen. Bei Sprengungen bebte der Berg. Steine kamen wie Wurfgeschosse, dann sackten Gesteinsmassen ab, dann war es plötzlich totenstill wie in einem Grab. Bis der Erste hustete. Bis alle husteten. Trocken, pfeifend, bellend. Die Silikose, die der Granitstaub in den Lungen der Tunnelbauer verursachte, war am Gotthardtunnel von Anfang an zu hören. Jeden Tag bei Schichtende spuckte der «Gottardo maledetto» aus den Portalen in Göschenen und Airolo Männer aus, die atmeten wie Fische. Voll gierigen Verlangens nach Sauerstoff stürzten sie ins Freie, die Köpfe nach vorn gereckt.

1878 zwang man Alfred Escher, als Direktionspräsident der Gotthardbahn zurückzutreten, weil der Tunnel hundert Millionen Franken mehr verschlungen hatte als geplant. Im Oktober 1880 wurden die per Knebelvertrag vereinbarten Strafgelder fällig, jedoch verzichtete die Bahngesellschaft darauf, sie einzutreiben. Die Baufirma von Louis Favre wäre ansonsten pleite gewesen. Der erschöpfte Ingenieur selbst war bei einer Tunnelbesichtigung im Jahr 1879 plötzlich tot umgefallen. Mit gerade mal 35 Jahren hatte sein Herz versagt, kurz bevor die wackeren Männer, die von Norden vorstießen, im Innern des Bergmassivs auf die heldenhaften Mineure trafen, die von Süden kamen.

Zur Eröffnungsfeier des Eisenbahntunnels im Mai 1882 reiste Alfred Escher nicht an. Den Mann, der «Tunnelvater» genannt wurde, hatte der Gotthard maßlos frustriert. Er war krank geworden, Ende des Jahres starb er. Schon seit Juni fuhren Züge durch den Berg. So wie Louis Favre hat auch Alfred Escher nie selbst in einem gesessen.

Den Gotthard machte der Tunnel der beiden Männer weltberühmt. Mit 14,9 Kilometern Länge war er seinerzeit der längste Tunnel der Welt. Mit Hilfe 1,4 Millionen Tonnen Sprengstoff und insgesamt etwa zehntausend Arbeitern war dem Bergmassiv das Gestein entrissen worden. Dafür hatten etwa zweihundert Männer ihr Leben gelassen, Hunderte waren schwer verletzt, Zahllose unheilbar krank. Seuchen hatten sich vom Tunnel her ausgebreitet, Lasttiere waren verreckt. In zahllosen Kehren rackerte die Bahn in Uri bis auf 1155 Meter Höhe, um dann im Berg zu verschwinden. Mehrmals täglich kam ein Zug aus dem Tessin. Da nicht nur die Schweiz, sondern auch Italien und das Deutsche Reich den Verkehrsweg durch das Gotthardmassiv finanziert hatten, musste 1909 nun auch die Gotthardbahngesellschaft einen Knebelvertrag unterzeichnen. Sie verpflichtete sich dazu, die Bahnstrecke fortan ständig aufrechtzuerhalten. Man reiste nicht mehr an, sondern es ging direkt durch die Alpen hindurch.

Was die Eisenbahn konnte, konnten die Autos auch. In der zweiten Hälfte des 20. Jahrhunderts bekam auch der Gotthard seine Autobahn. Und weil der Pass viel höher liegt als der Brenner und dem Hochgebirgswinter ausgesetzt ist, bekam auch die Autobahn ihren eigenen Tunnel. Bevor er 1977 eröffnet wurde, zählte man 244 000 Lastkraftwagen pro Jahr. Zur Jahrtausendwende waren es 1,4 Millionen Lkw und 16 000 Autos. Im Winter lag die Feinstaubbelastung über den zulässigen Werten, im Sommer wurden die Ozongrenzwerte überschritten. Jeder zweite Alpenbaum im näheren Umkreis des Gotthard ist krank. Und immer noch staut sich der Verkehr. Im Juli 2009, als das schlechte Wetter über die Alpen hereinbrach und die Fahrzeuge nicht auf die alte Passstraße ausweichen konnten, wartete eine 24 Kilometer lange Kolonne sechs Stunden lang vorm Tunnel, der in jeder Richtung nur einspurig befahren werden kann.

Die Alpentunnel erzählen vom Drang des Menschen, sich zu bewegen. Von seiner Fähigkeit, selbst dort, wo ihm Grenzen gesetzt sind, Verkehr zu machen. Von der Eigenschaft des modernen Personen- und Güterverkehrs, sich – einmal in Gang gekommen – niemals unterzuordnen. Zumindest die Autobahnen haben den Alpen kein Glück gebracht. Dort, wo sie an Einfallsreichtum kaum zu überbieten sind, wo sie durch die riesigen Leiber der Berge drängen, offenbart sich, dass alles, was genial erdacht, geschickt konstruiert und mitten in die gewaltige Natur gesetzt wurde, letztlich nur menschlich ist.

Es war wohl eine weggeworfene Zigarettenkippe, die im Sog des Mont-Blanc-Tunnels im März 1999 in den Luftfilter eines Lastkraftwagens geriet und ihn in Brand setzte. Es war die Ladung, bestehend aus Margarine, die den Brand verheerend beschleunigte. Der Fahrer flüchtete dem Tunnelwind entgegen, den Insassen der Fahrzeuge, die sich hinter ihm stauten, kam die Feuerwolke entgegen. Es dauerte 53 Stunden, bis man den Brand im Berg unter Kontrolle hatte. Es starben 39 Menschen. Und es dauerte drei Jahre, bis der Tunnel wieder für Fahrzeuge geöffnet wurde.

An einem Oktobermorgen des Jahres 2001 fuhr ein Lkw durch den Gotthard. Er hatte Reifen geladen. Vielleicht war es Müdigkeit, vielleicht nur Unaufmerksamkeit. Mitten im Tunnel kam das Fahrzeug ins Schlingern. Es streifte die Wand und raste dann in einen Lkw auf der Gegenspur. Der Tank platzte. Sofort ging der Unfallort in Flammen auf. Die beiden Chauffeure flüchteten, wieder sorgte der Luftstrom dafür, dass das Feuer immer wilder wurde. Es erfasste sieben Fahrzeuge, ein Mann verbrannte umgehend am Lenkrad. Flammen und giftiger Rauch verfolgten die Autofahrer, die schneller und schneller rannten, dann gab's eine Explosion. Es heißt, an der Stelle, wo sie stattfand, hätte der Berg 1200 Grad Celsius Innentemperatur gehabt. Ein Teil der Tunneldecke stürzte herab. Übers Südportal konnten sich viele Menschen ins Freie retten. Im Norden holte der Rauch die Fliehenden ein, manche brachen unweit eines Notausgangs zusammen. Auch dieser Brand war erst am nächsten Tag gelöscht. Man barg zwanzig Leichen. Menschen waren im Gotthard erstickt oder verbrannt.

Im Mai 1989 versammelten sich ein paar Handvoll Leute in der Schöllenen, jener schreckenerregenden Schlucht, die jahrhundertelang ein nur schwer zu überwindendes Hindernis auf der alten Gotthardpassroute war. Direkt dort, wo im Schatten steiler Wände die wilde Reuss tosend steil abfällt und aufschäumt, gaben sie eine Pressekonferenz, um zu verkünden, dass sich das Schweizer Volk fortan zum Schutz der Alpen vor dem Transitverkehr zusammenschließen würde. Sie waren stolz und entschlossen. Doch die Verkündung, gemeinsam das Gebirge vor dem Verkehr zu schützen, war nur ein Wunsch. Bundesrat, Nationalrat und Ständerat in Bern lehnten die Alpeninitiative strikt ab. Rund hundert Parlamentarier initiierten eine Gegenbewegung. Und die kühnen Aktivisten vom Gotthard machten sich daran, das Volk zusammenzurufen und zu befragen.

Wer durchs Hochgebirge wandert, sollte bereit sein, den Weg zurückzugehen, den er gekommen ist. Denn der Mensch ist an diesem gewalttätigen Flecken Erde gar nicht vorgesehen. Kann er mit einem Blick nach vorn nichts Gutes erkennen, ist die Umkehr möglicherweise seine Rettung. Es ging der Initiative nicht darum, all die asphaltierten, überdachten und gesicherten Transitstraßen wieder aus den Alpen herauszureißen oder zu sperren. Aber auch diese Wege kommen irgendwoher und führen irgendwohin. Es schien angebracht, auch bei relativ sicherer Fahrt vorauszublicken. Es ging nicht um Machbarkeit, sondern um den menschlichen Willen.

In der Volksabstimmung im Februar 1994 stimmten 52 Prozent der Schweizer Bürger der Eidgenössischen Volksinitiative zum Schutze des Alpengebietes vor dem Transitverkehr zu. Tatsächlich war der Alpenschutz jetzt das, was in der Schöllenen verkündet worden war. Er gehörte nun zur Verfassung des Landes. Artikel 84 legte fest, dass der Güterverkehr auf die Schiene verlagert wird und auf den Ausbau der Transitstraßen verzichtet wird. Die Berglandbewohner versprachen der Natur Besserung. Für einen Moment nahmen sie ihre Berge beiseite und umarmten sie herzlich.

Hätte die Alpeninitiative nicht weitergemacht, wäre es vielleicht bei diesem Moment geblieben. Aus den gut vierzig Leuten, die einst in der Schlucht Pressekonferenz hielten, sind rund 50 000 Mitglieder und Sympathisanten geworden. Sie haben mehrere Versuche, das Volksabstimmungsergebnis wieder zu kippen, überstanden. Sie drängen unablässig auf die Umsetzung des Artikels 84, sammeln Ideen, entwickeln Konzepte. Der zuständige Bundesrat nennt sie «Stachel im Fleisch der Schweizerischen Verkehrspolitik». Da es ihnen zu lange dauert, bis alle Lkw-Ladungen auf Schienen verlagert werden können, verlangen sie von der Regierung festzulegen, wie viele Lkw sie im Land haben will. Die Schweiz soll Durchfahrtsrechte in den Alpen verkaufen. Der Preis soll so hoch sein wie die Differenz zwischen den Kosten für den Transport auf der Straße und denen auf der Schiene. Jedes Fahrzeug bezahlt bei der Durchreise dann genau so viel, wie es für den Zug bezahlen würde. Fragen mehr Lkw nach als gewünscht, steigt der Preis, und es wird sogar teurer, die Autobahn zu benutzen. Die Idee nennt sich Alpentransitbörse. Sie ist provokant wie heutzutage alles, was sich mehr um die Natur schert als um niedrige Preise. Mit Geld, der Waffe des freien europäischen Marktes, soll die Eidgenossenschaft für das Leben in den Alpen kämpfen wie einst die Rütliverschworenen mit Pfeil und Bogen.

Der Kampfschauplatz Schweiz ist eine gigantische Baustelle. Die Alpeninitiative räumt in den Köpfen ebenso auf wie im Gebirge. Ihr Kernstück, die Neue Eisenbahn-Alpentransversale (NEAT), ist ein nahezu unglaubliches Schienennetz, das durch sogenannte Basistunnel führt. Man gräbt diese Tunnel nicht mehr oben, wo der Berg schlanker und die Gesteinslast geringer ist, sondern so weit unten wie möglich. Da die Züge dann kaum noch Steigung bewältigen müssen, sparen sie sich das Vorspannen einer zweiten Lok, können mehr Güter schleppen und viel schneller fahren. Die NEAT ist so was wie ein neues Zeitalter: Eine Eisenbahn fährt vom nördlichen Gebirgsrand bis zur südlichen Grenze des Alpenlandes, muss dabei aber nicht mehr über die Berge. Das kostet die Schweiz möglicherweise mehr als 24 Milliarden Franken.

Der vielleicht teuerste Basistunnel wird wohl am Brenner entstehen. Allein die Erkundungen, ob man dort, wo die Afrikanische und die Europäische Kontinentalplatte aufeinanderstoßen und die geologischen Verhältnisse schwer einschätzbar sind, überhaupt einen Tunnel wagen kann, dauern seit fast einem Jahrzehnt an. Hier und da, insgesamt etwa 25 Kilometer tief, wurde probeweise in die Tiroler Alpen gebohrt, zudem ein Erkundungsstollen vorangetrieben. Wie werden sich die mitunter 1800 Meter Gebirge verhalten, die auf dem Tunneldach liegen? Was wird das Wasser tun? Zwischen Innsbruck und Bozen liegt das Einzugsgebiet vieler Quellen. Werden sie versiegen? Die Zweifel sind handfest. Man kann sie ausräumen, das macht das Gebirge aber nicht berechenbar. Der Brennerbasistunnel wäre mit 55 Kilometern der zweitlängste Bahntunnel der Welt.

Der längste entsteht am Gotthard. Auf 550 Metern über dem Meeresspiegel, etwa auf der Höhe von München, rasen voraussichtlich ab 2017 die Züge durchs Massiv. Zwischen Erstfeld in Uri und Bodio im Tessin fahren sie über eine Strecke von 57 Kilometern im Berg. Jeder in seiner eigenen Röhre, weil die Luft, die er bei über 200 Stundenkilometern vor sich herschiebt, den Entgegenkommenden demolieren würde. Bis dahin arbeiten etwa zweihundert Menschen im Berg, es sind Schweizer, Deutsche, Österreicher, Kroaten, Bosnier, Spanier,

Portugiesen und Südafrikaner. Sie stürzen aus großer Höhe mit Fahrstühlen in die Tiefe, suchen dort hellerleuchtete Büros auf, Werkstätten, eine Betonfabrik. Oder sie fahren in Zügen zur Arbeit in einen der Vortriebsstollen. Dort wummert, scheppert und kreischt es, und es krachen Präzisionssprengungen. Wassergekühlter Wind bläst den Staub von der Baustelle, Sicherheitscontainer schützen nach Sprengungen vor Giftgasen, und die Luftfeuchtigkeit wird so reguliert, dass der Mensch es im Berg gut aushalten kann.

Man greift den Gotthard von beiden Seiten und von zwei Zwischenangriffen aus an. Vier riesige Tunnelbohrmaschinen fressen sich an guten Tagen rund 120 Meter ins Gestein. Obgleich auch über hundert Jahre nach Alfred Escher und Louis Favre noch der Aberglaube herrscht, dass Frauen im Tunnel Unglück bringen, haben die Maschinen weibliche Vornamen. «Heidi», «Sissi», «Gabi I» und «Gabi II» sind jede über vierhundert Meter lang, dreitausend Tonnen schwer und sehen aus wie Fabriken. Ein Navigationssystem hilft beim Bestimmen des Tunnelverlaufs. Laserpeilgeräte geben im Stollen die Richtung vor, satellitenunterstützte Computer korrigieren Koordinaten. Doch auch im 21. Jahrhundert gibt es noch keine Technik, um den Berg zu durchleuchten. Von außen ist nicht zu sehen, wie die Gebirgsmassive ineinandergeschoben wurden, wo und wie das verschiedene Gesteinsmaterial zusammentrifft. Man merkt es erst, wenn man drinnen ist, und erst dann, wenn eine der riesigen Tunnelbohrmaschinen plötzlich feststeckt. Dann braucht es Monate, um sie wieder zu befreien.

Die Natur drückt mit Tausenden Tonnen auf das Geschehen im Berg. Sie verformt Stahlträger wie Knete, lässt Beton splittern wie Glas, bringt Wasseradern zum Platzen, fabriziert kleine Erdbeben. Das Gotthardmassiv knackt und stöhnt und schweigt dann wieder beängstigend. Hin und wieder lassen sich Mineure versetzen. Auch Psychologen können ihnen nicht mehr helfen, wenn das Gefühl, tief in etwas drinzustecken und nicht ohne weiteres fliehen zu können, sie beherrscht. Notärzte haben Telefone, aber auch einen weiten Weg bis in den Berg. Es hat bereits Unfälle und Tote gegeben. Um böse Geister abzuhalten, steht vor jedem Tunneleingang die Statue der heiligen Barbara mit zwei Kerzen. «Heidi», «Sissi» und die zwei «Gabis» wurden mit Weihwasser gesegnet. Es heißt, wenn alles gut geht, werden die vier riesigen Frauen zusammen mit den Tunnelarbeitern dem Berg 25 Millionen Tonnen Gestein entrissen haben. Das sei das Volumen von fünf Cheopspyramiden, sagt man am Gotthard. Um den Abraum auf einmal wegzuschaffen, müsste ein Güterzug vorfahren, der von Zürich bis kurz vor Kapstadt reicht.

Zahlen und Größenordnungen, Vergleiche und Superlative sind erst mit den Menschen in die Alpen gekommen. Kaum waren sie eingeführt, übertrafen sie sich immer wieder selbst. Sorgten für Staunen, Verzückung und Freude und befriedigten das anschwellende Bedürfnis der Menschen, sich bespaßen zu lassen.

Während die ersten Alpentouristen noch allein vom wilden Gebirge angezogen worden waren, lockten bald schon die Bergmenschen die Touristen. Die jungen Alpenvereine bauten Hütten, legten Wege an und befestigten Höhenrouten. Der teilweise gesicherte Heilbronner Höhenweg in den Allgäuer Alpen wurde 1899 eröffnet. Er kostete 8513,77 Goldmark. Mittlerweile wanderte man gern in Gruppen, legte Wert auf Wegmarkierungen und Ausrüstung. *Im Rucksack nur geringgewichtig, ist KNORR auf Touren lebenswichtig*, warb eine Tütensuppenfirma. Ein Fremdwort wurde in die Alpen eingeschleust: Komfort.

In der Belle Époque, den Jahrzehnten um die Wende vom

19. zum 20. Jahrhundert, da neben den Wanderern viele gutbetuchte Europäer anreisten, blähte sich das fremde Wort zum Richtmaß auf. In Grand Hotels steckte der Luxus ganzer Städte. Das Bergland erfüllte die Wünsche der Gäste. Alpendasein erlebten sie nicht; das Gebirge war nur dekoratives Gemälde. Sie betrachteten es und setzten ihren aristokratischen Lebensstil fort.

Am dichtesten standen die Palasthotels der Belle Époque in Bad Gastein in den Hohen Tauern. In der Sommerfrische auf dem Semmering versammelte sich die Wiener Hautevolee. Im Hotel «Raben» in Luzern speiste ganz Europa. Wer auf dem Kontinent etwas auf sich hielt, traf die anderen, die auch etwas auf sich hielten, in den Hotels, Museen, Kaufhäusern und Theatern von Zürich und Genf. Schmalspur- und Zahnradbahnen lockten in höhere Lagen. Kühn und einfallsreich wurden die Berge mit Infrastruktur ausgestattet, und es wurde etwas geschaffen, das Berge an sich nicht haben: komfortable Aussichtsplattformen. Die Hochalpen nahmen eine neue Erlebnisform an. Jetzt waren sie eine gesellige Landschaft. Man bot sie auch denen an, die nicht für sie geschaffen waren. Man nahm sie nicht mehr ernst. Im Vorbeifahren verloren sie ihre Autorität. Man brauchte keine Kraft mehr, um auf einen Gipfel zu gelangen. In kürzester Zeit konnte man gleich mehrere erreichen.

Im Jahr 1900 waren 2300 Besucher auf der Zugspitze. Es gab dort eine meteorologische Station und ein Gipfelhaus. Ab 1926 ging's mit der Seilbahn nach oben. Der deutsche Publizist Kurt Tucholsky, der viel unterwegs war und dabei viel notierte, schrieb in jenem Jahr in seinen Reisebericht «Vier Sommerplätze»: «Die Zugspitzbahn ist ein Triumph menschlichen Erfindergeistes, ein Wunderstück deutscher Technik, die Überwindung der Elementargewalten durch die Kraft der Beharrlichkeit und etwas völlig Blödsinniges. Wenn ich Zugspitze wäre: man müsste sich ja zu Tode schämen. (…) Der Berg ist gar kein Berg mehr. Entzaubert, von seinem Thron jäh heruntergeholt, eine Plattitüde von dreitausend Metern. Oben stehen die Leute und wissen nicht genau, was sie da sollen.»

Ab 1912 konnte man mit der «Jungfraubahn» von der Kleinen Scheidegg zum Jungfraujoch gelangen. Sieben Kilometer lang fuhr man durch die finsteren Bäuche von Eiger und Mönch, überwand bequem sitzend 1400 Höhenmeter und kam auf dem mit 3454 Metern überm Meer höchstgelegenen Bahnhof Europas an. «Bei den Alpenhütten macht Baedeker keine drei Sterne», schrieb der bayrische Jurist und Schriftsteller Karl Stieler, nachdem er Mitte des 19. Jahrhunderts das Gebirge bereist hatte, in seiner Geschichte «Almenleben». In einer Karikatur über den frühen Tourismus, die 1895 in der Münchner Wochenzeitschrift *Fliegende Blätter* erschien, saß eine edel bekleidete, übermäßig geschmückte Dame mit Sonnenschirm und Hündchen in der Höhe auf einer gepflasterten Terrasse vor der Bergkulisse und fragte ihren Mann: «Sag, lieber Alfons, ist es nicht ein Jammer, dass diese gottvoll schöne Gegend so auffallend viele Bauern hervorbringt?»

An den Gleisen der Semmeringbahn, die durch die Ostalpen zuckelte, standen Kinder und verkauften Edelweißsträuße und Himbeeren. Bald schon war in den Reiseführern vom Kahlschlag der Alpenflora die Rede, es wurden die Namen der Pflanzen veröffentlicht, die vom Verschwinden bedroht waren, und Geldstrafen ausgesetzt für diejenigen, die sie anrührten. Den Tieren setzen Jagdpartien zu. Bei Chamonix verschwanden die Steinböcke. Man rechnete damit, dass es demnächst auch keine Murmeltiere und Gämsen mehr geben würde. 1886 wurde das Edelweiß in Österreich unter Naturschutz gestellt. 1922 entstand am Gran-Paradiso-Massiv zwischen Italien und Frankreich der erste Nationalpark der Alpen.

Auch das seit Ende des 19. Jahrhunderts aufkeimende Interesse Europas am Skifahren brachte die Alpenbewohner dazu, quasi gegen ihren Lebensraum zu handeln. Sie statteten die Hänge mit Seilbahnen und Liften aus, legten Skipisten an, bastelten an Hotelkomplexen in drei- bis viertausend Metern Höhe und bereiteten ihr Gebirge auf den Massentourismus vor, auf Gäste, die müheloses Hinaufkommen suchten und das Vergnügen der Abfahrt. Die für viel Geld den Zeitgewinn genossen und mit geschlossenen Augen die Höhensonne. Man dachte sich immer neue Annehmlichkeiten für sie aus. Die Frage, warum sie ausgerechnet in die Alpen kamen, hätten die Touristen ganz anders beantworten müssen als alle Fremden in den Jahrhunderten zuvor. Denn wo sie waren, fungierte das Gebirge nur noch als Mittel zum Zweck.

Doch es fragte ja keiner. Im Gegenteil: Die Alpenbewohner, für die das massenhafte Sporttreiben der Lebensunterhalt war, erfanden auch noch die Klettersteige. Das waren nicht die leichtesten, aber aufregende und schöne Wege durchs Gebirge. Sie lagen am Abgrund, zogen sich über Felsen und Grate, nicht selten bis auf einen Gipfel, waren kaum trittfest und mitunter steil. Den Bergführern, ohne die sie oft nicht zu bewältigen waren, brachten sie bescheidenen Wohlstand ein. Für gipfelbesessene Engländer mit Hut und Stock, für Damen der Gesellschaft in langen, weiten Röcken, für plaudernde Advokaten, kurzsichtige Industrielle mit Bauch wurden Eisenhaken in Felswände gerammt und Hanfseile angebracht. Bereits 1843 konnten sie alle den komplett gesicherten Normalweg auf den fast 3000 Meter hohen Dachstein locker nehmen. Nachdem in den Jahren darauf auch die anderen Aufstiege ausgebaut waren, war das Massiv in den Nordalpen eine Art europäische Gemeinschaftseinrichtung. Rundum mit Infrastruktur versehen.

Auch wenn im Ersten Weltkrieg kaum Alpinisten ins Gebirge kamen, baute man weiter an den alpinen Klettersteigen. Nach dem Krieg arbeitete man die Kriegspfade und Nachschubwege der Alpenfront, die durch extremes, zum Teil stark vergletschertes Gelände führten, für den Tourismus auf. Vor allem in den italienischen Alpen wurde gebohrt und gehämmert. Rund um Cortina d'Ampezzo, wo Menschen im Krieg auf grauenvolle Weise zu Tode kamen, entstanden viele mit Metall und Hanf gesicherte Aufstiege. Das österreichische Stubaital wurde das «Mekka für Eisenfreaks» genannt.

In den Sechzigern und Siebzigern des letzten Jahrhunderts kam es in den Alpen sozusagen in Mode, auf Gipfel oder Grate zu gehen. Es entstanden Alpenregionen voller Haken, Bügel, Leitern und Seilen. Aus Bergen wurden Gerüste. Man unterschied sie nach Schwierigkeitsgraden. Ab den späten Achtzigern war ein richtiger Berg fürs Adrenalin verantwortlich. Abermals wurde in den Alpen renoviert. Klettersteige wurden noch steiler, schwieriger, spektakulärer. Es steckte jetzt so viel Material im Gebirge, dass sich auch komplette Nicht-Alpinisten in die Höhe wagten und gestichelt wurde: *Felsberührung verboten!* Schließlich begann man, weniger Eisen zu verwenden und dafür artistische Elemente auszubauen. Auf Adrenalin-Laufstrecken, die über wacklige Seilbrücken, überhängende Querungen und senkrechte, nahezu trittlose Passagen führten, waren nun sogar Muskeln gefragt. Es war jetzt alles da, für jeden etwas, aber es fehlte der Sinn: beim Bergsteigen wenigstens in etwa wie ein Bergsteiger zu empfinden.

Dass es mit dem Alpentourismus nicht so lief, wie man sich das vorgestellt hatte, führte beim Deutsch-Österreichischen Alpenverein in den ersten Jahrzehnten des 20. Jahrhunderts zu heftigen Diskussionen. Dem Verein gefiel es nicht, dass Lagerplätze in den Hütten wie Hotelbetten vorbestellt wurden. Dass

236

auf den Bergen gefeiert und damit gegen die Hüttenruhe verstoßen wurde. Dass Nichtmitglieder in Scharen zu den Unternehmungen der Skiabteilungen stießen. Der Verein hatte Alpenfans gewonnen und Alpentourismus heraufbeschworen. Er besaß eine riesige Mitgliederkartei, ein umfangreiches Hüttenverzeichnis, veranstaltete Übungstouren, publizierte in Broschüren attraktive Bergwanderungen, Wetterberichte. Er war eine Institution, die das Bergland begehbar gemacht hatte. Und er registrierte, wer da so ging: Damen im Schneiderkleid, beleibte Professoren, Pauschaltouristen. Irgendwie fühlte sich das geballte Erscheinen der Europäer im Gebirge wie ein Überfall an.

Wo ist in all dem, was geschieht, der Bergsteiger zu finden?, fragte man sich auf einer Generalversammlung in der ersten Dekade des Jahrhunderts. In der Debatte erschien bald schon der gute «Bergsteiger von früher». Er war nicht durchs Gebirge gegangen wie durchs Flachland, sondern hatte seine täglichen Gewohnheiten der Natur geopfert und körperlich gerackert, um nicht zu verweichlichen. Der böse «Bergsteiger von heute» jedoch, der alle Schwächen und Gebrechen, mit denen man in den Urlaub flüchtete, auch mit ins Gebirge nahm, beschädigte das Ansehen der Bergsteigerei und der schönen Natur.

Man fragte: Was ist alpin und was ist unalpin? Naturschutz war alpin, ein Gipfel voller Publikum war unalpin. Einfache Hütten von gediegener Zweckmäßigkeit waren alpin, das ganze Gebirge mit solchen Hütten vollzustellen war jedoch unalpin. Schlichte Tüchtigkeit war alpin, ein Zuviel an Bequemlichkeit und Zuwenig an Einkehr waren genauso unalpin wie Wettklettern, Montblanc-Besteigungen mit Zeitmessung und 24-Stunden-Begehungen des Großglockners. Sollte man Skiläufer und Rodler aus dem Kreis der Alpinen ausschließen? Nicht wenn sie in der Lage wären, die Geheimnisse der Bergwelt auf sich wirken zu lassen. Jedoch: Die Anstrengung des Aufwärtsgehens war ein alpinistisches Muss. Es gab jetzt so etwas wie ein den Alpen unangemessenes Verhalten. Es waren schwarze Schafe unter den Vereinsmitgliedern, die ausgeschlossen werden mussten. Der Eintritt wurde erschwert. Man wusste sich keinen anderen Rat, als die Geister, die man gerufen hatte, wieder zu verbannen.

Auf der Hauptversammlung 1923 in Bad Tölz befahl sich der DÖAV selbst, mit der Erschließung des Gebirges innezuhalten. Er erlaubte seinem Hauptausschuss, Wege- und Hüttenbauten zukünftig zu untersagen. Er verpflichtete Hüttenwirte, auch Gäste zu dulden, die sich selbst verpflegen wollten, sowie Vereinsmitgliedern verbilligte Speisen anzubieten. Das schlichte Dasein im Gebirge und die großartige Natur waren jetzt Gesetz. Die Tölzer Richtlinien versuchten, den schnellen Lauf der Dinge zu bremsen. Die Menschen sollten wieder um der Berge willen in die Berge kommen. Bis heute nennt der Deutsche Alpenverein das Innehalten, auf das man sich in Bad Tölz einigte, verbindlich. Auf der Hauptversammlung in Fürth im November 2007 beschloss der DAV jedoch, sich fortan am Neubau von Klettersteigen zu beteiligen. Er nannte das «neue Wege gehen» und behauptete, «Weichen für die Zukunft zu stellen». Er hätte auch zugeben können: Der Lauf der Dinge hat sich sowieso nie um unser Leitbild geschert.

Klettersteiggehen ist längst zu einer Art Bergsteigerdisziplin geworden. Anders gesagt: Es gibt keine Nichtbergsteiger mehr, denn es gibt ja die vielen mit Steighilfen verhunzten Berge. Es gibt auch das Mountainbike, das in den siebziger Jahren extra für die Berge erfunden wurde. Um es zu benutzen, pressen Menschen beiderlei Geschlechts ihr lockeres Fleisch in Stoffdärme. Die Blicke auf dem Weg festgekrallt, kommen diese bunten Würste mit Helmen und Sonnenbrillen im Pulk bergab. Oder sie schleppen ihre Mountainbikes auf den Schultern bergauf. Sie sind eine aus dem Gebirge nicht mehr wegzudenkende Veranstaltung.

Ursprünglich sollte Mountainbiking in den Alpen nur auf extrabreiten Wegen stattfinden. Ursprünglich waren in der Alpensommerfrische einfache Wanderer unterwegs. Heute reisen Crossläufer, Tennisspieler, Golfspieler, Riverrafter, Paraglider, Speedrider, Sportkletterer und Basejumper an, Leute, die zum Canyoning kommen oder Oldtimerrennen fahren. Das Gebirge offeriert nicht mehr einfach nur seine Berge. Es lädt die Menschen ein, auf 3400 Meter Höhe im Juli über Gletscher zu radeln. Das ist fatal, weil Verschmutzungen ins Eis gelangen, zwischengelagert werden und nach einigen Jahren das Gletscherwasser belasten. Aber der Tourist ist Kunde, und die Alpen haben ihr Sortiment erweitert.

Ursprünglich schneite es im Winter, und die Skitouristen fuhren Hänge hinunter. Dann wurden Skipisten angelegt. Wie viele Pisten miteinander konkurrierten, sah man im Sommer an den braunen Gebirgshängen, die nicht mit Vegetationsdecken versorgt wurden, weil das Geld kostete. Skigegenden sehen im Sommer aus wie Kriegsgebiete bei Waffenruhe. Wenn's regnet, rinnt der Schlamm in die Täler. Seit Mitte der Achtziger werden Pisten im Winter bei Bedarf künstlich beschneit. Wenn im Kunstschnee keine chemischen oder biologischen Zusätze stecken, um Abfahrt, Snowboarding, Pistenfasching, Damen- und Nachtrodeln bei Plusgraden zu garantieren, können die Berge ihn ganz gut aushalten. Ist er dichter, taut er jedoch später und verkürzt dadurch die Vegetationszeit.

Egal. Der Alpenkunde will nicht die Natur erleben, sondern den eigenen Körper. Er kann überallhin gelangen, weit weg, hoch hinaus, jetzt will er dicht an die Grenzen des eigenen Körpers heran. Die Tourismusindustrie bezeichnet das Erscheinen des Alpenkunden als Auslastung. Werner Bätzing spricht von schwerwiegenden Eingriffen in die Landschaft, die nichts mit Nachhaltigkeit im Sinn haben, vielmehr das Gebirge durch eine verheerende Summe an Belastungen für die Natur missbrauchen. «Die Alpen werden zum Sportgerät», erklärt der Alpenforscher. Seit 1992 ist der Deutsche Alpenverein Mitglied im Deutschen Sportbund. Bätzing sagt: «Der Alpentourismus zieht sich aus der Natur zurück.»

Obgleich die Wintersportzentren nicht allein das Übel der Alpen sind, scheint es vielerorts so, als hätte man sie ins Gebirge gestellt, um uns zu warnen: Skiliftanlagen, die Schneisen in die Waldzone fressen, Bettenburgen, die gewaltige Bergmassive samt Himmel verdecken, Ferienwohnungen, die alle gleich aussehen und sich, zum Krebsgeschwür vereint, über riesige Anlagen ausbreiten. Ortschaften, die wie Dienstleistungszentren anmuten. Den Wintersporthochburgen sieht man an, wie sich in den Nachkriegsjahren die Hoffnung auf Erfolg breitmachte. Man sieht, dass dann die Illusion vom grenzenlosen Wachstum kam. Man sieht die Hektik, in die der Mensch verfällt, wenn weltweit die Flugpreise sinken und der Alpentourismus Marktanteile verliert. Irgendwann gab es jedoch auch immer mehr Umweltschützer. Das Bauen stagnierte. Eines Tages war selbst für Modernisierungen vielerorts kein Geld mehr da.

Ende des 20. Jahrhunderts registrierte der Alpenforscher Werner Bätzing über fünf Millionen Ferienbetten, 120 Millionen Feriengäste und fünfhundert Millionen Übernachtungen pro Jahr. Rund zwölftausend Seilbahnen stehen heute im Gebirge, viertausend Kilometer Fernstraßen liegen drüber, auf dreihundert Flugplätzen können Maschinen landen. Die Alpen sind eines der größten Tourismusgebiete der Welt. Wer das Gebirge betrachtet, erkennt jedoch, dass sich lediglich in einigen Tälern touristische Infrastruktur ballt. Genauer gesagt:

in zehn Prozent aller Alpengemeinden. Man könnte meinen: Schön, der Rest ist immer noch reine Natur! Bätzing sagt: Übererschließung. Und das ist alles andere als schön. Übererschließung an der einen fördert Unterentwicklung an der anderen Stelle.

Seit der Wende zum 19. Jahrhundert unterlag in den Alpen das traditionelle Handwerk und Gewerbe, das allerorts und bis hinauf in die Höhen betrieben wurde, nach und nach der Konkurrenz durch die europäische Industrie. Der traditionelle Saumverkehr, der die Orte im Gebirge kreuz und quer miteinander verband, brach zusammen. Dann wurde der kriselnde Erzbergbau eingestellt, Hütten und Verarbeitungsbetriebe geschlossen. Schließlich machte die sogenannte Bauernbefreiung, die das Habsburger Reich 1848 umsetzte, aus Bergbauern eigenständige Unternehmer. Wie alle Bauern des Kontinents mussten sie ihre Produkte nun zu Markte tragen, anstatt sich selbst zu versorgen. Wie alle Bauern des Kontinents wurden auch sie Ende des Jahrhunderts von der Agrarkrise erwischt. Wie eine Seuche wütete in den exponierten Alpen, dem empfindlichsten Stück Kontinent, das Bergbauernsterben.

Die Industrialisierung erreichte das Gebirge spät. Die Dienstleistungsgesellschaft war vorerst seine einzige Chance. Erst mit dem Tourismus verstädterten die Alpen. Die Touristenzentren wuchsen rasant. Und als sie nicht mehr wachsen konnten, wurde am Ende modernisiert. Anstelle hässlicher Großbauten entstanden in den letzten zwei Jahrzehnten gemütliche Chalets und ansehnliche Feriendörfer der Luxuskategorie. Um Seilbahnen noch höher hinauszuführen oder Gletscher-Skigebiete mit Infrastruktur zu verbinden, wurde mit viel Geld und Einfluss sogar über Naturschutzgebiete verhandelt. Selbst die Modernisierung verschärft die Ungleichheit in den Alpen noch: zwischen den großen Orten, die sie sich leisten können und den kleinen Nestern. 1991 lebten 58 Prozent der Alpenbewohner in Städten und Pendlergemeinden, denn hier gab es 66 Prozent aller Arbeitsplätze. Auf nur 23 Prozent der Alpenfläche.

Auf jeden Bauern kommen heute zehn Menschen, die Skipässe verkaufen. Neun Ferienhausbesitzer, acht Lastkraftwagenfahrer, sieben ausländische Zimmermädchen, sechs Pizzabäcker, etliche Souvenirverkäufer. Bereits Anfang der Neunziger sagte Werner Bätzing: «Für die Industriegesellschaft sind die Alpen bloß noch ein Verkehrshindernis und ein Raum, in den diejenigen Funktionen ausgelagert werden, für die in den Ballungsräumen kein Platz mehr ist (Erholung, Naturschutz, Trinkwasser, Wasserkraft, Deponien, militärische Übungsplätze).» Während früher im Winter die Bergbauern in die Städte zogen, um auf den Märkten mit Produkten etwas für die Familien dazuzuverdienen, eilen heute die Angestellten der Tourismusgebiete einmal im Jahr zum Grasmähen auf die Alpen der Verwandten. Einer von ihnen äußerte in einer Zeitung: «Der Klang der Sense ist für meinen Körper und meine Seele.»

Das Pendeln in die Touristenzentren ist zu einer Lebensform der Berufstätigen in den Alpen geworden. Ein Drittel aller Gemeinden verliert dennoch schon seit langem permanent Einwohner. In den französischen Alpen und in Italien gibt es so gut wie keine traditionellen Bergbauernbetriebe mehr. Auch in der Schweiz, Österreich und in Bayern wird Alpenlandwirtschaft immer weniger betrieben, aber immerhin noch gefördert. Hat ein Dorf weniger als siebenhundert Einwohner, heißt es in der Schweiz, kommt jede Hilfe zu spät.

Etwa 18 Prozent der Alpengebiete sind bald menschenleer. Vor allem im Südwesten, Süden und Südosten der Alpen. Wenn die Menschen die Berge verlassen, verändert sich hier auch wieder die Natur. Büsche überwuchern Weiden und Ortschaften, eine Vielzahl von Blumen und Gräsern werden durch verholzte Pflanzen von alpinen Rasen und Wiesen verdrängt. Mit der Artenvielfalt geht auch die ökologische Stabilität verloren. Die Böden speichern nicht mehr so viel Wasser, Terrassen verfallen, sodass die Erde wieder weggespült wird, auf den lockeren, ungemähten Wiesen drohen Muren, und wenn das ungeschnittene Gras sich im Winter legt, wird es zur wahren Lawinenrutsche. Die verfestigten Ränder der Wildbäche nutzen sich ab, Verbauungen brechen, und das Wasser bekommt wieder seine zerstörerische Kraft. Sollte man wieder Wildnisgebiete entstehen lassen? Die Berglandbewohner beklagen den Verlust von Tradition, Kultur, Kulturland. Bätzing meint: «Die Kunst, in den Bergen eigenständig zu überleben, ist ein europäischer Wert.»

Man sammelt Geld, um alte Alpwirtschaftsgebäude zu erhalten. Wie im Safiental die Walseralpen. Man sucht nach neuen Nutzungsideen für die Landschaft. Vielerorts gibt man auf, weil die Menschen trotzdem gehen. Selbst wenn die Natur noch so schön ist, sagen die Schweizer, wer möchte allein darin leben? Werner Bätzing sagt, es verschwindet die kleinräumige Vielfalt des Berglandes. Das, was es einmal zu einem typischen Stück Europa gemacht hat. Er sieht, wie sich in den Entleerungsräumen Depression breitmacht. Die Alpen leiden an einer affektiven Störung. Mit dem abrupten Lebenswandel wandeln sich auch die Werte. Die Kinder und Enkel verändern sich, Generationen geraten auseinander, es wandelt sich die Stimmung. Die Seele des Gebirges krankt.

Man kann das nicht direkt sehen. Man findet Anhaltspunkte dafür, dass die Alpen entwürdigt sind. Man kann Ideen für gut befinden, Architektur meisterhaft nennen. Man kann durch das künstliche Antlitz hindurch auf die pure Schönheit der Natur schauen. Man kann aber auch sagen, dass die Alpen zur Prostitution gezwungen werden. Wenn man will, kann man wissen, dass da etwas nicht stimmt. So ist die Großglockner-Hochalpenstraße ein zweispuriger Fahrweg, der sich über ein großartiges Bergpanorama erhebt und bis auf 2500 Meter an den höchsten Gipfel Österreichs heranführt. Sie ist aber auch ein touristisches Wettkampfprodukt: höchste befestigte Passstraße des Landes, motorradfreundlichste Passstraße der Alpen. Mit über 75 000 Motorradfahrern war 2008 ein gutes Geschäftsjahr für die Großglockner Hochalpenstraße AG, die selbstverständlich darüber nachdenkt, weitere solche Attraktivitäten in den Alpen zu errichten. Sie spricht nicht vom Berg. Sie sagt: *Motorradhimmel Großglockner.*

Wie Ausschlag, sagen die Schweizer, ist die kleine Gemeinde Sils-Maria im Oberengadin von Appartementneubauten überzogen. Im September 2009 fand hier wie jedes Jahr ein Nietzsche-Kolloquium statt. Philosophen, Literaten, Wissenschaftler quartierten sich auf dem Landstück zwischen Berggipfeln, Silser- und Silvaplanersee ein, um über Friedrich Nietzsches Werke zu sprechen, von denen viele hier entstanden waren. Ein vorzeitig pensionierter Professor der Philologie, sagen die Schweizer, könnte sich einen Aufenthalt im Oberengadin heute nicht mehr leisten. Niemand, auch nicht die Franzosen, kennen den Weg, den Hannibal mit seinen Kriegern und Elefanten einst durch die Alpen ging. Dennoch ist der «Hannibalweg», eine Route von Lanslebourg nach Susa, touristisch abgesteckt. Den Weg, den Elisabeth von Österreich-Ungarn von Bad Ischl durchs Salzkammergut nahm, nennen die Österreicher «Elisabeth Waldweg». 1998, hundert Jahre nachdem die Kaiserin in Genf ermordet worden war, wurde er neu aufgeschüttet. Ein guter Weg war aber nicht gut genug. Bei der Neueröffnung trugen vier Trachtler die als Sisi verkleidete Miss Austria auf einer Sänfte. Obgleich die echte Sisi stets gewandert ist.

Wie bei Menschen wird auch die Seelenkrankheit des Gebirges unterschätzt. Immer weiter wird in den Alpen aufgerüstet. Allein in der Schweiz realisieren Investoren und Architekten aus der ganzen Welt etliche Großprojekte. In einem Tal am Fuße des Gotthards entsteht ein Komplex mit mehreren Luxushotels, vielen Privatvillen und einem Golfplatz. Dass da eine Touristenstadt geschaffen wird, in der dreitausend Betten stehen, bereitet vielen Alpenbewohnern Unbehagen. Noch mehr Unbehagen jedoch bereitet ihnen die hohe Arbeitslosigkeit. Auf der Schatzalp, der südexponierten Terrasse über Davos, soll bald das höchste Gebäude der Alpen stehen: 102 Meter hoch, 28 Stockwerke voller Luxusappartements. Manche sagen, es würde bald wie ein glitzernder Tannenzapfen in der Nacht über Davos thronen. Andere sprechen von einer leuchtenden Toilettenrolle. Offiziell hat man sich für das Bauwerk am «Zauberberg», das etwa hundert Millionen Franken kostet, bei Thomas Mann bedient. Bei der Volksabstimmung waren 52 Prozent der Bevölkerung dafür, den «Zauberturm» zu bauen.

Die «Jungfraubahn» reicht den Schweizern auch nicht mehr. Für Touristen, die in fünf Tagen Europa durchreisen und dabei auch in die Alpen kommen, ist die Bahn von der kleinen Scheidegg aus durch zwei Berge hindurch mit zwei Stunden zu lange unterwegs. Ein rasender Tunnellift, vertikal ins Massiv gebohrt, soll fortan die Eiligen in zwanzig Minuten zum Jungfraujoch führen. Wer in fünf Tagen Europa lieber das Matterhorn und die Viertausender des Monte-Rosa-Massivs sehen will, der gelangt mit Luftseilbahn und Personenaufzug aufs Klein Matterhorn. Es ist 3883 Meter hoch. Aber nicht mehr lange. Bald soll auf dem Gipfel ein Dreibein aus Stahl und Glas stehen. Durch die künstliche Bergspitze stehen dann auch hier die Touristen auf einem Viertausender.

Vor etlichen Jahren, an den Klein-Matterhorn-Coup war

noch nicht zu denken, wurde dem Bergsteiger Reinhold Messner, von dem man weiß, dass ihm ein Gebirge voller Infrastruktur gegen den Strich geht, nebenan auf dem großen Matterhorn ein Streich gespielt. Mit dem Hubschrauber setzte das Team der Fernsehsendung «Verstehen Sie Spaß?» einen Kiosk auf dem Aufstiegsgrat ab. Er stand auf einem so kleinen Felsvorsprung, dass Kundschaft kaum Platz hatte. Morgens kurz vor sechs kam Messner. Wollmütze auf dem Kopf, am Seil gesichert, begleitet von einer Gefährtin.

«Was ist denn das?», fragte er.

«Letztens war da noch nix», antwortete die Frau.

Der Verkäufer pries sein Angebot. Er wollte jetzt auf alle Alpenhöhen Buden stellen, sagte er. Die Kamera filmte die Bergsteiger aus dem Kiosk heraus. Sie standen mit dem Rücken zum Abgrund. Unter ihnen lagen die mit Eis bedeckten Felsen. Während seine Begleiterin starr stand und schwieg, zog Messner die Mütze vom Schopf, fuhr sich immer wieder durch die zerzausten Haare.

«Sie gehören hier nicht rauf», sagte Messner. «Sie nicht, der Kiosk nicht, die Zeitungen nicht, diese Zuckerle nicht.»

«Ich hab hier auch noch eine Knallbombe.»

Messner hob angewidert eine Zeitschrift an. «Sie können mir doch nicht erzählen, dass Sie heute die aktuelle *Bunte* hier raufgeschafft haben.»

«Den Japanern verkaufe ich Kuckucksuhren. Und ich habe Geschenke für Kinder und Ehegattinnen.»

Messner fuchtelte mit der Mütze. «Wer ist denn so dumm, hier zu kaufen?»

«Ich kauf für den Gipfel eine Bombe!», sagte die Gefährtin.

«Wenn du das machst, geh ich nicht mit hinauf!» Messner schoss mit Ausrufezeichen. «Ich geh überhaupt nicht mehr aufs Matterhorn, solange dieser Kiosk da ist!»

«Aber ich trage das alles hier hoch jeden Morgen mit zwei Koffern.»

Das Verballern von Ausrufezeichen nahm den Bergsteiger so sehr in Anspruch, dass ihm nicht einmal die Koffergeschichte verdächtig vorkam. «Das ist sicherlich eine große Leistung, aber Ihr Geld können Sie auch woanders verdienen! Nicht am Matterhorn! So machen Sie unsere Berge kaputt! Mir gehören sie ja nicht, aber ich komm nicht mehr, ich komm nicht mehr! Und, Linda, jetzt gehen wir, wir lassen uns doch nicht von dieser Hütte hier aufhalten!»

«Etwas möchte ich aber verkaufen. Ein Artikel, der hervorragend geht, sind die Bücher von Reinhold Messner.» Nun zog der Verkäufer ein Messner-Buch aus dem Regal.

«Das glaub ich jetzt nicht!!! Das ist eine Beleidigung für mich! Jetzt schreibe ich keine Bücher mehr! Ich hab die Nase voll! Jetzt reicht's!»

Der Schweizer Fernsehmoderator Kurt Felix kam per Hubschrauber mit einer Flasche Champagner, um auf den Schreck anzustoßen.

Nachdem der Engländer Edward Whymper nach mehreren vergeblichen Versuchen 1865 endlich mit einer siebenköpfigen Seilschaft auf dem Gipfel stand, galt das 4478 Meter hohe Matterhorn als ein Berg, der sich erobern lässt. Ein wahrer Gipfeltourismus setzte ein. Mehr als dreitausend Menschen klettern jedes Jahr nach oben. Doch täuscht das Antlitz des Berges darüber hinweg, wie gefährlich er ist. Auf scheinbar leicht zu durchkletterndem Gelände kann man abstürzen, in der Höhe lauern Steinschläge und Blitzschlag. Zwar haben die Zermatter Bergführer Fixseile wie Handläufe am Fels verankert, um auch weniger Sportlichen den Aufstieg zu ermöglichen und das eigene Geschäft anzukurbeln. Doch überall am Berg hängen Plaketten, von Hinterbliebenen angebracht, um an die Toten zu erinnern. Schon Whympers Erstbesteigerseilschaft verlor beim Abstieg vier Männer. Im Zermatter Museum ist der Schuh zu sehen, auf dem einer von ihnen ausrutschte, wodurch er die anderen mit in den Tod riss. Seit der Erstbesteigung starben über fünfhundert Bergsteiger. Unter der Erde des Bergsteigerfriedhofs neben der Zermatter Kirche liegen Absturzopfer aus der ganzen Welt. Jedes Jahr kommen fünf bis zehn dazu. «König und Killer der Alpen» wird das Matterhorn genannt.

König Matterhorn scheint in seinem Wesen mittlerweile mehr einem Kiosk als von einem Herrscher zu haben. «Das Matterhorn-Exklusiv-Individual-Feeling gibt es nicht (…). Ich fühle mich wie am Wühltisch im Schlussverkauf», schreibt der Ex-Banker Rudolf Wötzel, der auf seiner Alpentour 2007 am Aufstieg zum Gipfel Schlange stand, da in die mannsbreite Schlüsselstelle, eine gut fünfzig Meter hohe, senkrechte Felswand, nur einer nach dem anderen einsteigen konnte. Schon im Morgendämmern auf der Hütte hatte ihm geschwant, dass er sich einem touristischen Großunternehmen anschloss. «Heiser und viel zu leise der Weckruf des Hüttenwarts um Punkt 4:30 Uhr. Der weiß: Hier wird ihn keiner überhören! Eine Sekunde später (gefühlt) stürzen vierzig Bergsteiger, zeitgleich getaktet fast wie Synchronschwimmer, mit fertig gepackten Rucksäcken auf die Gänge. (…) Dann hinunter in den Speiseraum. Nach fünf Minuten und 37 Sekunden (gestoppt) haben alle das Frühstück hinuntergewürgt. Unglaublich, ich bin hier wohl in einer Art Alpinisten-Ballett!»

Beim Anstehen, während er aus der Konsumentenschlange heraus das Geschehen betrachtete, veränderte sich sein Blick auf den Berg. Hier stimmte etwas nicht. Alle müssen die Schlüsselstelle meistern, um auf den Gipfel zu kommen, dachte er. So wie in den Tresorraum muss, wer an das Gold und die Klunker heranwill. Jedoch: «In Zeiten des Alpintourismus geht es ganz problemlos durch die Felswand – wenn man einigermaßen fit ist. Man zieht sich einfach an einem Fixseil hoch, einem dauerhaft am Fels fixierten Tau, wie es heutzutage als Kletterhilfe vielerorts angebracht ist. Eigentlich nicht ganz fair dem Berg gegenüber – ein bisschen so, als ob man dem Bankräuber einen Zettel mit dem Zahlencode an den Safe klebt.»

Killer Matterhorn lässt sich touristisch nicht vermarkten. Denn er erzählt vom Tod. Genau in jenem September des Jahres 2007, da Rudolf Wötzel mit den Gipfelstürmern an der Schlüsselstelle anstand, konnten die Schweizer in der *Neuen Zürcher Zeitung* lesen, wie man an dem Berg, den sie zum Wahrzeichen ihres Landes gemacht haben, verreckt. Die Geschichte erschien an einem Sonntag, dem behaglichsten Tag der Woche. Der Wirt der «Hörnlihütte», die auf 3260 Metern Höhe an der leichtesten Aufstiegsroute steht, von dem wir wissen, dass er die Bergsteiger in aller Frühe heiser und viel zu leise weckt, erzählte, dass sich auch das Ende hier oben fast lautlos vollzieht. Man stelle sich eine Kolonne schweigend über den Grat steigender Menschen vor. Die Laute, die schweres Schuhwerk auf bröckelndem Gestein verursacht. Zigfaches Atmen, mitunter ein Räuspern, still aufgehende Sonne, das dumpfe Poltern von Steinen, pfeifender Wind. Bei jedem Tritt, acht Stunden lang, müsste man mit dem Kopf dabei sein, sagte der Wirt. Eine falsche Bewegung – und dann ist in der Kolonne plötzlich eine Lücke. Jemand rutscht, bekommt einen Schreck, und dann ist es zum Schreien auch schon zu spät. Wer stürzt, ist nicht zu retten. Die Leute verschwinden, als hätten sie sich entschlossen zu sterben. Der Wirt ahmte den Matterhorntod nach. Er sagte: «Wusch!»

Es ist üblich, in Zweierseilschaften auf den Berg zu gehen. Da es den Bergsteigern scheinbar zu lange dauert, sich überall zu sichern, verschwinden meist zwei auf einmal. Deshalb, sagte der Hüttenwirt, wären die Totenzahlen am Matterhorn immer gerade. Mindestens ein Dutzend Menschen sehen anderen beim Sterben zu. Bis zu fünfzehn Sekunden dauert ein Sturz. Die Rettungshubschrauber der Air Zermatt müssen dann auch die Zuschauer einsammeln. Denn ist einer aus der Kolonne gefallen, bewegt sich kein anderer mehr von der Stelle. Durch das nüchterne Betrachten der Fakten bringt der Hüttenwirt dem Matterhorn mehr Hochachtung entgegen als so mancher Tourist, der von weit her anreist. Mehr als viele Fotografen, die es prächtig verewigen. Mehr als die Schweizer Maskottchen-macher. Schon bei einem Gefälle von fünfzig Grad ist die Beschleunigung fast so groß wie im freien Fall. Ein menschlicher Körper beschleunigt in drei Sekunden von null auf hundert. Nach einer Sekunde legt er bereits zehn Meter pro Sekunde zurück. Nach fünf Sekunden rast er mit über zweihundert Kilometer pro Stunde in die Tiefe. Theoretisch. Denn in der Praxis, sagte der Wirt, wäre er weniger schnell, da überall Felsen herumstünden. 99 Prozent aller, die vom Matterhorn fallen, verlieren das Bewusstsein beim ersten Aufprall. Wer durch die Ostwand stürzt, schlägt ein Dutzend Mal auf, ehe er tausend Meter weiter unten auf dem Gletscher landet.

Den Stürzenden werden nicht nur Rucksack und Helm abgerissen, sondern auch die Kleider. Und zwar alle, sogar die Socken. «Ganz unten sind sie immer nackt.» Meist fehlten Gliedmaßen oder der gesamte Unterleib, manchmal der Kopf. Der Hüttenwirt hat Ärzte gesehen, die den Anblick nicht ertrugen. Schön sterben gibt's am Matterhorn nicht. Am angenehmsten bleiben die in Erinnerung, die gleich in die Gletscherspalte fallen und lautlos auf Nimmerwiedersehen verschwinden. Es heißt, dass im Eis des Gletschers, über den auch eine Skipiste führt, mittlerweile vierzig tiefgefrorene Leichen liegen.

Auch für Retter ist das Matterhorn riskant. Durch den Klimawandel sind Ost- und Nordwand weniger vereist, sodass das Sichern schwieriger ist. In der Ostwand ist die Steinschlaggefahr so hoch, dass sie als Selbstmordkommando gilt. Nahezu jeden Nachmittag kommen Handyanrufe vom Berg. Da stehen Gipfelstürmer, die zu spät losgegangen sind und denen es dämmert, dass sie es nicht mehr runterschaffen. Sie jammern. Doch die Air Zermatt holt nur Notfälle. Ein Einsatz kostet fünftausend Franken, lässt man die Menschen in der Höhe am Telefon wissen. Sie schweigen. Denken nach. Sind sehr einsam.

Alle Leichenteile, die am Matterhorn herumliegen, werden rasch weggeschafft und in Leichensäcke verpackt. Möglichst an einem Ort, der von der Terrasse der «Hörnlihütte» aus nicht einsehbar ist. Denn sonst ginge wohl bald niemand mehr auf den Gipfel, glaubt man in Zermatt. Fürchtet man. Die Geschichte vom Sterben am Matterhorn erzählt auch davon, wie die Menschen mit dem Berg leben. Die künstlichen Aufstiegshilfen ziehen jedes Jahr etliche Dilettanten an. Menschen, die sich überschätzen und den Berg unterschätzen. Die irgendwie nicht das richtige Verhältnis zur Natur haben. Sie sind willkommen. Man rät ihnen dringend, nicht ohne einen der neunzig Zermatter Bergführer zu gehen. 2007 lag der Matterhorntarif bei 920 Franken.

Weder die Autobahnen, die sich meisterhaft durchs Gebirge winden, noch kolossale Wintersportzentren, sterbende Bergbauerndörfer, nicht einmal die Grabmale am Matterhorn bringen uns auf die Idee, dass in den Alpen Verhängnisvolles geschieht. Wir verstehen uns nicht gut im Vorausschauen. Und wir ersparen uns den aufwendigen Blick zurück. Möglicherweise schrecken wir aus diesem Grund nur bei einer Art Bilder auf. Bei Bildern, die die Zeit raffen und uns in der Menschheitsgeschichte verorten. Bei Bildern vom Früher und Heute der Gletscher.

Durch die weltweite Klimaerwärmung schmilzt der Permafrostboden, das dauernd gefrorene, quasi versiegelte Gestein, das Bergen den Charakter verschafft, den wir felsenfest nennen. Seit 1850 ist die Permafrostgrenze in den Alpen um zwei- bis dreihundert Meter gestiegen. Wie ein Stück Tiefgefrorenes, das man ins geheizte Zimmer legt, taut das Gebirge von unten her auf. Wo früher Gletscherzungen lagen, ist heute Geröllwüste. Zwischen 1850 und 1975 verloren die Alpengletscher die Hälfte ihrer Masse. Von 1975 bis 2000 abermals 25 Prozent. Sie schmelzen nicht nur, sie schmelzen schneller und schneller. Zwischen 2000 und 2005 büßten sie nochmals zehn bis fünfzehn Prozent an Masse ein. Man kann die Zeitrafferbilder in immer kürzeren Abständen machen.

Der Aletschgletscher wurde in den letzten hundert Jahren 2,5 Kilometer kürzer, der Palügletscher verlor 1,1 Kilometer. Die Pasterze am Fuße des Großglockners ist um die Hälfte kleiner als 1856. Eine Standseilbahn führt von der Hochalpenstraße an den Gletscherrand. Zumindest war das 1963 so. Mittlerweile muss man von der Seilbahn aus noch eine lange Treppe überwinden, weil die Pasterze jährlich zehn Meter an Länge verliert. Der Rhonegletscher, der vor hundert Jahren eine große Touristenattraktion war, weil die Zunge weit ins Tal reichte, wird, so meinen Experten, bis 2100 völlig verschwunden sein. Manche sagen auch: Das ganze Gebirge wird dann eisfrei sein. Die Alpen werden dann nicht nur anders aussehen. Sie werden sich auch anders verhalten.

Riesige Seen aus geschmolzenem Eis werden ausbrechen und ganze Dörfer mitreißen. Europa wird das Wasser ausgehen, da die schwindenden Gletscher die Flüsse nicht mehr ausreichend speisen können. Die schwachen Flüsse werden auch nicht mehr ausreichend Strom produzieren. Schon seit Ende des 19. Jahrhunderts ereignen sich im Gebirge mehr Naturkatastrophen als zuvor. Nahezu schlagartig ist der Fels, der eben noch frost-starr und eisbedeckt war, der Witterung ausgesetzt. In den Höhen lockert sich gefährliches Geröll. Ganze Kubikmeter Berg brechen, Muren gehen zu Tal, extreme Niederschläge lassen Hochwasser entstehen. Neuerdings gibt es reine Lawinenwinter. Es scheint dann, als würden alle Hänge sich auf die Täler zubewegen. Es gibt auch Bergrestaurants, deren Betreiber auf der Terrasse plötzlich feine Risse entdecken. Nach einem Tag sind die Risse breiter als Besteckteile, nach einer Woche bricht ein Stück vom Berg samt Terrasse ab, und die Hausspitze ragt da, wo der Stammtisch steht, über den Abgrund. Es gibt Berghäuser, die von der Feuerwehr abgebrannt werden, weil es das Einzige ist, was der Mensch noch tun kann: verhindern, dass sie nach dem Absturz als Müllhaufen im raren Gletschereis landen.

Immer schon gab es Kalt- und Warmzeiten, in denen die Erdoberfläche sich veränderte. Eine Klimaerwärmung an sich wäre auch in den Alpen kein Problem, würde sie sich nicht in dieser rasanten, vom Menschen angeheizten Geschwindigkeit vollziehen. Und hätte das Gebirge nicht auch noch mit den Auswirkungen von Verkehr, Industrialisierung und Fremdenverkehr zu kämpfen. Würden nicht stellenweise Städte wuchern, während woanders die Landschaft verödet, und würde in der schwindenden Kulturlandschaft nicht das einst vom Menschen stabilisierte Ökosystem wieder labil werden. «Die Alpen, wie wir sie kennen, wird es bald nicht mehr geben», sagt Werner Bätzing. Wenn man nichts dagegen unternehme, fügt er hinzu, sei das Gebirge bald kein bewohnbarer Lebensraum mehr. Reinhold Messner sagt, beim Klettern zerbröseln die Alpen unter den Schuhsohlen. Man könne den Niedergang nicht nur sehen, sondern auch hören und riechen. «Wo der Permafrost auftaut, rutscht, schwitzt, stinkt die Erde.»

Und was macht man in den Alpen? Als im Jahrhundertsommer 2003 die Gletscher besonders stark schmolzen, boomte eine neue Vergnügungsform: geführte Gletscherwanderungen bei herrlichem Sommerwetter, «Katastrophen-Tourismus» genannt. Mittlerweile überwachen die Menschen die Berge, an denen sie leben. Der Gletscher an der Nordostflanke des Weißhorns bei Zermatt hängt so steil, dass er sich nur noch bei Minusgraden hält. Er wird von Glaziologen überwacht. Jeden Morgen geht per E-Mail ein Foto von der Nordostflanke an die Eidgenössische Technische Hochschule Zürich. Im März 2005 erkannte man dort, dass bald eine Eiswand abstürzen würde. Umgehend wurden die Menschen im Tal evakuiert. Eine Woche später gingen 300 000 Kubikmeter ab, viel mehr Eis, als man vermutet hatte. Es erwischte die Schafe und Pferde, die weiter abseits standen.

Wenn im Winter sehr viel Schnee fällt, löst die Gemeinde das Gletscherproblem eigenhändig. Straßen und Bahn werden gesperrt, die Bürger verwinden in den Häusern und schließen die Fenster. Nur zwei Männer im Dorf kommen an den Computer heran, der die Sprengung des Gletschers auslöst. Er steht im Keller des Gemeindehauses in einem Tresor. Das Sommerproblem allerdings hat man noch nicht gelöst. Die Föhren oben am Berg ertragen die Hitze nicht mehr und sterben. Die Südhänge verstebben schon. Insekten, die es warm und trocken mögen, setzen dem Wald zu. Er verjüngt sich nicht mehr. Alle vier Jahre gibt der Bund Geld für den Hangwald über den Schweizer Gemeinden. Allein der Bannwald kann die Menschen wirklich vor Lawinen schützen. Er ist Kulturgut der Alpen.

Siebzehnter Tag: Von der Rofflaschlucht nach Cröt

Montag, den 31. August

Heute geht es um Hunger. Der Hunger ist ein Reiz. Er veranlasst mich, meinen Organismus mit Nährstoffen und Energie zu versorgen. Es fehlt Glukose im Blut. Der Insulinspiegel ist zu niedrig. Die in den Fettzellen gespeicherten Reserven sind aufgebraucht. Hunger hat eine biologische Funktion. Und ich habe ein Problem, wenn ich den Auftrag, den mir mein Körper erteilt, nicht erledigen kann.

Das Problem deutet sich schon am Morgen an. Kurz vor neun. Die Sonne klettert über den Schluchtrand und wirft eine geballte Ladung Strahlen in die Fenster des Gasthauses, das unten noch im eisigen Nachtschatten steht. Mit einem Mal steht der Tag auf dem Tisch. Der Wirt stellt das Frühstück hin. Zwei blasse Wurstscheiben, zwei kleine Käsewürfel, Butter und Marmelade haben zusammen auf einem Teller die Nacht im Kühlschrank verbracht. Frischhaltefolie spannt sich übers Arrangement. Sie fängt im Sonnenlicht sofort an zu schwitzen. Der Wirt zieht sie ab. Kein Zauber. Es bleibt dabei: karges, abgestandenes, rationiertes Essen. Drei Stullen fliegen in unseren Brotkorb.

Der Kaffee tröstet. Er ist gut. Ich bitte am Schanktisch um mehr Brot, auch für unterwegs, möglichst kein weißes. Wenn Nahrung zu wenige Nährstoffanteile hat, ist sie kein guter Begleiter. Sie löst nur erneut Hungergefühle aus. Der Wirt wirft mir die Kanten zu, die auf seinem Schneidbrett liegen.

Vielleicht ist das Frühstück heute nicht herzloser als manches andere in den letzten Wochen. Eintönig, rationiert, mit

Mangel an Vitaminen und Eiweißen. Die Eidgenossen bringen sich in Verdacht, vereint Fremdenverkehrshindernisse errichten zu wollen. Nicht alle! Aber sie ziehen alle anderen mit rein. Der Rofflaschluchtwirt mit dem dunklen, nach unten gebogenen Schnauzbart trägt den Groll der Schweizer offen zur Schau. Sie bauen kein Büffet, weil sie befürchten, die Gäste könnten sich zu viel nehmen. Sie sorgen sich nicht ums Wohlsein der Fremden, es geht ihnen um ihren Lebensunterhalt. Stoisch ertragen sie Belagerung und Erwartung. Das macht, wie man an ihren Gesichtern sieht, keinen Spaß. Vielleicht ertragen sie sich auch selbst nicht mehr. Für Bergmenschen sind sie nicht gerade mutig. Ausgerechnet an den hilflosesten Touristen, an unbewaffneten, nahezu nackten Wanderern lassen sie ihren Unmut aus.

Bei uns dürfen Sie auch in Euro zahlen. Das klingt nach freundlichem Entgegenkommen. Aber der Wanderer hat gar kein Währungsproblem. Euro oder Franken, er kommt in freier Natur einfach nicht an Bargeld ran. Alles Mögliche bringt die Schweizer Tourismusbranche hervor: Schautafeln, Gedenksteine, Wegrandkitsch, Murmeltierpfiffe als Handyklingelton, Toilettengebühren, Eintrittsgelder, Schilder mit der Aufschrift *Zimmer frei.* Doch wer nur eine Nacht bleibt, muss drauflegen. Wer nur Hahnenwasser (Leitungswasser) trinkt und nichts weiter, muss dafür bezahlen. Wer zu Abend speisen will, muss sich an Essenszeiten halten. Um sechs ist man willkommen, nach acht Uhr geben sie einem nichts Warmes mehr, um neun schließt jemand die Küche ab und nimmt den Schlüssel mit. *Bitte vor der Tür die Schuhe ausziehen!* Ein einziger Kleiderbügel reicht. Zwar tobt hinterm Haus gewaltig der Fluss, aber, tut uns leid, ins Waschbecken läuft trotzdem nur ein Rinnsal. *Bitte nach dem Duschen den Reinigungsplan einhalten!* Der beste Tourist ist einer, der zum Abschied nicht winkt. Der verschwindet.

Der die Dusche so hinterlässt, dass man denken könnte, sie wäre bislang unbenutzt.

Im Ortswappen von Ausserferrera hängt ein großer, schwarzer Bergmannshammer. Früher haben die Menschen hier silberhaltiges Kupfererz geschürft. Jetzt bewirtschaften sie nur noch das Land. Es ist zu zwei Dritteln bewaldet. Werden sie satt? Die Bäuerin auf der Alp Richtung Innerferrera bietet uns etwas zu Trinken an. Das ist nett, aber wir haben einen kleinen Umweg eingeplant. Wenn wir am Stausee Lago di Lei vorbeigehen, kommen wir durch ein kleines Stück Italien. Auf der Karte ist eine Hütte eingezeichnet. Wir hoffen, dass die Italiener nicht *Montag und Dienstag Ruhetag* machen so wie die Bündner. Am Brunnen in Innerferrera esse ich meinen spärlichen Brotkantenproviant auf. Ist die Gier körperlich oder psychisch bedingt? Hungrig geht's weiter. Wir verfehlen den Abzweig zum Lago di Lei. Ein Blick auf die Karte: Wir sind direkt dran vorbeigegangen. Das Licht ist so grell, sage ich, und ich besitze ja keine Sonnenbrille mehr. Aber ich erinnere mich: Den Abzweig habe ich gesehen. Hunger schwächt die Wahrnehmung.

Anstelle an Essen geraten wir auf die schöne, mit Naturstein befestigte Alte Averserstraße. Sie wurde 1895 gebaut. Sie führt durchs Aversertal und die Gemeinde Avers, die im oberen Teil liegt. Größtenteils über der Waldgrenze. Sie ist die höchstgelegene politische Gemeinde der Schweiz. Nicht einmal zweihundert Menschen leben auf fast hundert Quadratkilometern. Weil ihre Vorfahren Walser waren, sprechen sie mitten im rätoromanischen Sprachraum Deutsch. Sie sagen «Aaavers», ziehen das dunkel ausgesprochene A unendlich lang.

Die Straße ist ein breiter Fahrweg im Schatten der Hänge. Ein von Steinsockeln gehaltenes Geländer schützt vorm Abstürzen, Tunnel graben sich durch Felsen, Bogenbrücken führen über den Averserrhein, in den Wasserfälle stürzen, und

den Reno di Lei, der zum Staudamm fließt. Der Damm gehört der Schweiz, das Wasser staut sich in Italien. Wir begegnen keinem Menschen. Einmal hängt über uns die Fernstraße zwischen Felsen. Unterhalb der Straße sind riesige Abfangnetze gespannt. Autos, die von der Fahrbahn abkommen, sollen da hineinfallen. Mittlerweile ist früher Nachmittag. Mein Rucksack scheuert auf den Hüftknochen. Auf einmal. Warum das denn? Hüftknochen, ausgemergelt, Hunger. Wenn ich mich nicht täusche, habe ich auch zum ersten Mal auf dieser Reise weiche Knie.

Was hat die Wirtin vom «Walserstuba» in Cröt Heidi ges-

tern am Telefon gefragt? Möchten Sie Halbpension? Natürlich hat Heidi abgelehnt. Wir sind keine Halbpensionstouristen, wir wandern.

«Heidi, sag mal, ist in Cröt vielleicht auch Ruhetag? Kriegt man ohne Vorbestellung da heute gar nichts zu essen?»

Sie bleibt stehen.

«Was hat die Wirtin am Telefon noch gesagt? «

«Sie hat gesagt: Ich komme dann 18 Uhr und schließe Ihnen auf.»

Wir gehen gerade über eine abschüssige, matschige Wiese, da wagt Heidi einen großen Schritt. Ihr Rock reißt. Schon zum zweiten Mal. Sie hantiert mit Sicherheitsnadeln aus unserer Notfallapotheke. Ich stehe daneben und denke ans Essen. An Kübel voll nahrhaftem Bier. Um 16 Uhr kommen wir in Cröt an. Ein paar Wohnhäuser, das «Walserstuba» abgeschlossen. Wir könnten die Füße in den Fluss stecken. Wir könnten baden. Wir setzen uns auf eine Holzbank hinters Haus. «Sie müssen uns was zu essen geben», sagt Heidi. «Sie müssen.» Ich esse alle zerquetschten Balisto-Riegel auf, die ich noch im Rucksack finde. Immerhin stimmt jetzt der Insulinspiegel. Heidi sagt: «Ich kümmere mich drum.»

Wir überlegen, ob sie um eine Speise oder doch lieber um Bier bitten sollte. Sie sagt: «Den Zapfhahn kriegen wir auch alleine auf.» Sie hat die Angewohnheit der Schweizer, abzuschließen und den Schlüssel mitzunehmen, vergessen. Sie sagt, sie habe mal gelesen, dass sich das menschliche Gehirn im Laufe der Evolution auf Hungersnöte eingerichtet hat. Vom Unbewussten gesteuert, essen auch wir beide stets viel mehr, als wir brauchen, damit es für schlechte Zeiten reicht. Kurz vor sechs verschwindet die Sonne hinterm Berg, und Cröt wird schlagartig empfindlich kalt.

Die Wirtin tritt aus der Hintertür. War sie die ganze Zeit im Haus und hat uns trotzdem nicht eingelassen? Sie verkündet die Bedingungen. Wenn wir essen wollen, müssen wir ein ganzes Menü nehmen, Vorspeise, Nachspeise, Dessert, was auf den Tisch kommt, wird gegessen, macht 29 Franken pro Person, zusätzlich zum Zimmer, das kostet 130. Ein einziger langer Satz. Überredet.

«Noch zwei Menüs, wenn ich das meinem Mann sage.»

Im Heimatland von Milch, Butter und Schokolade habe ich kein Problem, vegetarisch durchs Gebirge zu kommen. Heute aber werde ich mit einem Menü zwangsernährt. Der Bratengeruch hängt schon in der Gaststube, als wir uns setzen.

«Entschuldigung, ich esse übrigens kein Fleisch.»

Außer uns ist nur noch ein Junge im Gastraum. Kaum volljährig, volle, rote Wangen, Jägeruniform. Sie zapft ihm gerade ein Bier. Geräuschvoll setzt sie den Kübel ab.

«Na, Sie machen mir Spaß!»

Wir essen die Vorsuppe, eine delikate, klare Gemüsebrühe, als in der Küche ein jähes Gebirgsgewitter losgeht. Es beginnt mit Donner, weil der Mann der Wirtin etwas zu Boden schmeißt. Dann schimpft er los. Er zischt, brüllt leise, scheppert geräuschlos, flüstert laut, macht lauter Sachen, die man gar nicht hinkriegen kann. Heidi und ich löffeln. Der Jägerjunge starrt in sein Bier. Die Wirtin kommt aus der Küche gelaufen, stützt eine Hand auf den Tresen.

«Alles gut?»

Der Jägerjunge hebt sein leeres Glas. «Gebst mer noch eins, Hella?»

Sie zapft, geht zurück in die Hölle, wo das Scheppern und Gezische augenblicklich weitergeht. Heidi flüstert: «Eigentlich würde ich jetzt gehen. Aber ich hab solchen Hunger.» Die Küchentür geht wieder auf.

«Mein Mann macht jetzt zu den Nudeln Gemüse, aber die Fleischsoße kann er doch drüber machen.»

War das eine Frage? «Nein danke», sage ich. Heidi zuckt zusammen. Ich rede weiter, irgendwas von Umständen, tut mir leid, nicht so viel Mühe machen.

«Sie können die Nudeln doch nicht trocken essen!»

Als ich das dann doch tue, steht sie hinterm Tresen und schaut zu. Die Hintertür schlägt auf. Schwere Schritte kommen übern Flur. Vier weitere Jäger. Es ist acht.

«Seit sieben warte ich auf euch», sagt Hella.

Aber es gibt keinen Ärger.

Es passt, dass dieser Tag mit Jägern endet. Schon als der

Mensch in den Alpen noch nicht leben konnte, haben die Jäger Frauen das Essen ans Feuer gebracht. Die fünf von Graubünden leeren zum Menü mehrere Flaschen Rotwein und nehmen dann noch einige Kräuterschnäpse. Vermutlich verzehren sie auch mein Fleisch. Die Wirtin hat die Männer zusammen mit uns in einer Wohnung im Obergeschoss untergebracht. Wir teilen uns das kleine Bad. Ich putze die Zähne, da kommen sie einer nach dem anderen schnapsbeschwingt übern Flur. Sie drücken die Klinke kurz und heftig, wie den Auslöser an einem großen Geschoss. Wie ein gehetztes Reh springe ich zu Heidi ins Doppelbett.

Dienstag, den 1. September

Im Wald wird geschossen, wir erwachen. Tatsächlich. Die Jäger haben das Badezimmer mit Zahnpasta bekleckert und sich klammheimlich auf die Pirsch gemacht. Die Wirtin hat den Frühstückstisch gedeckt. Kein Gatte in der Küche, sie ist allein. «Es wäre gut, wenn die was erlegen würden», sagt sie, «dann

haben sie heute Abend gute Laune.» Das Tal vervielfacht jeden Schuss. Vorm Haus parkt der Biertransport von «Calanda» und versperrt den Blick aus den kleinen Fenstern. Wenn die Jäger erfolgreich waren, merkt die Wirtin das beizeiten, weil der Metzger anrückt und hier auf sie wartet. Nach Bündner Tradition steckt im Maul des erlegten, ausgeweideten Tieres ein Tannenzweig, wenn die Männer es anbringen.

Die Jagdsaison in Graubünden dauert drei Wochen. Sie beginnt heute. Wer mit dem Gewehr in den Wald will, muss das jedes Jahr neu beantragen. Die Zulassung kostet 750 Franken. In anderen Kantonen ist sie viel teurer. Es werden nur Jäger zugelassen, die Steuern gezahlt und auch sonst keine Rechnung offen haben.

«Wenn einer sagt, dass er dieses Jahr nicht zur Jagd geht, dann weiß man, der hat keine Alimente gezahlt», sagt Hella.

Wer zehn Jahre gejagt hat, darf einen Steinbock schießen. Besser gesagt, er darf sich zum Steinbockschießen anmelden. Es gibt eine Warteliste. Wer an der Reihe ist, muss zuerst eine Geiß bringen, ehe er auf den Bock zielen darf. Zehn Jahre abwarten, sich auf der Liste gedulden und dann nur drei Wochen Zeit, um sich ans Nonplusultra durchzuschießen.

«Müssen wir uns heute im Wald vorsehen?», fragt Heidi.

«Die haben auch schon mal auf einen Mähdrescher geschossen, weil sie dachten, das wäre ein Hirsch», sagt die Wirtin.

Schüsse. Sie lassen sich nicht orten. Wir reden laut, queren überschaubare Wiesen. Murmeltierwachposten pfeifen. Sie stehen, wir stehen, aber wir wollen lieber weiter. Erst über der Waldzone fühlen wir uns vor den Jägern sicher. Das Gebirge wird kahler und das Gras auf den Wiesen härter. Hier oben werden wir bleiben und übernachten. Im Weiler Juf wohnen sommers wie winters dreißig Menschen, 2126 Meter überm Meer. Juf ist die höchstgelegene Siedlung Europas.

Im Jahr 1897 kaufte Ludwig Ganghofer ein Waldhaus im Gaistal am Wettersteingebirge in den Ostalpen. Im Innern stand ein großer Holztisch. Hier versammelten sich die Jäger, ehe sie mit dem Schriftsteller auf Jagd gingen. Das Revier, das zum Haus gehörte, war über 20 000 Hektar groß. Ganghofer, 1855 in Kaufbeuren im Allgäu geboren, war der Sohn eines Försters. Sein Vater machte Karriere, wurde Revierförster und schließlich Ministerialrat. Er war der oberste Forstbeamte Bayerns, eines Königreichs, das über die Hälfte seiner Einnahmen aus dem Wald bezog. Wald, so begriff der kleine Ludwig, machte mächtig.

Zunächst wollte Ludwig Ganghofer Maschinenbauer werden, dann aber wechselte er zu Literaturgeschichte und Philosophie. Er studierte in München und Berlin, promovierte in Leipzig. Er verfasste Lyrik, arbeitete am Theater in Wien, war Feuilletonredakteur, gründete die Münchner Literarische Gesellschaft. In seinem Jagdhaus im Wetterstein arbeiteten Dutzende Bedienstete. Er stattete die Almböden des Hochtals mit einer Kegelbahn und einem Tennisplatz aus. Im Ersten Weltkrieg wurde er Frontberichterstatter. Freiwillig. Er verbreitete heroische Nachrichten und rief noch kurz vor Kriegsende zum Durchhalten auf. Mittlerweile war er über sechzig. Ein Mann mit Kinnbart, gezwirbeltem Schnauzer und Nickelbrille. Seine Autobiographie war längst geschrieben. Sie hieß: «Lebenslauf eines Optimisten». Für Vorträge über seine Kriegserlebnisse zahlte man ihm bis zu 1500 Mark. Der Durchschnittsdeutsche rackerte für tausend Mark ein ganzes Jahr.

Schon vor seinen Kriegsauftritten war Ganghofer ein reicher Mann. So wie sein Vater es getan hatte, verdiente auch er Geld mit dem Wald. Er bewirtschaftete ihn nicht. Er schrieb drüber. In etlichen Heimatromanen gab er dem Wald das, was der einfache Schlucker, der von den Forsteinnahmen nicht profitierte, in ihm finden konnte: einen Sinn. «Schauen S' nur an, unsern Wald! Kanns denn was Schönres geben?», sagt Förster Kluibenschädl 1899 in «Das Schweigen im Walde». «Oft, wann mich's Leben völlig verdrossen hat, da hab ich mir gsagt: Marsch, Brüderl, naus in dein Wald, da verleidst es schon wieder! (…) Und wahr is gwesen. Wieder lustig bin ich worden. Noch jedsmal!»

Nach dem Ersten Weltkrieg hatten Ludwig Ganghofers versöhnliche Alpenromane in Deutschland Hochkonjunktur. Sie wurden dreißig Millionen Mal verkauft. Sie werden bis heute verlegt. Ganghofer ist einer der meistverfilmten deutschen Autoren. Und seit eh und je wird er angegriffen, nicht nur wegen seines Kriegseifers. Rezensenten attackierten ihn, Schriftsteller verarbeiteten ihn zur Spottfigur, Satiriker zogen über ihn her. Ganghofer ließ einfach seinen Förster sprechen: «Wann ich a Büchl lies, möcht ich mei' Freud dran haben. Dass ich's ganze Sauleben drüber vergessen kann! Und's Herz muss mir sein, als hätt's a frischgwaschnes Hemmed an und a Feiertagsgwandl! Sonst pfeif ich auf die ganze Dichterei!» Förster Kluibenschädl offenbarte, welche Absicht in den Ganghoferromanen steckte. Womit sie dermaßen Unmut auslösten: Sie erzählten, was die Menschen erzählt bekommen wollten.

Das Bergland in Ludwig Ganghofers Büchern war wie die Gesellschaft: rau. Aber, wenn man nur richtig hinschaute, auch so schön. Der Autor stattete Romanfiguren mit allem aus, was jeder normale Mensch besitzen kann: Häuslichkeit, Bescheidenheit, Ehrlichkeit. Die wunderbare Natur gab Glück und Gesundheit dazu. Natürlich existierten Missgunst, Gier und Eifersucht. Doch im Grunde war alles einfach. Fürst von Ettingen, der im Jagdhaus in den Bergen abgestiegen war, verliebte sich in «Das Schweigen im Walde» in Lolo Petri, ein Mädchen aus dem einfachen Bürgertum. Sie pflegte neben ihrer Hütte auf der Höhe einen wundervollen Garten mit Alpenblumen. «Wer Freude an der Natur hat, der hat auch immer ein gutes Herz», sagte sie. Leider zupften die Touristen ihr immer wieder das Edelweiß von den Beeten.

Ganghofer arrangierte die Alpen für die Leser so, wie die Fremdenverkehrsindustrie das Gebirge heute für Touristen inszeniert. «Verstaubter Schnee, den immerwährnder Schatten auch gegen die Sonne des Juli schützte, füllt mit zerrissenen Formen alle tieferen Buchten im Gestein, und von ihm aus ziehen, den lebenden Wald zersprengend, die Lawinengassen nieder mit verwüstetem Gehäng. (…) und wie eine letzte steinerne Weltgrenze, stolz und steil, erhob sich über diese grünen Wellen der gezahnte, stundenlange Grat des Wettersteingebirges, im Glanz der Sonne wie ein goldenes Gebild erscheinend. Je weiter die Wand sich hinzog, desto blauer tönten sich die Felsen, so dass sie in der Ferne mit der golddurchwobenen Farbe des Himmels in eins zerflossen.» In der Höhensonne holte sich Fürst von Ettingen einen heftigen Sonnenbrand. Lolo Petri eilte mit der Salbe herbei. «Wer in den Bergen lebt, ist das gewöhnt, dass man hurtig läuft, wenn der Nachbar ruft: ‹Ich brauche dich!›», erklärte sie. «Nun gar in solcher Einsamkeit wie hier. Da sind die Menschen, die sich begegnen, aufeinander angewiesen.» Im Grunde sprach Ludwig Ganghofer nicht anders als gut 150 Jahre zuvor Albrecht von Haller in seinem Gedicht «Die Alpen»: Die Menschen auf den Berghöhen leben ein einfaches, aber moralisch besseres Leben. Nur hatte sich die Alpengesellschaft seit Haller verändert. Bergbauern hatten es mittlerweile schwer zu überleben. Das schöne, selbstgenügsame, unverdorbene und bescheidene Naturleben gehörte längst zu den Alpenklischees.

Im Roman zündete der Jagdgehilfe aus Eifersucht auf den Fürsten den Wald an. Rings um Lolo Petris Hütte loderten die

Flammen. Der Einzige, der umkam, war der Brandstifter. Das Gute siegt, und das Böse zerstört sich selbst, erzählte Ganghofer unverzagt.

᠕᠕

Ein paar alte Walserkaten, ein paar Häuser aus Stein, Grasland, das sich buckelt und sträubt, Himmel, sonst nichts. Juf, weit oben. «Pension Edelweiss». Man gibt uns einen Schlafplatz im Keller. Eine steile Treppe, ein dunkler, kühler Gang. Eine Wand mit Gepäckschließfächern, die Türchen stehen offen wie bei einem ausgeraubten Weihnachtskalender. Im Damenwaschraum brennt gelbes Licht, die Spiegel sind halbblind, im Matratzenlager stehen metallene Doppelstockliegen. Heidi sucht die Taschenflasche. Mehrere Schlucke Schnaps. Zumindest haben wir den Schlafplatz in der Ecke am kleinen Fenster erobert. Hier gibt's Frischluft, und es stehen nur zwei Betten aneinander. Ansonsten nächtigt man hier unten zu viert und fünft auf einer Bettenetage.

Die Duschkabine ist eine schachtelartige Einbuchtung in der Kellerwand. Dreimal zwanzig Sekunden. Auf meinen Fersen wächst zarte, tiefrosa Haut. Sie sehen aus wie angemalt. Ich wünsche mir, dass das für immer so bleibt. Morgen steht uns die letzte hohe Gebirgswand im Weg. Meine Wunden sollen für immer sein. Das Wasser ist nur lauwarm, der dünne Strahl spült die Seife nicht ab. Für immer und ewig.

Wir setzen uns an den Hang, die Sonne steht schon unter uns, aber eine ganze Menge tröstliches Licht springt noch raus, ehe sie verschwindet. Jeden Wanderer, der sich Juf nähert, nehmen wir beim Anmarsch ins Visier. Es gibt nur ein Kriterium, das er zu erfüllen hat: Wollen wir mit ihm die Nacht im Matratzenquartier verbringen? Dafür, dass wir uns am oberen

Ende der Bettenwelt befinden, herrscht ein echter Zustrom an zerzausten Bärten, speckigen Hüten, komischen Kniehosen, in Wollmuster verpackten Waden. Bisher sind alle Wanderer durchgefallen.

«Das müssen Sie doch sagen!»

«Mach ich doch.»

«Ja, aber eher!»

Es geht schon wieder ums Vegetarische. Diesmal beichte ich meine Essbehinderung bereits am Nachmittag. Das Fleisch kann noch nicht im Topf sein. Scheinbar haben sie hier in den Bergen grundsätzlich ein Problem damit, wenn jemand eigene

Ansprüche formuliert. Bin ich unalpin? Stets geht's um Regeln. Sie stehen nirgendwo geschrieben, man muss sie kennen. Zum Beispiel die Regel, dass eine Nacht im Massenlager so spartanisch und ungesund wie möglich sein sollte. Die dunklen Matratzen sind allesamt fleckig. Auf den blau-weiß karierten Kissen erkennt man sogar im Mondlicht gelbliche Flüssigkeitsränder. Die Decken kratzen nicht nur, sie riechen. In Begleitung unserer Reiseschnapsflasche suchen wir nach den erträglichsten Modellen, besser gesagt, wir lassen uns von Farben täuschen. Wir halten Rot für besser als Grau und bevorzugen letztlich Orange, weil es nur in kleiner Stückzahl vorhanden ist.

Den Diskussionen der Alpenvereine um alpine Sitten fielen zu Anfang des letzten Jahrhunderts auch die Schlafräume für Damen zum Opfer. Zwar existierten Vorschriften, die Geschlechter in den Bergen zu trennen. Vor allem bei jugendlichen Wanderern. Aber der allgemeine Trend, sich wieder auf Einfachheit zu besinnen, war vielen Hüttenwirten ein willkommener Vorwand, sich nicht weiter drum zu scheren, wie trotz Platzmangels so etwas wie Übernachtungskomfort geschaffen werden könnte. Bergsteigerinnen beschwerten sich. Sie fanden im Massenquartier keine Möglichkeit, sich umzuziehen. Alpenwandern ist männlich. Schon vor hundert Jahren fiel den Frauen im Gebirge auf: Männer zögern nicht, vor breitem Publikum ihre Hüllen fallen zu lassen. Sie schämen sich auch nicht, verschwitzte Kleider und stinkende Socken im Schlafgemach zum Trocknen über die Bettgestelle zu hängen. Mit ihren Beschwerden darüber, was sie, fest zwischen zwei männliche Körper gepresst, in Hüttennächten so erlebten, lösten Schweizer Wanderinnen in der Mitgliederzeitschrift des Schweizer Alpen-Clubs eine Erotik-Debatte aus. Mancher Leser nannte, was geschah, *Zwangsintimität unter Bergsteigern.* Andere sagten: *asketische Hüttenbewirtschaftungspolitik.*

Punkt 18:30 Uhr steht oben das Nachtessen auf dem Tisch. Wir würden gern sehr langsam speisen, um die Kellerzeit zu verkürzen. Aber eine ungemütliche Wolke aus Fliegen hängt über unserem Tisch. Sie senkt sich und steigt hektisch auf, wenn wir um uns schlagen. Die Viecher plagen, sagt die Kellnerin, weil im letzten Winter der Boden nicht gefroren war. Sie zeigt nach schräg oben über die Bergkette vorm Fenster. Im Tessin könnten sie sich deshalb vor Wespen nicht retten. Das riesige Ei, das man mir zu den Kartoffeln gebraten hat, schmeckt köstlich, ich liebe Eier, und ich habe schon lange keine mehr gesehen. Aber dann fällt eine Fliege mitten rein. Sie rudert mit den Fliegenbeinen, ruiniert sich die Flügel, dann kippt sie ins schlabberige Eiweiß. Nach Schrecksekunden zieht Heidi mir prompt mein Abendbrot weg.

Mittwoch, den 2. September

Irgendwann in der Nacht stand ich unter freiem Himmel. Ich wollte alles Mögliche. Dass mir kalt wird und sich mein schauderhafter Lagerplatz zum willkommenen Unterschlupf wandelt. Dass die Zeit vergeht. Dass der Spuk vorbei ist und schlagartig der Morgen anbricht. Das Mondlicht leuchtete die Weite nicht aus. Die dunklen Berge rückten dicht an mich heran. Da waren Schatten, große und kleine, die sich rührten. Aber da waren keinerlei Geräusche. Die Luft bewegte sich, doch es ging kein Wind. Ich stand an der Öffnung des glazialen Trogtals, durch das wir nach Sonnenaufgang steigen würden, der finstere Ort hieß Juf, das da oben war der Himmel – und alles, was nicht Himmel war, lag tief unter mir. Ich floh. Und irgendwie muss ich dann tatsächlich noch eingeschlafen sein, bevor ich mit Heidi um 6:45 Uhr vor einem der halbblinden Spiegel stand, der uns bescheinigte, wie schlecht es uns aussehen ließ, was wir durchgemacht hatten.

Normalerweise bin ich auf Reisen morgens beim Aufwachen desorientiert. Ich überlege, wo ich mich befinde und was ich hier vorhabe. Auf dieser Reise ist das anders. Noch mit geschlossenen Augen gehe ich die Koordinaten des nächsten Streckenabschnitts durch. Ich habe schwierige Teilstücke und Ausweichvarianten parat. Und mehr und mehr schwant mir, dass ich es bald schmerzhaft vermissen werde, mich morgens sofort auf den Weg zu machen. Juf liegt noch im Schatten, das Tal ist erstarrt, als wir hinterm Weiler zweimal den Juferrhein queren. Er ist eher ein Bach als ein Fluss. Dann steigen wir über grobe,

steinige Alpweiden hoch zum Forcellinapass. Er befindet sich auf 2672 Metern. Hinterm Pass hält sich die Morgensonne auf. Wir drehen uns um. Der Schatten hat die Form des Bergmassivs, das wir gerade erklimmen. Er liegt langgezogen unter uns auf dem Talboden, wird von Minute zu Minute kürzer, und wir schauen ihm so lange zu, bis die Schattenspitze in der Ferne das «Edelweiss» mitsamt Juf freigibt. Beim Weitergehen werden wir immer wieder angepfiffen. Es wimmelt nur so von Murmeltieren. Angeblich sind deshalb hier im Averser Obertal internationale Murmeltierforscher zugange. In Juf erzählt man, sogar die amerikanische Weltraumbehörde hätte Experten hier.

Sie fänden heraus, welchen Einfluss die Nahrung der Tiere und das Fressverhalten auf ihre tadellose Winterruhe haben. Die Amerikaner, sagen die Leute in Juf, würden ihre Astronauten gern in murmeltierartigen Winterschlaf versetzen und dann auf den Mars schießen.

⋏⋏

Es gibt noch eine weitere Spezies in den Bergen, deren Verhalten immer wieder Fragen nach dem Wie und dem Warum auslöst. Sie hält sich ausgerechnet dort auf, wo der Mensch dem Gebirge beim besten Willen keinen Lebensraum abringen kann. Sie besteht aus Artgenossen, die sich diametral zur Erdanziehung bewegen, jener segensreichen Kraft, die uns ohne Aufwand miteinander im Leben stehen lässt. Senkrechte Wege nehmen diese Männer und Frauen, und sie nennen das «durch die Wand gehen». Sie streben in Höhen, in denen sie alles neu bedenken müssen, aber gar nicht genug Sauerstoff zum Denken einatmen können. Sie gieren nach Lebenserfahrung und riskieren dafür den Tod. «Fallen ist besser als erfrieren», hat Mitte des 19. Jahrhunderts einer von ihnen, der Südtiroler Michael Innerkofler, gesagt. Er starb mit 44 Jahren beim Sturz in eine Gletscherspalte am Monte Cristallo in den Dolomiten.

Im Juli 1937 schlugen vier Männer am Eiger in den Berner Alpen ihr Nachtlager auf: die Deutschen Andreas Heckmair und Ludwig Vörg, die Österreicher Heinrich Harrer und Fritz Kasparek. Soeben war ein Unwetter über sie hergefallen, Regenwasser in riesigen Schaumwellen. Der Felsengrund, auf dem sie sich betteten, war nass, kaum mehr als ein Fuß breit und abschüssig. Sie setzten sich und schlugen Haken ein, an denen sie ihre eigenen Körper wie Gepäckstücke festbanden. Doch immer noch drohten sie von der Felskante zu rutschen, die sich nicht am Fuße des Eiger befand, sondern knapp unterm Gipfel. Für die Deutschen war es die zweite, für die Österreicher bereits die dritte Nacht in der berüchtigten Eiger-Nordwand. Sie waren ausgezehrt, bis auf die Haut durchnässt und müde. Ihre Füße baumelten in einen Abgrund, der schon gefährlich ist, wenn man nur hineinblickt, da er den Gleichgewichtssinn attackiert. Sie waren jenseits des Möglichen, doch sie fanden eine Möglichkeit. Entleerten die Rucksäcke, befestigten sie ebenfalls, steckten die Füße hinein. Vier Männer baumelten, ein jeder an zwei Haken, 3700 Meter überm Meeresspiegel.

Vörg zog sich bequeme Schuhe an und kochte Kaffee. Er trank einen Schluck, ließ das Gefäß an einem Seil zu den Kameraden pendeln, und wenn es leer zurückkam, hatte er schon wieder neuen Kaffee gekocht. Harrer fand, dass das Schnurren des Kochgeräts reine Gemütlichkeit erzeugte. Kasparek hatte sich im Steinschlag einer Lawine die Hand aufgerissen. Der Schmerz muss kaum auszuhalten gewesen sein, jedoch war es noch schwerer zu ertragen, dass das Wetter auch die Zigaretten durchnässt hatte und er zum Abendkaffee keine rauchen konnte. Heckmair schlief irgendwann ein. Er hatte sich mit dem Steigeisen im Eis verankert und an den breiten Rücken von Vörg gelehnt. Harrer nahm wahr, wie sein Körper ruhte, fast wesenlos im Rucksackbiwak hing. «Es ist hier wohl wie überall im Leben», erzählte er später. «Aus dem Kontrast wächst die Beglückung.»

Zum Klettern in der steilen Wand braucht der Mensch leichte Kletterschuhe und Absicherungen im Abstand von wenigen Metern. Er fahndet nach Halt und Gleichgewicht, probiert Bewegungen aus. Manche gelingen, oft irrt sich der Mensch und sucht weiter. Klettern können ist Voraussetzung, um Bergsteiger zu sein. Bergsteigen ist ein Höhenabenteuer auf Fels und Eis und in schweren Schuhen, mit Steigeisen,

Eispickel und einem Seil. An kritischen Passagen sichern sich Bergsteiger gegenseitig, ansonsten vermeiden sie es, sich an den anderen zu binden und ihn womöglich mitzureißen. Auch in der Gruppe ist Bergsteigen ein Alleingang. In außergewöhnlichen Situationen auf sich selbst zurückgeworfen, erfährt der Mensch, wie es ist, ein Mensch zu sein. «Wir steigen in einen Zustand unseres Daseins hinein, den es im Flachland, unten in den Städten nicht mehr gibt», sagt der Südtiroler Bergsteiger Reinhold Messner. Sehen, Tasten, Hoffen. «Verstrickt in unsere selbst verursachten Probleme, klettern wir weiter und weiter, auch tiefer hinein in eine selbstverschuldete Angst.» Und: «Der Instinkt, der uns sagt, was möglich ist, verfeinert sich an der Grenze unseres Könnens.»

Der Brite Doug Scott, Höhenbergsteiger und einst Präsident des British Alpine Club, unternahm 35 Expeditionen zu den hohen Bergen Asiens. Er sagt: «Beim Bergsteigen erlebt der Mensch (…) über lange Perioden hinweg extremes Unbehagen und größte Ungewissheit, und er gelangt so nahe an die Grenzen seiner Belastbarkeit, dass sich seine Verfassung unweigerlich verändert.» Fern der Zivilisation, wo jede Tour tödlich enden kann, immer Zweifel dabei sind und niemand Sicherheit offeriert, scheinen Erkenntnisse schlicht einleuchtender zu sein. Da unterlässt es der Mensch, sinnvolle Ermüdungsbarrieren einfach wegzuräumen, wie er das sonst im Leben tut. Da findet er das Zurückkommen wichtiger als das Hochkommen. «Wo alle Probleme gelöst sind, ist Lebenskunst nicht gefragt. Es ist schließlich die Begrenztheit des Menschen, ja seines Lebens, die Grenzgänger aller Zeiten das Möglichkeitsfeld nach zeitgemäßen Herausforderungen abtasten lässt», sagt Reinhold Messner. «Vielleicht lehrt uns das extreme Klettern, (…) die Abgründe unserer Freiheit wenigstens zu akzeptieren.» Und er fügt hinzu: «Hinterher, im Tal, fehlt mit dem Abgrund auch die Handlungsnotwendigkeit. Hinterher ist alles banal.» Messner schreibt Bücher, hat den Regisseuren Werner Herzog und Joseph Vilsmaier Spielfilmideen geliefert, saß für die italienischen Grünen im Europaparlament, betreibt das «Messner Mountain Museum». Er ist Mitte sechzig. Das Überleben, sagt er, habe er auf den Berg verlegt. Unten, in der modernen Mediengesellschaft, geht er mit Worten so gekonnt um wie mit Steilwand, Eis und Höhe. Er kann nicht anders als kämpfen: gegen die Zerstörung der Alpen durch den Menschen, gegen den Verfall des traditionellen Bergsteigens, um Meinungshoheit. Die Sommer verbringt er auf seinem Schloss im Vinschgau. Es ist immer irgendwo oben. Das Unten ist die ewige Heimkehr. «Den Bezug zu den Menschen fand ich in Momenten des Zurückkommens nicht», erzählt er in seinem Buch «Westwand. Prinzip Abgrund».

Sind Bergsteiger normal? Im Juli 1938, am Tag nach dem Biwak auf dem Felsvorsprung, gelang es Heinrich Harrer und seinen Kameraden tatsächlich, die Eiger-Nordwand, die viele Männer zuvor das Leben gekostet hatte, zu durchsteigen. Ehe Harrer im Jahr 2006 mit 93 Jahren verstarb, schrieb auch er Bücher. Eines davon war «Die weiße Spinne: Das große Buch vom Eiger». «Ich kann mir keine normaleren Menschen vorstellen als meine drei Freunde», heißt es dort. «Gewiss, die Situation, in der wir uns befinden, ist außergewöhnlich. Aber die Art, wie sie auf das Außergewöhnliche reagieren, ist völlig normal.»

Reinhold Messner verteidigt Bergsteiger und Kletterer vehement gegenüber all jenen, die leichtfertig Urteile fällen, Verrückte oder Helden aus ihnen machen, anstatt sich auf unsicherem Terrain zu Antworten vorzutasten. Vor vielen Jahren jedoch scheute er sich, die Mutter eines Kletterkameraden zu besuchen. Ihr Sohn war tödlich abgestürzt. Mitten in der

Zivilisation stieß Messner an seine Grenzen. «Wie hätte ich ihre Fragen beantworten und wie ihre Trauer ertragen sollen? Was hätte ich ihrem ‹Warum?› und ‹Wie?› entgegenzusetzen gehabt?»

Im Jahr 1786 wurde der Mont Blanc, der höchste Berg der Alpen, bestiegen. Zwischen 1850 und 1885 erreichten Menschen nahezu jeden Gipfel des Gebirges. Bergsteiger waren zunächst nur Männer. Sie kletterten zum Vergnügen, nicht für Geld und Ruhm. Mit Beginn des 20. Jahrhunderts zogen sie an noch höhere Berge überall auf der Welt. Mitte des Jahrhunderts waren einige schon besser ausgestattet als andere. Bessere Ausrüstung – weniger Gewicht, stärkere Seile, Haken und Karabiner – teilte auch die Gesellschaft am Berg in zwei Klassen. In den Alpen wurden neue Schwierigkeitsgrade gesetzt, und es begannen die Winterbegehungen berühmter Wände, Grate und Pfeiler. 1961 wurde die vereiste Eiger-Nordwand, 1962 die Matterhorn-Nordwand, 1963 der Walkerpfeiler bezwungen.

Obwohl sich das Bergsteigen seinem Wesen nach eigentlich strikt verweigert, Anweisungen von außerhalb des Gebirges entgegenzunehmen, obwohl Bergsteiger nichts weiter berücksichtigen sollten als ihr Gespür und die fürs Überleben notwendigen Erkenntnisse, waren sie doch immer auch Angehörige der Welt jenseits der Berge. Männer, die was draufhatten, und Männer, die nichts hatten. Wie zum Beispiel die vielen arbeitslosen Briten, die in der zweiten Jahrhunderthälfte loszogen und mit etwas Sozialhilfe in der Tasche im Gebirge ihr Ego auslebten. Gipfelkämpfe führten stets zur Heldenverehrung. Und sie wurden Ideologie. «Nachdem 1867 vier Kletterer bei dem berüchtigten Absturz am Matterhorn ums Leben gekommen waren, soll Königin Viktoria ihre Minister befragt haben, ob sie eine rechtliche Handhabe besäße, das Bergsteigen wegen seiner Gefährlichkeit zu verbieten», erinnerte sich der amerika-

nische Arzt und Bergsteiger Charles Houston in dem Buch
«Stimmen vom Gipfel», in dem etliche große Gipfelstürmer
Anfang dieses Jahrhunderts versuchten, sich untereinander
über das, was sie tun, zu verständigen. «Als hingegen 1934 drei
berühmte Deutsche und sechs Sherpas in einem Unwetter am
Nanga Parbat starben, bezeichnete Hitler die Deutschen als
Helden und verlieh posthum Medaillen.»

Die zwei Deutschen und die zwei Österreicher, die 1938 als
erste die Eiger-Nordwand bezwangen, wurden auf dem Deutschen Turn- und Sportfest in Breslau heldenhaft geehrt. Hitler
empfing sie höchstpersönlich. Es war das Jahr des Anschlusses
von Österreich an Deutschland.

Mit der ersten britischen Expedition zum Mount Everest
im Himalaja im Jahre 1921 wurden Männer der Sherpas, eines
buddhistischen Bergvolkes, das seit Generationen in Dörfern
auf bis zu über 4000 Metern gelebt und sich physiologisch
den harten Bergbedingungen angepasst hatte, als Bergführer
angeheuert. Die neue Art, Geld zu verdienen, veränderte die
Kultur dieses Volkes von Grund auf. Seit Generationen ist
sein Überleben an den nicht nachlassenden Everest-Ansturm
gebunden. Am besten bezahlt werden die Begleiter der Gip-
felmannschaften. In den neunziger Jahren verdienten sie pro
Einsatz 1400 bis 2500 Dollar. Die Gefahr, auf dem Berg ihr
Leben zu lassen, ist allerdings auch für sie nicht gering. Unter
den Toten, die der Everest bisher gefordert hat, sind mehr als
ein Drittel Sherpas. Einst wurde der Himalaja das Domizil der
Bergsteiger genannt. Heute sagt man: Es ist der Arbeitsplatz
der Bergführer. Auch in den Alpen, am Ursprung des Alpinismus, entstand ein neuer Arbeitsmarkt. Brutale Konkurrenz
zwischen Führern verschiedener Nationen, Tälern diesseits
und jenseits eines Berges wurde gang und gäbe.

Die Geschichte des Bergsteigens in den Alpen verläuft nicht

anders als die Geschichten der Besiedlung, des Tourismus und des Verkehrs. Der Mensch kam, sah und siegte. Und der Mensch ist auch der Verlierer. Irgendwann unterließen einige Kletterer es, Haken in den Fels zu schlagen. Sie stiegen sogar wie Männer von der Müllabfuhr in die Wände, um Hinterlassenschaften zu entfernen. Sie fürchteten um das Antlitz der Natur. Manche Routen waren wie Hauptverkehrsstraßen ausgestattet. Und die Bergsteiger fürchteten ums Bergsteigen. Zukünftige Kletterer sollen die Felsen wieder unberührt vorfinden. Das war kein Gesetz, sondern Credo. Kaum jemand fühlte sich verpflichtet.

Wer auf Gipfel strebt, klettert nicht einfach anderen, die bereits oben waren, hinterher. Er muss höher hinaus. Kletterwettbewerbe kamen in Mode. Es ging um Technik und Schnelligkeitsrekorde. Berge wurden Parcours, mit so viel Material ausgestattet, dass die jungen Kletterer sich ganz auf Griffe und Tritte konzentrieren konnten. Ein Sturz bedeutete nicht mehr unbedingt ihren Tod, denn Retter standen bereit. Sie trieben in der Wand Sport. Klassisches Bergsteigen war das nicht mehr. Es war aber auch keine Krankheit. Eher ein Charakterzug. Und es war vererbt. Denn auch die Bergsteiger der alten Schule kamen auf Ideen. Sie durchstiegen zu zweit die Eiger-Nordwand in nur zehn Stunden. Dann allein. Dann allein in knapp fünf Stunden. Dann in Begleitung einer Filmkamera. Dann in Begleitung einer Frau. Dann stieg eine Frau allein – und zwar im sechsten Schwangerschaftsmonat. Auch alte Bergsteiger wollen überall die Ersten sein. Sie gehen solo auf Berge, auf denen man bislang zu zweit gewesen ist. Sie überschreiten Berge, auf denen man bislang oben umkehrte. Sie erklimmen alle vierzehn Achttausender. Sie gehen allein auf den Everest, ohne künstlichen Sauerstoff auf den Everest, ohne Begleiter auf den Everest. Die erste Frau steht oben, die erste Französin, die erste Japanerin.

Die erste Frau der Welt gelangt auf zwölf Achttausender. Man steigt in einem Sommer in alle großen Nordwände der Alpen. Schließlich rennt man um die Wette auf den Everest. Ein 25-jähriger Sherpa brauchte 2003 nur zwölf Stunden und 45 Minuten. Man nannte das Schnelligkeitsrekord. Die alten Bergsteiger behaupten, sie suchten nach Lebenserfahrungen und setzten sie um. Reinhold Messner sagte kürzlich im Fernsehen: «Ich erfinde den Berg neu.» Er kämpft und er siegt. Und er findet immer Worte.

Es heißt, Bergsteiger zuckten einst zusammen, wenn man ihr Tun als Sport bezeichnete. Der angesehene amerikanische Bergsteiger Yvon Chouinard hat kein Problem, es Sport zu nennen, was er tut. Jedoch. Im Buch «Stimmen vom Gipfel» sagt er: «Es ist vielleicht unrealistisch zu denken, dass wir zu dem zurückkehren können, was das Bergsteigen oder Skifahren in den Dreißiger- oder Vierzigerjahren war, aber wir müssen nicht ständig die Spielregeln ändern, damit sich der Sport weiterentwickelt. (…) Stellen Sie die Technologie in Frage. Lehnen Sie das Unnötige ab. Lassen Sie Raum für unerwartete Entdeckungen durch glückliche Zufälle.» Und er gab den Rat weiter, den er beim Bergsteigen beherzigt: Dreh dich um und geh einen Schritt nach vorn!

Der schlichte Alpinstil – in sehr kleinen Gruppen losgehen, ein kompliziertes Problem durch höchstes Können, geringste Ausrüstung und optimale Grundeinstellung auf einfache Weise lösen sowie bestimmte Herausforderungen denen überlassen, die fähiger sind als man selbst – bekam durch die «Stimmen vom Gipfel» einen betörenden Glanz. Wer in den Bergen nicht ausgesetzt ist, ist kein Grenzgänger, sondern ein Tourist. Der Hubschrauberrettungsdienst ist ein Segen, doch mit ihm ist auch die Eiger-Nordwand – wo Kletterer bis heute gerissene Seile, Schuhe, Ausrüstung der Toten finden und stets umkehrten, wenn sie auf eine Leiche stießen, um sie würdevoll zu bergen – nicht mehr das, was sie einmal war. Der Brite Ed Douglas schrieb in dem Band: «Das Hauptmotiv für das Bergsteigen in den Neunzigerjahren und in unserer unmittelbaren Gegenwart ist das Alles haben Wollen des Konsumdenkens: nicht so sehr eine Lebensphilosophie als vielmehr das gänzliche Fehlen einer solchen.» Auch er war in den achtziger Jahren mit ein paar Pfund Stempelgeld in der Tasche in die Berge gezogen. «Sich an den Fels zu seilen, verbeulte Autos zu fahren und in Höhlen zu pennen, genießt heute nicht mehr das gleiche Ansehen. Die Anti-Establishment-Qualität des Kletterns ist etwa zu der Zeit verloren gegangen, als McDonald's seinen milliardsten Hamburger verkaufte.»

Welche Qualität muss ein Bergsteiger haben? Die Frage zielt aufs Publikum. Es ist längst eng mit dem Metier verwoben. Die erlesene Menge an Schaulustigen, die auf der Kleinen Scheidegg am Eiger schon immer live dabei war, hat sich mittlerweile durch Zeitungen, Fernsehen und Internet auf die ganze Welt ausgedehnt. Auch die Wettkampfkletterin Catherine Destivelle äußerte sich in «Stimmen vom Gipfel». Sie hatte 1983 als erste Frau allein die Eiger-Nordwand auf der Route von 1938 durchstiegen und war dabei von einer Hubschrauberbesatzung gefilmt worden. Mitautor Greg Child erinnerte sich an den engen Dress, den sie getragen hatte, und wie erregend sie sich darin an den Kalksteinwänden bewegt hatte: «Jedem Bergsteiger, der eine Expedition mit einer Fernsehdokumentation finanziert hat, ist klar, dass es auf dem Berg so etwas wie Cinéma vérité nicht gibt. Nicht der Film ist hier auf das Klettern ausgerichtet, sondern das Klettern auf den Film.» Child sagte, seine Kollegin sei für Sponsoren zum einträglichen Sexsymbol geworden. «Inzwischen sind die besten Bergsportler der Welt und die besten Besteigungen diejenigen, über die man nie etwas liest und von denen man weder im Fernsehen noch im Internet etwas sieht.»

Das Publikum reagiert – und löst einen Gipfeltourismus aus. Schon das Matterhorn hat ein Müllproblem, obwohl man schneller mal hochsteigen und aufräumen kann. Am Mount Everest hingegen sind die Routen von leeren Sauerstoffflaschen und Ausrüstungsgegenständen gesäumt. Wegen Überfüllung und Umweltverschmutzung hat die Regierung von Nepal die Gipfelgebühr vor Jahren von zehn- auf fünfzigtausend Dollar angehoben. In Zeiten des Sponsorings und des Kostensplittings ist das auch in den Bergen für Expeditionen kein Problem. Die japanische Bergsteigerin Junko Tabei erstellte 1999 eine Studie vom Berg. Sie vermutete zwischen 290 und 1115 Tonnen Müll in der Everestregion. Und sie führte aus: In großen Höhen beträgt die Urinmenge, deren sich ein einzelner Bergsteiger entledigt, über zwei Liter pro Tag. Etwa fünfzig Tage hält sich jeder durchschnittlich am Everest auf. Eine große Expedition mit 22 Leuten und 48 Sherpas hinterlässt annähernd eine Million Liter.

Auch berühmte, erfahrene Bergsteiger führen Expeditionen mit Nichtbergsteigern auf den höchsten Berg der Welt. Kann man in der Todeszone wirklich für jemanden anderes die Verantwortung übernehmen? Der US-amerikanische Journalist John Krakauer, der 1996 als Berichterstatter an einer Expedition teilnahm, schrieb, er habe oben die geistigen Fähigkeiten eines Kleinkindes besessen. Messner sagt, es gäbe dort keine verlässliche Verbindung zwischen Fühlen, Erkennen und Speichern. Krakauer erwähnte eine japanische Expedition, die oben einer anderen ihre Hilfe verweigerte. Oberhalb von 8000 Metern wäre nicht der Ort, wo Leute sich so etwas wie Moral leisten könnten, soll der Leiter gesagt haben.

Der Brite George Mallory, der bei den ersten Olympischen

Winterspielen in den Alpen für seinen gescheiterten Everest-Versuch eine Medaille überreicht bekam, soll im selben Jahr einen Journalisten abgewimmelt haben; Mallory war genervt, weil er dem Berichterstatter allen Ernstes erklären sollte, warum er erneut auf den Berg wollte. Er antwortete: «Weil er da ist.» Es heißt, die Expedition von 1924 sei die erste gewesen, die weltweit von den Medien beäugt wurde. Bis heute wird Mallorys Satz von den großen Bergsteigern gern zitiert, auch in «Stimmen vom Gipfel». Der Australier Greg Child gesteht zudem, was sie alle seitdem umtreibt: «Eintauchen in die Glitzerwelt des Profisportlers oder Amateure bleiben?» Der Brite kehrte 1924 nicht vom Everest zurück. Nachdem Bergsteiger ihn 1999 im Eis unterhalb des Gipfels fanden, wurden Fotos von der Leiche an Zeitungen und Zeitschriften aus der ganzen Welt verkauft.

1996 kamen auf dem Mount Everest neunzehn Menschen ums Leben. Mit einem der Sterbenden am Südgipfel war das Basislager stundenlang über Funk verbunden. John Krakauer, der sich im Lager aufhielt, berichtete davon. Man rief die schwangere Frau des Bergsteigers in Neuseeland an und stellte sie zu ihm nach oben untern Himmel durch. Ihr Mann bekam im Eissturm kaum noch Worte heraus. Reinhold Messner erzählt in einem seiner Bücher, die ganze Welt konnte über Rundfunk das Gespräch mithören. Im Jahr 2007 besuchte die zehnjährige Tochter, die den Vater nicht mehr kennengelernt hatte, das Basislager. Die Presse war wieder mit dabei. Bergsteigen in Form einer Nachricht, verfilmt oder als Reportageliteratur ist einfach faszinierend. Charles Houston schrieb: «Wie andere Sportler haben auch viele der besten Bergsteiger der Welt lohnende Karrieren als Autoren, mit Vorträgen oder in der Produktwerbung gemacht. Daran ist nichts Schlechtes – aber es passt irgendwie nicht gut zum Bergsteigen.»

Die Bergsteigerstimmen sprechen von der Krise des Bergsteigens. Sie diskutieren darüber, ob Sauerstoffflaschen, Magnesia und Handys auf den Berg gehören. Sie verteidigen die Seilschaft, diese simple Vereinigung zweier Menschen oder mehr, die Verantwortung teilen und zugleich nur jeder für sich selbst verantwortlich sein können, gegen die Romantisierungen durch Menschen, die nie an diesem zugleich physischen und emotionalen Band in einer Wand gehangen haben. Sie verteidigen die Einsamkeit und den tödlichen Abgrund. Ihr egoistisches Tun fern der Zivilisation gegen den zivilisatorischen Versuch, es moralisch zu bewerten und Regeln aufstellen zu wollen. Sie bringen das Wort Ethos ins Spiel. Darf man einfach irgendwo hinauf, ohne sich wirklich im Hinaufsteigen zu verstehen? Der kanadische Ethnologe Wade Davis sagt, «dass jeder, der etwas Fremdes erleben möchte, die Verpflichtung hat, sich kundig zu machen». Und: «Als Bergsteiger und Kletterer haben wir eine ganz besondere Verpflichtung, denn allein das Erreichen unserer Ziele bedeutet zugleich die Verletzung von etwas Heiligem.»

Als Heinrich Harrer, Fritz Kasparek, Anderl Heckmair und Ludwig Vörg 1938 nach 85 Stunden in der Nordwand auf dem Gipfel des Eiger ankamen, waren sie weder erfreut noch erlöst oder im Siegestaumel. «Unsere Sinne sind zu abgestumpft, unsere Körper zu müde», schrieb Harrer. Sie standen gebückt, weil der Sturm fegte, sie mussten Eiskrusten aus ihren Gesichtern entfernen, um einander sehen und um atmen zu können. Sie drückten sich nur stumm die Hände. Im Abstieg brach Anderl Heckmair plötzlich zusammen. Harrer schrieb: «Nicht körperlich, sondern seelisch. Er geht mechanisch weiter, er klagt nicht. Aber hat die Führung abgegeben. (…) Die ungeheure Nervenanspannung, unter der er über Tage und Nächte hinweg in der großen Wand gelebt hat. (…) Jetzt darf er wieder ein gewöhnlicher Mensch sein. (…) Der Gummizug seiner Überhose ist gerissen. Die Überhose fällt ihm herunter, zieht die Berghose mit. Immer wieder richtet Anderl seine Beinkleider, immer wieder rutschen sie herunter. Der Mann, der im Sturz in der vereisten Rinne blitzartig reagierte und so alle vor der Katastrophe bewahrte, wird nun fast zur Verzweiflung gebracht durch einen gerissenen Gummizug. (…) Und er hat das Recht zu fluchen, jetzt da (…) wir einmal wieder 200 Meter emporsteigen müssen, weil ich mich im Nebel und Schneetreiben in der Wegführung geirrt habe.»

᙭

Die Walser aus Juf und dem hinteren Avers haben den Weg, den wir einschlagen, regelmäßig zurückgelegt. Noch im 19. Jahrhundert zogen sie mit ihrem Marktvieh hier entlang bis Mailand, wo sie Reis, Getreide und Wein aufluden. Sicher haben sie wie wir auf dem Forcellinapass gerastet. Ganz sicher haben sie sich aber nicht wie wir benommen. Wir haben gestanden. Minutenlang, eine lange Weile. Eine prächtige Gesteinsmasse lag uns im Weg, Wolkenstücke kringelten sich um ein paar der Berge, die dadurch wie Räucherkerzen aussahen. In der Ferne glitzerten Schneefelder. Aber wir haben nichts gesagt. Heidi nahm die Karte, faltete sie auf. Ich glaube, sie hat nicht wirklich draufgesehen.

Unsere Verfassung ist abschüssig. In der linken unteren Ecke der Karte werden wir heute schlafen. Und dann hole ich noch eine weitere Karte aus dem Rucksack. Sie schließt an diese hier an. Sie sieht aus wie gebügelt, die Schrift ist noch zu erkennen, und wenn man sie ausbreitet, liegt sie nicht glatt, sondern bäumt sich an den Faltlinien auf. Es ist die letzte. Italien.

Hinter Forcellina schmiegt sich der Trampelpfad ans schrof-

fe Gelände. Es ist ein Segen, wie eben der Weg über den Septimerpass führt. Es war mein sehnlicher Wunsch, stundenlang
über die alte Römerstraße, die mit Steinen gepflastert ist, die
aussehen wie große Kartoffeln, in die Talschaft Bergell ab-
zusteigen. Es ist traurig, auf die Ecke links unten zuzulaufen.

Auf dem Kartoffelpflaster der Römer knicken die Füße trotz
fester Schuhe in alle Richtungen weg. Über eine Stunde lang.
Die Knie müssen das Gewicht übernehmen und die Beschleunigung auf dem abschüssigen Gelände austarieren. Schmerzen.
Wir laufen über Casaccia, Vicosoprano, Stampa, Promontogno
lange auf ebenem Weg durchs Tal. Schmerzen, immer noch.

Wir steigen die Fahrstraße nach Soglio hoch. Das Dorf liegt am Waldhang und besteht aus engen Gassen, Häusern mit Mauern aus übereinandergeschichtetem Felsgestein, schiefen Treppen und Schatten. Es sieht aus wie eine wehruntüchtige Festung. Das kleine, steinerne Verlies am Festungseingang nennt sich Touristeninformation. Die Frau, die drinsitzt, malt Soglio auf einen Zettel. Striche und Vierecke und ein Kreuz. Dort sollen wir nach einem Bett fragen. Schmerzen. Ob sie dort anrufen und nachfragen kann? Nein, sagt sie, es gehe hier sowieso niemand ans Telefon.

Soglio wird die «Perle des Bergell» genannt. Wahrscheinlich

ist der Name so alt wie die Häuser. 130 Menschen leben noch im Dorf. Es ist verloren. Wir treffen eine einzige Person. Die Frau trägt eine Gießkanne. Wir zeigen ihr den Zettel mit dem Kreuz. Sie ist unsere Wirtin. Und da fängt es auch schon an zu regnen. Erst sprüht es nur, dann hängt am späten Abend ein weicher Wasservorhang in der Dunkelheit. Es blitzt und donnert. Zuckende Rinnsale vereinen sich in den Gassen. Untergangsstimmung.

Nachts öffnen sich am Himmel alle Schotten.

Zwanzigster Tag: **Von Soglio nach Chiavenna**

Donnerstag, den 3. September

Das Gebirge hat einen anderen Aggregatzustand angenommen. Es steht nicht mehr starr und introvertiert und probt mit geheimnisvollen inneren Kräften. Wir können es hören, als wir noch in den Betten unseres dunklen Festungsgemachs liegen. Es fließt.

Unsere teure Regenbekleidung enthält Hinweise der Hersteller, wie lange sie an einem Tag wie dem heutigen durchhält. Man kauft sozusagen Regenstunden. Man gibt viel Geld aus für viel schlechtes Wetter. Wir verpacken uns nach Packungsbeilage, kontrollieren gegenseitig, ob das Gepäck geschützt ist, dann patschen wir durch Soglio. Heute müssen wir immer nur geradeaus. Chiavenna liegt am anderen Ende des Bergell, nur dass das Tal hinter Castasegna zu Italien gehört und dann Val Bregaglia heißt. Der Fluss am Talboden nennt sich Meira. Er ist mit uns vom Septimerpass gekommen, und bis zum Lago di Como werden wir uns mehr und weniger dicht an seinem Ufer halten, das dann aber das Ufer der Mera sein wird. Hinter Soglio wollen wir hinauf. Wir wollen höher laufen. Aber das scheint unmöglich zu sein. Von oben stürzt die Substanz der Berge zu Tal. Braune Soße rinnt über Felsen und Hänge, quillt über unseren Weg und weiter abwärts zum Fluss. Wir sollten in den Kastanienhainen Schutz suchen.

Weil die Dreitausender steil das Bergell säumen, gelang es den Menschen hier nie, Getreide großzuziehen. Allein die Kastanienbäume krallten sich hartnäckig in die Wiesen. Sie genossen die Wärme, tapezierten mit üppigem Laub das Tal und trugen wacker bis zu zweihundert Kilogramm Früchte, die sie erst im Oktober dem Gebirgswind überließen, der sie zu Boden schleuderte und mit bunten Blättern bedeckte. Die Europäische Esskastanie wird mehrere hundert Jahre alt. Sie ist ein Baum des Südens. Wo ihre Früchte, die süßen Maronen, gedeihen, wächst auch der süße Wein.

In den südlichen Schweizer Alpentälern war die Marone, die zu 43 Prozent aus Stärke besteht, ein Volksnahrungsmittel. Sie wurde gedörrt, gemahlen und mit Roggenmehl zu Baumbrot verbacken. Sie wurde gegart, getrunken und zu Süßigkeiten verarbeitet. Ein einziger Baum ernährte einen Menschen. Mit der Luganer Verfügung wurde im Jahr 1778 das Fällen von Kastanien unter Strafe gestellt. Die Menschen handelten mit den Früchten der Bäume, entrichteten mit ihnen ihre Abgaben, und Gerichte verfügten, Schuld mit Maronen zu begleichen. In dichtbesiedelten Gebieten des Landes, wo die Schweizer kaum satt wurden, galt das «Jus plantandi», das Pflanzrecht. Familien durften auf öffentlichem Grund so viele Kastanien setzen, wie sie wollten. Die Bäume wurden an Kinder und Enkel vererbt und machten über Generationen hinweg Mittellose zu Besitzern.

Ab dem 18. Jahrhundert verdrängte die Kartoffel die Esskastanie vom südeuropäischen Speiseplan. In den südlichen Alpen verzehrte man Maronen nach wie vor, doch brachten sie kein Einkommen mehr und keine Sicherheit. Mitte des 20. Jahrhunderts fiel der Kastanienrindenkrebs über den Südrand des Gebirges her. Er fraß sich ins Gewebe der Bäume. Regen, Wind, Insekten und Vögel verteilten ihn rasch über den ganzen Bestand. In den fast fünfzig Jahren, in denen die Kastanien an den Hängen des Bergell mit der Krankheit kämpften, wurde das alltägliche Leben, das die Menschen im Tal einst mit den Bäumen geführt hatten, endgültig zur bloßen Erinnerung.

Wie vielerorts im Gebirge nennt man heute auch im Bergell das, was das Alpendasein einmal ausgemacht hat, Tradition. Vor einigen Jahren fanden sich Menschen, die Geld auftrieben, um die Tradition zu retten. Sie kletterten in die alten Kastanien, ästeten Kronen aus und pflegten die Haine, während sich die Bäume langsam erholten. Heute sind sie prächtig wie Museumsstücke und tragen große, malerische Früchte. Hinter Soglio steht der größte geschlossene Kastanienwald Europas. Einst war er 120 Hektar groß, heute bedeckt er noch knapp die Hälfte. Rund zwanzig Kastanienbauern leben noch in Soglio, ein paar mehr in Castasegna, dem Ort weiter westlich an der Grenze, der seinen Namen der Kastanie verdankt. Mehrmals im Jahr mähen diese Bauern die Matten, um im Herbst die Maronen drin finden zu können. Während der Oktoberwinde streifen sie durch die Haine, um gefallene Früchte vor Rehen, Dachsen und Würmern zu sichern.

Während die Tiere von den Früchten leben, feiern die Kastanienbauern mit ihnen im Grunde nur noch ein Fest. Sie wässern sie neun Tage lang und genießen es, wie fest jeder Handgriff noch in der Erinnerung sitzt. Dann rauchen wochenlang die Dörrfeuer, und das ganze Bergell duftet nach Kindheit. Die Bauern schlagen Jutesäcke voll trockener Früchte über einen Hackstock, bis sich die Schalen gelöst haben. Oft kommt die ganze Familie zusammen. Alte Küchenrezepte werden hervorgeholt, Nudeln, Suppen, Fleisch mit dem Geschmack von früher versetzt. Das süße Kastanienbier fließt, für die Kinder gibt's Lutschkastanien. Die Restaurantköche des Tals fabrizieren authentische Speisen für Touristen. Die meisten Maronen jedoch, kiloweise Tradition, frisst das Vieh.

Das Tal ist randvoll mit Nebel. Wir können vielleicht zehn Meter weit sehen, aber es gibt weder ein «Unter uns» noch ein «Über uns». Leicht gebückt tauchen wir von Waldstück zu Waldstück. Das dichte Kastanienlaub schirmt den Nebel ab, jedoch bringt es auch eine beharrliche Dunkelheit hervor. Nach Wochen in Weite und Licht löst das Nicht-sehen-Können eine Art Katerstimmung in uns aus.

Die Baumkronen triefen. Auch im Wald kommt von überall her braunes Wasser. Es nimmt die gleichen Wege wie wir, treibt uns auf den Pfaden abwärts oder stürzt uns beim Aufstieg entgegen. Wir schwitzen unter den Regenjacken, öffnen vorsichtig, nur ein Stück, die Luftlöcher unter den Achseln. Unsere Köpfe stecken tief in den Kapuzen. Wir müssen die Körper zueinanderdrehen, um gegen das Rauschen und Plätschern anreden, um uns gegenseitig verstehen zu können. Wir sind wie U-Boote. Unterwegs in einer anderen Sphäre, aber doch von ihr abgeschirmt.

Wir ahnen nur, dass die Alpen jetzt anders aussehen als bislang. Die Pflanzen stehen dichter. Sie haben dickere Stiele und größere Blätter. Die Wege sind weicher und durch Wegränder begrenzt. Das Bergmaterial hat eine kräftigere Farbe. Die Menschen, die einst die Kastanien aus den Hainen ins Tal trugen, haben an steilen Passagen aus Felssteinen Stufen gebaut. Wir müssen achtgeben, um nicht abzurutschen, setzen die Füße quer zum Gefälle. Heidi bleibt stehen, um zu fotografieren. Ich balanciere an ihr vorbei. Vielleicht werden wir die Bilder von heute nie ohne Abschiedsschmerz betrachten. Vielleicht werden wir es bedauern, verkatert unter dem gigantischen Naturschauspiel hinweggetaucht zu sein. Man kann nie wissen. Wie viel Regen muss fallen, bis auch eine Felssteintreppe bergab fließt? Heidi hat sich, seit ich sie überholt habe, nicht bewegt. Sie steht wie angewurzelt über mir.

Ab heute wird es überhaupt keine Bilder mehr geben.

Heidis Regenjacke funktioniert wie versprochen. Sie ist dicht. Doch das Wasser muss irgendwohin. Es sammelt sich in den Falten auf den Schultern und läuft in Rinnsalen an ihr herab, so wie auf den Pfaden im Wald. Einen, vielleicht zwei Millimeter des Reißverschlusses der linken Jackentasche hat sie versehentlich offen gelassen. Das Rinnsal hat dieses Loch gefunden, ist eingedrungen und hat einen Stausee gebildet. In diesem See schwimmt Heidis Fotoapparat.

Es ist seltsam. Einmal wurde ich in einer dunklen Berliner Nacht von einem noch dunkleren Schatten festgehalten und an die Hauswand gedrängt. Ich habe gefuchtelt, getreten und gezetert, aber nicht um Hilfe gerufen. Ein andermal hörte ich, zu Hause an meinem Schreibtisch sitzend, eine Diele knarren. Ich drehte mich um. Der Einbrecher mit Strickmaske stand direkt hinter mir. Ich duckte mich nicht weg. Ich hab nicht geschrien. Ich fragte nur: Was machst du denn hier? Es ist seltsam. Heidi weiß, dass ein elektronisches Gerät sogar ein Vollbad in der Jackentasche unbeschadet überstehen kann, wenn man es zunächst trocknen lässt. Dass man es bis dahin jedoch keinesfalls einschalten sollte. Die Hoffnung, dass eine Situation nicht so schlecht ist, wie sie aussieht, ist eher parat als das Wissen darüber, wie man sie überstehen kann. Kaum fischt Heidi den Fotoapparat aus dem Wasser, macht sie ihn auch schon an. Er nutzt seine letzte Kraft, um sich blinkend von ihr zu verabschieden.

Wir steigen ab nach Castasegna in das letzte Stück Schweiz. Heidi rutscht ein paarmal aus. Sie flucht nicht. Sie macht keinen Bogen um Hindernisse. Sie taucht nicht mehr, sie treibt. Heidi denkt an Geld. Daran, was der leichte und doch vielseitige Fotoapparat gekostet hat, den sie extra für unsere Gebirgstour gekauft hat. Daran, dass wir in den Alpen viel mehr ausgeben mussten, als wir geplant hatten. Sie denkt daran, worüber wir im Glück der letzten Wochen wohlweislich nicht gesprochen haben: dass alles seinen Preis hat.

Wir finden einen Gemischtwarenladen. Im Hinterraum stehen Tische, an denen Kaffee und Backwaren serviert werden. Wir treten über die Veranda ein, um den Verkaufsraum nicht nass zu machen. Heidi nimmt den Fotoapparat auseinander, setzt ihn wieder zusammen und bittet darum, ihn auf die heiße Espressomaschine legen zu dürfen. Der Verkäufer spricht Italienisch. Wir starren aus der Veranda ins Unwetter, die Pfützen unter unseren Stühlen wachsen, wir geben dem Apparat auf der Maschine Zeit, aber es bleibt dabei. Er hat uns verlassen. Etwa eine Stunde später passieren wir kurz hinter Castasegna die Grenze. Die Zollstation ist am Fluss, dort, wo auch die Autostraße verläuft, es ist aber kein Auto zu sehen, nur Nebel und Regen.

Die Lombardei. Italien. Das Land, in dem es nach Espresso riecht und die Zitronen wachsen. Wo das Gebirge ein einziger Südhang ist. Arkadien. Sehnsucht aller Menschen aus dem Norden. Vielleicht kann man das nach ein paar Schritten emotional noch nicht nachvollziehen. Geduldig laufen wir weiter. Dorthin, wo das ganze Wasser fließt und fließt. Immer mit der braunen Meira/Mera. Heidi setzt einen Fuß vor den anderen und weint ohne Unterlass. Wir sind loses Material. Wir werden aus den Alpen gespült.

Da zu sein und dann wieder weg zu sein. Das muss der Mensch zusammen denken. Irgendwie. Wer würde nicht gern Spuren hinterlassen. Es gibt zwei Männer, deren Fährten ich in den Alpen aufgenommen habe. Vielleicht, weil sie mich aus den Alpen hinausführen.

Der eine Mann, Gerhard Baur, lebt im Allgäu. Ich habe nie vor seiner Tür gestanden, mich nur fürs Telefon mit ihm verabredet. Zum Glück. Denn er hat unsere Verabredung immer wieder platzen lassen. Der Grund war das Wetter. Bei schönem Wetter telefoniert Baur nicht, weil er dann arbeitet. Ich fand das einleuchtend. Jedoch war es mir nicht möglich, die Vorhersagen zu studieren und dadurch herauszufinden, wann ich ihn denn nun sprechen kann. Schöne Sommertage zum Beispiel konnten für ihn tödlich sein, trister grauer Himmel ideal, unfreundlicher Nachtfrost Bedingung. Beim Wetter ist es wie mit dem Berg. Es wird mit Attributen belegt, dabei besteht es aus Details.

Von Gerhard Baur gibt es Fotos. Auf denen trägt er in etwa immer die gleiche Kleidung: feste Bergschuhe, eine derbe Hose, einen Fleecepulli oder ein kariertes Hemd, dessen lange Ärmel er hochkrempeln und festknöpfen kann, eine Fleeceweste drüber, Halstuch. Er trägt auch immer eine Filmkamera. Meist liegt sie schwer auf seiner rechten Schulter, sodass er sich im Stand ein wenig biegt. Baur hat in den Bergen über siebzig Filme gedreht. Er hat die Kamera auf den dritthöchsten Gipfel der Erde geschleppt, in Dokumentationen von berühmten und tragischen Besteigungen erzählt. Für den Spielfilm «Schrei aus Stein», den Werner Herzog nach einer Idee von Reinhold Messner drehte, stieg er für die gefährlichen Kletterszenen in Südamerika mit der Kamera in die Felswand. Fast alle seiner Filme wurden mit internationalen Preisen ausgezeichnet. Baur wurde 1947 am Bodensee geboren, mittlerweile hat er weißes Haar. Es heißt, er sei mit seiner Arbeit unzählige Male am Gipfel angekommen. Doch wenn er erzählt, wie es auf seinen Bergtouren war, wenn seine Kamerabilder Spuren legen, bleibt er vor allem unterhalb der Gipfel. Dann erfährt man viel vom Umkehren.

Baur war knapp zwanzig, als er mit einem Freund kletterbereit am Fuße des Eiger stand. Er legte den Kopf in den Nacken, schaute die Nordwand hoch. All die Geschichten von Heldentum und Todesverachtung, den mythischen Stoff, aus dem diese Wand bestand, konnte er nicht sehen. Er war enttäuscht. Und er war noch 24 Stunden von der wichtigsten Erkenntnis seines Lebens entfernt. Am warmen, sonnigen Nachmittag schüttete der Eiger Schmelzwasser voller Geröll über ihm aus. In der Nacht ließ er den durchnässten Kletterer in seinem Biwak in der Wand frieren. Und am nächsten Morgen zeigte er ihm, wie furchtbar er sich nach einem Wetterumsturz benimmt. Baur und sein Freund hatten Glück und schafften den Abstieg. Er wusste: Die Geschichten vom Berg kannst du vergessen. Du musst die Details kennen.

1970 war Gerhard Baur Teilnehmer und Kameramann der deutschen Expedition zum Nanga Parbat im Westhimalaja. Nach wochenlangem Warten auf gutes Wetter betrachtete er den vielen Neuschnee, registrierte seine Halsschmerzen, resümierte seine Kräfte und entschied im letzten Basislager auf 7000 Metern Höhe, nicht zum Gipfel aufzusteigen. Reinhold Messner zog los und überschritt den Berg. Sein Bruder Günther folgte ihm und kam ums Leben. Gerhard Baur drehte damals erst seit zwei Jahren Filme. Das, was der Mensch mit den Worten Triumph und Niederlage als klare Gegensätze beschreibt, liegt in seinen Bildern seither dicht beisammen. Glück kann bei Baur nicht erstrebt und Scheitern nicht verhindert werden wie sonst im Leben. «Der Berg ist einfach nur, was er ist», sagt er.

1983 war Baur wieder am Eiger. Er drehte einen Film über die vier Männer, die im Juli 1936 versucht hatten, die Nordwand zu durchsteigen. Der Österreicher Edi Rainer war erfroren und sein Landsmann Willi Angerer von Seilschlaufen stranguliert worden. Der Deutsche Andreas Hinterstoisser war abgestürzt. Sein Kamerad Toni Kurz hatte vergeblich versucht, sich aus

3350 Metern abzuseilen, und war, fast in Reichweite der bereitstehenden Rettungskräfte, den Erschöpfungstod gestorben. Das Ereignis wurde eine Tragödie genannt. Man sprach vom Eiger wie von großem Theater und göttlichem Zorn. Baur wollte auf andere Weise davon erzählen.

Mittlerweile war er mit den Einzelheiten der Wand vertraut. Niemals stieg er mit seinem Team an warmen, sonnigen Tagen ein. Er kannte die Orte, an denen sie sich nur kurz aufhalten, und die, an denen sie sich lieber gar nicht aufhalten sollten. Er wusste, an welcher Stelle nachts unter null Grad sein musste, damit die Wand überhaupt begehbar war. In der Nacht brachen sie auf, Baur hatte die Kamera im Rucksack. Am Vormittag hing er gesichert überm Abgrund, schlug mitunter wie ein Uhrenpendel am Querseil aus. Spätestens um zwei waren sie wieder draußen, da es unter der steilstehenden Sonne zu gefährlich wurde. Als eines Tages das Wetter umschlug, brach er die Dreharbeiten sofort ab.

Da stand er also erneut am Fuß des Eiger. Wartete auf besseres Wetter und entdeckte dabei auf einer Wiese ein vom Wind umgewehtes Zelt. Wieder legte er den Kopf in den Nacken. War da noch jemand in der Wand? Im dichten Nebel konnte er kaum sehen. Als das Zelt nach sechs stürmischen Tagen immer noch dastand, alarmierte er die Bergwacht in Grindelwald. Noch zwei Nebeltage vergingen, ehe ein Hubschrauber mit Rettern starten konnte. Sie hatten Leichensäcke dabei. Die Kletterer, die sie im Schneefeld auf 2700 Metern Höhe entdeckten, waren so alt, wie Gerhard Baur einst bei seinem Nordwandversuch gewesen war. Sie saßen seit neun Tagen in der Wand fest, ein Meter Neuschnee war auf sie gefallen. Während einer der Männer leblos im Biwaksack lag, schien es der Hubschrauberbesatzung aus der Ferne so, als würde sich der andere bewegen. Der 19-jährige Thomas Burger hatte 34 Grad

Körpertemperatur. Er spürte nichts mehr und halluzinierte. Am Tag zuvor hatte er den Freund neben sich im Schnee zum letzten Mal vergeblich angesprochen. Im Körper von Holger Wendel waren noch 24 Grad. Zum ersten Mal wurde ein Arzt in der Eiger-Nordwand abgesetzt. Er fand in dem 17-Jährigen noch einen Funken Leben. In einem Netz, das am Hubschrauber hing, wurde der Junge geborgen. Jede Bewegung konnte zum Herzstillstand führen. Auch er überlebte. Die Bergretter sagten: «Wir haben die beiden dem Teufel vom Karren geholt.» Im Film, mit dem Gerhard Baur das Ereignis unpathetisch und detailgetreu nacherzählt, sagt Thomas Burger: «Wir dachten, die Eigerwand gehört uns, aber eigentlich gehörten wir ihr.»

2004 fuhr Baur noch einmal mit einer Expedition zum Nanga Parbat, um mit der Kamera auch von diesem Berg auf seine Weise zu erzählen. Vom Basislager aus sah er in der Ferne im Gipfelbereich einen Punkt, der plötzlich wie ein Stern vom Himmel fiel und dann im Schnee liegen blieb. Wieder war einer seiner Kameraden abgestürzt. «Schicksalsberg der Deutschen» wird der Nanga Parbat genannt. Gerhard Baurs Kamera sagt: Ein Berg ist weder gut noch böse, ein Stein fällt, wenn er fällt, egal, ob ein Mensch in der Wand ist oder nicht. Sie nimmt unfassbare Steilheit wahr und fängt beängstigenden Abgrund ein. Weite, in der ein Mensch auf zwei Beinen stehen und zugleich mit einem Schritt augenblicklich für immer verschwinden kann. Sollen wir den Abgestürzten einen Helden oder einen Dummkopf nennen? Sollen wir herausfinden, ob er vor seinem Tod noch den Gipfel erreicht hat oder nicht? Baurs Kamera hilft da nicht weiter. Sie rät zu Erfahrungen statt zu Geschichten, plädiert dafür, Details mehr zu achten als eine Meinung. Grundsätzlich.

Bevor der andere Mann, der Österreicher Andy Holzer, mir von seinem Berg erzählte, hatte ich im Internet ein Foto des

Massivs herausgesucht, das nun vor mir lag. Stück für Stück folgte meine Fingerspitze seinen Beschreibungen und bewegte sich über steile Wände und schwierige Passagen. Ich dachte, ich bräuchte dieses Bild, um mich zu orientieren, denn ich sollte etwas über Holzers Berg schreiben. Fürsorglich fragte er: «Haben Sie die Stelle gefunden? Alles klar? Können wir weitermachen?» Das war absurd. Denn der 1966 geborene Andreas Josef Holzer mit dem schulterlangen, blonden Haar und den langen, schmalen Fingern ist von Geburt an blind. Er hatte den Berg, über den er mich so sicher führte, nie gesehen.

Wie sehen sie aus?, hat er, als er noch ein Junge war, die Leute zu Hause in Osttirol gefragt. Sie blickten vierzig Luftlinienkilometer in südwestliche Richtung und sagten: Wie ein Dreizack. Oder: Wie drei Finger, in die Höhe gestreckt. Die Drei Zinnen, der Gebirgsstock in den Dolomiten, aus dem die Felsen Große Zinne, Westliche Zinne, Kleine Zinne ragen, bestanden aus den Worten, die man Holzer gab. Mit Hilfe der Worte machte er sich ein Bild: Aus einer saftig grünen Wiese mit Schafen ragen drei glatte Felsnadeln auf. Er trug es im Kopf mit sich herum.

Er war über dreißig, da fuhr er mit Kletterkameraden hin. Sie parkten an der Südseite des Massivs, er setzte den Fuß aus dem Auto, schon war sein Bild kaputt. Denn unter den Sohlen war keine Wiese, sondern Geröll. Auch das mit den Felsnadeln stimmte nicht. Holzer spürte die Aura einer steilen Wand, der Großen Zinne, an der sie vorbeiliefen. Da war ein dominanter Geruch. Das Geräusch von fallenden Steinen. Die Wand bestand aus Präsenz und Masse. Schließlich legte Holzer seine Hand an den Berg. Er sagt: «Das waren nicht meine Dolomiten, so wie ich sie kannte.»

Sie kletterten auf die Kleine Zinne. Die Hände des blinden Bergsteigers griffen an fast unnatürlich geformtes Gestein, an

300

flache, polierte Flächen, die wie Bänke im rechten Winkel zum Fels standen. Alle Kanten waren exakt beschnitten und entgratet, als hätte sie ein Mensch mit einer Maschine bearbeitet. Holzer konnte sich nicht schneiden wie an anderen Felsen der Dolomiten, es fehlten aber auch die Risse und das Raue, die einen Berg griffiger machen. Kletternd vervollständigte er sein neues Bild. Registrierte den Sonnenstand. Hörte, wie die Luft pfiff, wenn irgendwo eine Kante aufragte. Spürte, wie die Große Zinne den Westwind abhielt. Schnalzte mit der Zunge, um zu erfahren, von wo das Geräusch zurückkam. Hörte Sand rieseln, hörte einen Bach, Wasser, Kuhglocken, Kirchenglocken.

Später wollte er die Nordwand der Großen Zinne hoch. Wieder gab man ihm Worte. Und Zahlen: 17 Seillängen, 600 Meter, 35 Meter überhängende Wand. Er trainierte im Klettergarten, dann stand er am Wandfuß und fühlte sich wie im Dunkel einer kühlen, feuchten Kathedrale. Seine Kletterschuhe fanden kaum Halt. Sie quietschten auf dem Gestein. Er musste mit aller Kraft sein ganzes Gewicht aufbringen. Er hörte Seilbewegungen, den Partner schnaufen. Der Berg ließ sich auf besondere Weise anpacken. Er gestattete kaum Untergriffe, bei denen die Finger nach oben zeigen, ein paar mehr Seitgriffe, so wie an der Schiebetür eines VW-Busses. Meist musste Holzer die Hände flach auflegen. «Wenn man mir Knete geben würde», sagt er, «könnte ich die Große Zinne ziemlich genau nachformen.»

Nach unserem Gespräch hat Holzer seine Aussagen zum Berg immer weiter vervollständigt. Er schrieb Mails, präzisierte Oberflächen, nuancierte einen Geschmack, verfeinerte Töne und Gerüche. Immer wieder stampfte er seine Knete zusammen, um sie noch besser zu formen. Andy Holzer braucht länger, bis er einen Berg kennt. Man nennt das Nachteil. Er investiert. Kraft, Ausdauer, Zeit und alle ihm zur Verfügung stehenden Sinne. Ich war nie an den Drei Zinnen. Sie sind das Alpenmassiv, das ich am besten kenne. Holzer hatte schon eine ganze Weile mit mir gesprochen, als ich die Fingerspitze vom Internetfoto hob, dann das Bild gänzlich beiseitelegte. Ein Nachteil ist, wenn man hinschauen kann. Wenn man sagen kann: Ich hab's gesehen.

Wir ziehen uns immer wieder um. Regenkleider an, Regenkleider aus. Auch wenn der Himmel Pause macht, reißen die Wasserfransen, die von den Bergwänden hängen, nicht ab. Der Pegel der Mera steigt. In Chiavenna, wo die Häuser so dicht am Fluss stehen, dass die Fassaden zugleich das Ufer bilden, schäumt sie braun und unappetitlich gegen die unteren Fenster. Die Stadt liegt im Tal wie am Boden eines Trichters, 333 Meter überm Meer. Über jedem Hausdach, das man in den Blick nimmt, ragt ein Berg auf. Ob Reisende über den Splügenpass, über den Septimerpass oder den Julierpass kamen, alle rasteten sie in den engen, schattigen Gassen von Chiavenna in noch 25 Kilometern Entfernung zum Lago di Como. Etwas mehr als 7000 Menschen leben heute hier. Sie sind Mitglied der «Cittàslow». Die Bewegung kam 1999 in Italien auf, mittlerweile folgen ihr auch andere europäische Städte, darunter Orte in Deutschland. Die «Cittàslow» ist wie ein Vater, der fest zugreift und schützend sein Kind in die Höhe hält, wenn eine große Welle über den Erdboden schwappt. Sie will verhindern, dass die Städte des Kontinents einander immer mehr gleichen. Dass Franchise-Unternehmen Europa amerikanisieren. Dass der Mensch zwar Europa bereisen kann, doch überall lediglich in einer anderen Sprache vorfindet, was er in der eigenen auch schon kennt. Die «Cittàslow» ist die Mutter, die ununterbrochen auf ihr Kind einredet. Sie gebraucht großartige Begriffe: kulturelle Vielfalt, eigene Werte, regionale Besonderheiten. Sie ist eine Hoffnung.

Wir schlüpfen im Hotel «Flora» unter, bekommen aber nur zwei Einzelzimmer. Auf dem gefliesten Fußboden im kleinen Verschlag am Flurende der zweiten Etage trieft mein Rucksack. Jedem Möbelstück, jedem Nagel, jeder Klinke, jedem Haken im Bad, selbst der von Kalkstein befallenen Duschkabine stülpe ich Kleidungsstücke über. Nicht nur, was ich am Leib getragen habe, ist nass. Je mehr Utensilien in jämmerlicher Verfassung auftauchen – ein beschlagener Kompass, ein triefendes Erste-Hilfe-Set, ein aufgeweichter Reisepass –, desto untrüglicher wird meine Vorahnung: Bei mir hat's ebenfalls reingeregnet! Schlimmer: Ich weiß auch schon, wo.

Die Innentasche am Rückenteil des Rucksacks war mein Safe. Dicht am Körper lagerten, in Folie verpackt, all meine Notizbücher. Ich habe mich perfekt gekleidet und mein Gepäck mit der Regenhaut gesichert. Aber ich habe die Schultergurte, die mich in der Hitze der letzten Wochen immer wieder malträtiert haben, nicht wieder enger gestellt. Das Wasser hat sich Zugang verschafft und die leichtgewichtigen Hefte aus dünnem Papier zu Klumpen aufgeschwemmt. Wenn ich sie anfasse, tropfen sie blau. Das Blau ist der Stoff aus fast zwei Kugelschreiberminen. Alles, was mir unterwegs in den Alpen eingefallen ist. Als Heidi übern Flur kommt und bei mir anklopft, hört sie schon den Fön. Sie wundert sich nicht. Nicht heute. Wir halten uns in den Armen.

Schweigend ziehen wir durch Chiavenna. Auf der Piazza Pestalozzi stehen Palmen. Alle Fensterläden sind gespreizt. Tatsächlich bringt die Septemberabendsonne im Süden selbst hinter Wolken Licht zustande, das Schatten wirft. Es regnet nicht mehr. Aber der graue Himmel hängt tief. Auf den Höhen ringsum hat er seinen Ballast abgelegt. Nicht weit über den Dächern der Stadt verschwinden die Berge in grauen Wolken. Das Wetter macht wohl lediglich Pause. Wir müssten mal etwas essen. Wir trinken. Das Bier heißt «Moretti» und kostet 4,50 Euro. «Calanda» gab's für 2,70 Schweizer Franken, das ist weniger als die Hälfte. Als ich in mein Hotelzimmer zurückkehre, sind die Fensterscheiben beschlagen. Ich öffne beide Fensterflügel, setze mich auf den Boden und ziehe, eine nach der anderen, die feuchten Seiten der Notizhefte auseinander. Es gelingt mir, so zu verfahren, dass das Papier nicht reißt. Schon den ganzen Abend frage ich mich, wie ich in meinem Kopf die Gedanken aufbewahre. Deponiere ich sie nach einem Prinzip? Oder lege ich sie einfach ab, wie sie kommen? Sind sie dann möglicherweise nach dem Datum sortiert? Draußen fängt es wieder an zu regnen. Sind wichtige Gedanken schwerer und sacken ganz nach unten? Komme ich an ganz unten vielleicht sogar besser ran? Und was ist mit all dem, was nur gestern wichtig war und heute nicht mehr?

Manchmal ist von zwei Seiten, die ich voneinander gelöst habe, eine leer. Das Geschriebene klebt auf der anderen Seite, die dadurch auch unlesbar ist. Ich wusste gar nicht, dass ich in der Lage bin, so millimetergenau Unheil anzurichten. Ich rolle die Außenkanten der Seiten nach innen, baue aus unserer Alpenüberquerung Fächer und föne. Weit nach Mitternacht liege ich da und kann nicht schlafen. Ich mache das Licht an, föne, lösche das Licht. Ich mag es, im Bett zu sein, wenn es draußen in Strömen regnet. Eigentlich. Heidi fehlt mir. Ich wälze mich, mache erneut das Licht an und föne so lange, bis ich Schillers «Wilhelm Tell» ausgelesen habe. Er hat den Tag als Einziger unbeschadet überstanden.

Einundzwanzigster Tag:
Von Chiavenna zum Lago di Como

Es ist bestimmt nicht leicht, an der Eingangspforte zum Paradies zu leben. Zitronen hin oder her. In Chiavenna zu leben bringt nur frustrierende Begegnungen. Wer hier aufschlägt, hat es geradewegs über die Alpen geschafft. Die Stadt ist voll von Siegern, aber kein Sieger ist von hier. Wahrscheinlich ist man deshalb auf «Cittàslow», auf den Gedanken der Entschleunigung gekommen. Erst mal Ruhe bewahren. Eine Idee ist immer gut.

Eigentlich bräuchte man die Gäste nur mal in den Arm zu nehmen, damit sie eine weitere Nacht bleiben. Aber nein. An der Wendeltreppe des «Flora», über die sie, ausstaffiert für den Marschtag, der scheinbar einer mit besserem Wetter wird, in den Frühstücksraum gehen, liegt ein großes, bekrakeltes Blatt Papier, unterschrieben vom Vizechef des Hauses: *Keine Wanderschuhe im Hotel.*

Auf der Via Roma wandern wir aus Chiavenna hinaus. Hinter der Stadt zieht sich das Valchiavenna bis zum Lago di Como. Im Westen steigt das Gelände nach und nach bis auf zweieinhalbtausend Meter an, im Osten stehen mehrere Drei- und ein Viertausender der Berninagruppe, in der Talsohle fließt die Mera. Beiderseits des Flusses, auf einer Breite von bis zu zweieinhalb Kilometern und auf über zwanzig Kilometern Länge, ist das Land auf der Karte nicht eingezeichnet. Bis auf das Schwarz für ein paar Häuser und das Blau für die Wasserläufe fehlt dem Tal die Farbe. Es ist nicht mit Weiß ausgestattet worden, sondern mit nichts. Es hat Boden, den man betreten kann, aber der gehört hier nicht her.

Es kann nicht immer so gewesen sein, dass das Regenwasser aus dem Gebirge so viel Sand und Gestein mit sich gerissen hat, aber in den letzten tausend Jahren waren die Mera und die anderen Flüsse bei Regen so braun wie gestern. Hier in der Tiefe, kurz bevor die Alpen zu Ende sind, lagert der ausgespülte Boden der vom Menschen unbewirtschafteten Alpwiesen.

Einst konnte man mit dem Schiff über eine Seenkette von Chiavenna bis zum Südufer des Lago di Como fahren. Heute gibt es hier nur noch die Mera, dann eine namenlose Pfütze, die mal ein See war und Lago di Chiavenna hieß. Im Hafen von Riva am Nordufer landeten noch im 19. Jahrhundert Schiffe mit Händlern und Reisenden aus dem Süden. Anderthalb Kilometer südlich der Pfütze liegt der Lago di Mexxola. Auch ihn schüttet die Mera immer weiter zu, unterstützt durch die Adda, die aus den Rätischen Alpen kommt und Sand und Gestein mitbringt. Der Lago di Mexxola ist nur noch 50 Meter tief und bereits mehrere Kilometer vom Lago di Como abgeschnitten, nur noch die Mera verbindet die Seen.

Unser Weg ist beschwerlicher als gedacht. Die 25 Kilometer ziehen sich hin. Wir laufen am Hang rechts vom Fluss bergauf, dann müssen wir wieder absteigen, aber eigentlich wissen wir nicht, was wir müssen. Auf der Schweizer Wanderkarte sind, seit wir die Schweiz verlassen haben, keine Wege mehr eingezeichnet. Der Italiener hält es mit den Markierungen wie mit dem Alpenterrain, das wir durchschreiten: Er kümmert sich nicht drum. Wir kommen durch Dörfer, in denen kein Mensch mehr lebt. Steinerne, zerfallende Geisterorte. Die Spuren der Bewohner, Treppen und kleine Mauern, Weinstöcke und Vorgärten, Heiligenstatuen und kleine Bergkirchen verleibt sich die Natur ein. Alles ist überwuchert. Sind die Menschen alle auf einmal von hier fortgegangen? Haben manche Dorfbewohner noch lange gewartet und gehofft, dass der Staat ihnen beim Überleben am Berg hilft? Wir klettern über das, was mal war, hinweg. Krabbeln unter umgeknickten Pfählen der Rebstöcke hindurch. Das Wetter wird besser. Es regnet nicht mehr, aber immer noch kommt aus den Höhen das Wasser. Mitunter waten wir knöcheltief. Eine fast unerträglich feuchte Hitze steht im Tal.

In den vergangenen Wochen hatten wir es oft nötig, auf die Uhr zu schauen, aber wir haben nie so oft geschaut wie heute. Die Reise geht zu Ende, und das schnöde Alltagsdenken hat uns zurück. Wir wollen den perfekten Zieleinlauf. Wir wollen in der Nachmittagssonne am Lago di Como eintreffen. Doch wir kommen nicht schnell genug voran. Also machen wir Tempo. Wir veranstalten ein Rennen. Schon aus der Ferne sehen wir, wie sich streunende Hunde zusammenrotten. Sie stürzen mit Gebell auf uns zu. Doch wir haben keine Zeit, uns der Angst hinzugeben. Wir fuchteln mit den Wanderstöcken. Die Hunde kommen aus einer Siedlung in der Tiefe nahe beim Fluss. Wir finden die schwarzen Häuser auf der Karte. Der See ist noch weit. Heidis Schweigen hat wohl dieselbe Bedeutung wie meins: Wir schaffen es nicht. In der Siedlung gibt's sogar einen Laden. Ich kaufe Kraft. Luft holen, ein Biss, Luft holen, ein Biss. Ich verspeise alle vier Bananen hintereinander. Liegt es noch in unserer Macht, ein gutes Finish hinzukriegen? Fließt die Mera schneller, als wir laufen? Jedenfalls wirft sie ihren braunen Ballast ab. Früher war hier ein einziger klarer See.

Wir sind in Lindau mit dem Schiff gestartet.

«Am Ende ein Schiff», sagt Heidi. «Das wäre toll.»

Am Ende sind die Alpen nicht mehr zu retten.

Vielleicht sollte man das nicht so sagen. Aber dann sollte man auch begründen, worauf der Glaube an Rettung beruht. Nach allem, was ich gesehen, gehört und gelesen habe, kann ich das nicht. Aber ich muss präzisieren: Das Gebirge wird stehen. Es wird immer da sein, mitten in Europa. Doch ist es vielerorts schon heute nicht mehr das Gebirge, in dem wir ankommen wollen, wenn wir in die Alpen aufbrechen.

Wann immer ich in den letzten Wochen die Gelegenheit hatte, eine Ansichtskarte zu verschicken, habe ich aus dem breiten Angebot an Motiven die nahezu antiquierten herausgegriffen. Ein Mann bläst auf der Höhe ins Alphorn, seine drei Kinder tragen Trachten, im Gras liegt die Kuh, die ganz offensichtlich mit zur Familie gehört. Ein Hirte liegt im Gras, eine Sennerin steht mit dem massigen Berner Sennenhund auf der Alp. Nicht nur die Motive waren veraltet, auch die Fotografien waren von vorgestern. Ich habe schlecht ausgeleuchtete Alpengrüße in blassen Farben verschickt, einfach weil ich Spaß dran hatte. Ich bilde mir ein, nicht darüber nachgedacht zu haben, was ich tue, gleichwohl habe ich vorsätzlich gelogen. Ich habe so getan, als wäre ich nicht in der Wirklichkeit, sondern weit weg. Ganz woanders.

Im Jahr 2005 hangelten sich Männer in roter Arbeitskleidung angegurtet übers Gotthardmassiv wie Fensterputzer über Fassaden von Großstadthochhäusern. Auf knapp 3000 Metern zurrten sie eine 2500 Quadratmeter große Spezialfolie fest. Der Gurschengletscher lag nun unter einer Decke aus weißem Fleece. Sie reflektierte die Sonnenstrahlen und hinderte das Eis am Schmelzen. Seither werden im Sommer auch anderswo in der Schweiz, ebenso in Österreich und Deutschland Gletscher mit Kunststoff-, Hanf- oder Wollgewebe bedeckt. Die Betreiber der Skilifte und anderer Wintersporteinrichtungen am Pitztaler Gletscher in Tirol orderten vor Jahren riesige Matten und deckten sechs Hektar des Eisfeldes ab. Sie gaben dafür 100 000 Euro aus. Tatsächlich schmolz das Eis nicht mehr so schnell wie in den Jahren zuvor. Fürs Gebirge sind die Zudecken dennoch kein Erfolg. Sie verhindern, dass die Steilabfahrten übers Gletschereis und die bequemen Schneerampen an Bergbahnstationen weiter rasant schmelzen. Sie sind erbärmlich. Sie offenbaren, wie sehr sich der Mensch um seine Skigebiete sorgt. Sein Engagement zielt nicht aufs Gebirge.

Es gibt den Natur- und Umweltschutz. Im letzten Drittel des 20. Jahrhunderts richtete er sich zunächst in Aktionen strikt gegen das rücksichtslose Wirtschaften der Industrie. In den achtziger Jahren, als Umweltprobleme bereits überall auf der Welt erkennbar waren und die Schadensbegrenzung selbst für die Industrie kostspielig wurde, begann sich Europa für die Natur wirklich zu bewegen. 1992 tagte die Umweltkonferenz der UNO in Rio de Janeiro und legte sich auf den Begriff der Nachhaltigkeit fest. Demnach sollte Naturraum fortan nur noch so genutzt werden, dass seine wesentlichen Eigenschaften erhalten bleiben und er auf natürliche Weise den Bestand regenerieren kann. Theoretisch war jetzt klar, dass die Nutzung Grenzen hat. Einigkeit war gefragt, um diese Grenzen zu definieren. Sie ist bis heute nicht hergestellt. Vielmehr hat der Umweltschutz seine Grenzen. Nicht aber die Industrie – und auch nicht der Aktionsradius dessen, was man gemeinhin das Interesse der Gesellschaft nennt.

Die Umwelt zu schützen ist kein normales Handeln. Man hat Feinde und man kämpft. Und der Kampf hat etwas Trauriges. Er basiert auf der unheilvollen Erfahrung mit dem eigenen Lebensraum. Auf dem Verlust von Natur. Der Umweltaktivist legt beschützend die Arme um sie und lässt am liebsten niemanden mehr ran. Schutzgebiete entstehen. Orte, an denen sich der Mensch aus der Natur zurückzieht. Die Kulturlandschaft Alpen jedoch ist ohne den Menschen, der hier lebt und sie bewirtschaftet, nicht zu erhalten. Seit der Jahrtausendwende gibt es im Gebirge wieder Wölfe und Bären. Sie wanderten ein, ließen sich in vom Menschen verlassenen Regionen nieder und drangen bald schon weiter ins Bergland vor. Die Naturschützer zählen die Tiere und jubeln. Die Bergbauern schlagen Alarm. In einer Landschaft, in der ihr Vieh bedroht ist, können sie nicht leben. Die Synthese aus Natur und Kultur, ihre Heimat, ist bedroht.

Und was macht die Politik? Es gibt Alpengemeinden, die einen grenzenlosen Ausbau mit Infrastruktur für Tourismus und Verkehr nicht zulassen, die dafür sorgen, dass die Landwirtschaft und das lokale Gewerbe nicht verdrängt werden. Ende des letzten Jahrtausends verfolgten die Regierungen in den Alpen – jede für sich und grenzüberschreitend – bergspezifische Interessen und Ziele. Jedoch hatte die sogenannte Berggebietspolitik nie den Stellenwert anderer politischer Ressorts. 1989 trafen sich die Umweltminister der Alpenstaaten und der EWG zur 1. Alpenkonferenz in Berchtesgaden. Zwei Jahre später besiegelten sie die Alpenkonvention. Durch das internationale Vertragswerk sollte jede staatliche Maßnahme alpenweit auf nachhaltige Entwicklung ausgerichtet sein. Das Gebirge war jetzt groß und sichtbar. Es existierte von nun an hochoffiziell. Zum ersten Mal überhaupt nahm eine Großregion des Kontinents politische Gestalt an.

Der Durchschnittseuropäer hat von der Alpenkonvention vermutlich nie gehört. In Staaten, die keinen Anteil am Gebirge haben, sind Alpenberge nur Gegenstand von Reiseplänen. In Deutschland wissen wohl nur die Bayern, dass es Bergpolitik gibt. Und auch die Alpenstaaten selber haben ihre liebe Mühe mit der Konvention. Üblicherweise tun sich Touristenregionen nicht zusammen, sondern konkurrieren. Und können die vielen Alpenbewohner, die mittlerweile in den touristischen Zentren leben, überhaupt dieselben Interessen an der Umwelt haben wie Bergbauern? Vertragswerk hin oder her. Spricht das Gebirge noch mit einer Stimme? Gibt es «die Alpen»?

Neuerdings lassen sich sowohl Menschen aus den Alpenstädten als auch von außerhalb als Bauern im Gebirge nieder. Sie betreiben ökologische Landwirtschaft und führen mit neuen Ideen ein Leben jenseits der Industrieregionen. Gleichzeitig geraten die Bergbauern durch die europäische Agrarpolitik mehr und mehr unter Druck, sodass ihnen ein aufwendiges, nachhaltiges Wirtschaften am Berg kaum noch möglich ist. Europa spielt den Starken. Es macht Politik, indem es Prioritäten setzt, die sich in den Alpen auswirken.

Es macht ohnmächtig, die Schuld auf die Politik zu schieben. Es gäbe noch eine weitere Chance für die Alpen: Wir könnten sie anders bedenken. Sie sind keine Ressource für die Industrie, und sie sind nicht der Freizeiterlebnisraum für die arbeitende Bevölkerung. Wir könnten ihnen ihr eigenes Leben zugestehen. Es kann keine vorindustriellen Gebirgsdörfer mehr geben. Aber was die Bergbauernwirtschaft einst alpenweit ausgemacht hat, ist genau das, was wir meinen, wenn wir von Umweltschutz sprechen: die Synthese von Mensch und Natur. Sie beruht auf Prinzipien, die den Menschen zur Zurückhaltung zwingen. Er akzeptiert die Grenzen, in denen er die Natur kleinräumig gestalten und nutzen kann. Er legt nicht fest, wie viel er erwirtschaften kann, sondern sucht und findet das richtige Maß zwischen Über- und Unternutzung. Er bestimmt keine Zeiten, sondern lässt sich auf den Nutzungszeitraum ein, den die Natur ihm bietet. Und er bringt ein erhebliches Maß an Pflege- und Reparaturarbeit auf, weil er langfristig denkt.

Die Alpen die Prämissen setzen lassen. Wenn wir das könnten, würden wir das bekommen, was wir auf den alten Ansichtskarten, in den Fernsehfilmen vom Bergdoktor, auf Erntefesten und in Volksmusikstadeln entdecken. Flüsternd und verschämt würden wir es Heimat nennen.

ᐱᐱ

Auf der Karte finden wir einen kleinen Ort am Nordufer des Lago di Mexxola, einen ganzen weiten Uferweg vom Lago di Como entfernt. Er heißt San Fedelino. Ein einziges Haus ist eingezeichnet. Wir hoffen, dass dort jemand wohnt, der ein Auto besitzt und uns das letzte Stück fährt.

Die Sonne senkt sich schon sichtbar, wir sind verzweifelt. Ich mache es kurz. Wenn man dem Haus, zu dem wir schließlich angehetzt kommen, überhaupt so etwas wie einen Besitzer zuschreiben kann, dann hätten wir knapp zweitausend Jahre früher kommen müssen, um ihn zu treffen. San Fedelino ist eine kleine romanische Kirche. Sie steht auf einer Lichtung mitten im Wald. Der heilige San Fedele wurde, weil er sich auch seinen Glaubensfeinden gegenüber starrköpfig zum Christentum bekannte, an diesem Ort geköpft. Ohne anzuhalten, stürzen wir an dem Bauwerk von kunsthistorischem Wert, das man zu seinem Andenken errichtete, vorbei. Wir haben ein Ziel. Das Gerenne geht weiter.

Aber nicht mehr lange, höchstens noch drei Minuten. Der Weg taucht ins Dickicht, Büsche greifen nach uns, wir verfangen uns im Gras und stolpern – an einen vielleicht zwanzig oder dreißig Meter breiten Sandstrand. Felsen am Ufer rechter Hand, ein Steg und Wasser, in dem unser Weg ans Ziel ertrinkt.

Auf dem Steg stehen zwei Männer. Ich sehe sie erst jetzt, da sie sich abrupt umwenden.

«Braucht ihr ein Schiff?»

Der Mann spricht unsere Sprache. Die Welt ist ein Dorf. Auch wenn das auf Wanderkarten nicht zu erkennen ist. Auch wenn sie einem mit Farben und Linien und Zeichen weismachen, dass man es gar nicht schaffen kann, zu Fuß vom oberen zum unteren Ende zu gelangen. Gar noch über weitere Karten hinwegzustiefeln. Wir sind fast da. Und auf dem See nähert sich das Happy End.

Zwanzig Euro will der italienische Kapitän mit dem silbernen Halskettchen und dem silbernen Handgelenkkettchen von uns haben. Er holt die beiden Männer am Steg ab, aber natürlich kostet es, wenn er uns mitnimmt. Er tänzelt mit den zwei Scheinen über sein kleines Boot, kann sich nicht entscheiden, ob er den Geschäftsmann oder lieber den Macker gibt. Im Hafen von Dascio steigen die Männer aus. Wir sind immer noch auf dem Lago di Mexxola, uns fehlt noch das Stück auf der Mera bis zum Ziel. Nochmal dreißig Euro, sagt der Kapitän. Demonstrativ stülpt er den Benzinkanister über die Tanköffnung und bückt sich tief, als wäre das Betanken Schwerstarbeit. Ein Drittel seines weißen, behaarten Hinterns guckt aus der Jeanshose. Das mit dem Macker hat sich erledigt. Obwohl er uns sogar ans Steuer lässt, sich im Bug aufbaut und uns mit Heidis Handy fotografiert.

Auch der Lago di Como liegt noch inmitten von Bergen. Sie sind nicht mehr so hoch; die paar Wolkenfetzen, die von zwei Tagen Schlechtwetter noch übrig sind, treiben drüber weg. Die Sonne spiegelt sich im See. Bei Gera Lario an der Nordspitze klettern wir vom Schiff auf die Hafenmauer. Ein letztes Mal geht alles nach Plan. Wir legen die Rucksäcke ab und setzen uns ans Ufer. Wir lösen die verknoteten Schnürsenkel und lockern die Schlaufen. Wir ziehen die Schuhe aus und stellen sie in die Sonne. Wir zupfen die Socken von den Füßen, legen sie nebeneinander auf einen Stein, die Socke mit dem L für links neben die Socke mit dem R für rechts. Dann tauchen wir unsere Füße ins Wasser. Ich habe gehört, dass manche Zugvögel auf ihrem Weg vom Norden in den Süden vor den Alpen einen Bogen machen und sie umfliegen. Warum? Ich würde das gern herausfinden. Aber nicht jetzt. Diese Reise ins Unbekannte ist zu Ende.

Quellen

Literatur

Aschwanden, Alexandra: *Maledetto. Stein um Stein, Mensch um Mensch.* Altdorf, 2007

Bätzing, Werner: *Kleines Alpen-Lexikon. Umwelt, Wirtschaft, Kultur.* München, 1997

Bätzing, Werner: *Die Alpen. Geschichte und Zukunft einer europäischen Kulturlandschaft.* München, 2005

Bätzing, Werner: *Orte guten Lebens. Die Alpen jenseits von Übernutzung und Idyll.* Zürich, 2009

Bauer, Ursula; Frischknecht, Jürg: *Auswanderungen. Wegleitung zum Verlassen der Schweiz.* Zürich, 2008

Bellasi, Andreas (Hrsg.): *Höhen, Tiefen, Zauberberge. Literarische Wanderungen in Graubünden.* Zürich, 2004

Couzy, Agnès; Donzel, Catherine; Rasper, Martin; Walter, Marc: *Legendäre Reisen in den Alpen.* München, 2008

Emerson, Ralph Waldo: *Natur.* Zürich, 1988

Ganghofer, Ludwig: *Das Schweigen im Walde.* München, 1982

Ganghofer, Ludwig: *Edelweißkönig.* München, 1919

Goethe, Johann Wolfgang von: *Dichtung und Wahrheit.* Frankfurt am Main und Leipzig, 1975

Haller, Albrecht von: *Die Alpen und andere Gedichte.* Ditzingen, 1986

Hanzig-Bätzing, Evelyn; Bätzing, Werner: *Entgrenzte Welten. Die Verdrängung des Menschen.* Zürich, 2005

Harrer, Heinrich: *Die weiße Spinne. Das große Buch vom Eiger.* Berlin 2008

Herzog, Werner: *Vom Gehen im Eis. München–Paris 23.11. bis 14.12.1974.* Frankfurt am Main, 2009

Horváth, Ödön von: *Sechsunddreißig Stunden. Die Geschichte vom Fräulein Pollinger.* Frankfurt am Main, 1993

Hürlimann, Thomas: «Herr Steinbrück, Sie haben Mundgeruch.» Ein Eidgenosse erklärt die Schweiz, in: Frankfurter Allgemeine Zeitung vom 25. März 2009

Hüser, Andreas: *Wo selbst die Wege nachdenklich werden. Friedrich Nietzsche und der Berg*. Zürich, 2003

Karahasan, Dzevad; Jaroschka, Markus (Hrsg.): *Poetik der Grenze. Über die Grenzen sprechen – Literarische Brücken für Europa*. Graz, 2003

Keller, Gottfried: *Die Leute von Seldwyla*. Berlin und Weimar, 1986

Knittel, John: *Via Mala*. Frankfurt am Main, 2006

Krakauer, John: *In eisige Höhen. Das Drama am Mount Everest*. München und Zürich, 2009

Laudert, Doris: *Mythos Baum. Geschichte, Brauchtum, 40 Baumporträts*. München, 2004

Loquai, Franz (Hrsg.): *Die Alpen. Ein Lesebuch*. München, 2000

Maurer, Jörg: *Föhnlage. Alpenkrimi*. Frankfurt am Main, 2009

McDonald, B.; Amatt, J. (Hrsg.): *Stimmen vom Gipfel*. München, 2004

Messner, Reinhold: *Der nackte Berg. Nanga Parbat – Bruder, Tod und Einsamkeit*. München und Zürich, 2008

Messner, Reinhold: *Westwand. Prinzip Abgrund*. Frankfurt am Main, 2009

Mühsam, Erich: *Ascona. Eine Broschüre*. Berlin, 1978

Petrarca, Francesco: *Die Besteigung des Mont Ventoux*. Frankfurt am Main und Leipzig, 1996

Rakusa, Ilma: *Mehr Meer. Erinnerungspassagen*. Graz und Wien, 2009

Röhrig, Tilman: *Mit Hannibal über die Alpen*. Würzburg 1991

Schiller, Friedrich: *Wilhelm Tell*. Stuttgart, 2000

Seume, Johann Gottfried: *Spaziergang nach Syrakus*. München, 2008

Simpson, Joe: *Sturz ins Leere. Ein Überlebenskampf in den Anden*. München und Zürich, 2008

Staffelbach, Heinz: *Handbuch Schweizer Alpen. Pflanzen, Tiere, Gesteine und Wetter*. Bern, 2008

Stalder, Helmut: *Mythos Gotthard. Was der Pass bedeutet*. Zürich, 2003

Stankiewitz, Karl: *«Ich näherte mich den Gebirgen». Mit Fürsten und Dichtern durch die Alpen*. München, 2009

Stifter, Adalbert: *Bergkristall*. München, 2007

Storm, Theodor: *Immensee*. Berlin, 1986

Strauß, Andrea (Hrsg.): *Alpentreks. 10 Routen über die Alpen*. München 2007

Thoreau, Henry David: *Walden oder Leben in den Wäldern*. Zürich, 1971

Trenker, Luis (Hrsg.): *Wunderwelt der Alpen. Europas höchstes Gebirge hat viele Gesichter*. Gütersloh, 1977

Widmer, Urs: *Schweizer Geschichten.* Zürich, 1977

Wötzel, Rudolf: *Über die Berge zu mir selbst. Ein Banker steigt aus und wagt ein neues Leben.* München, 2009

Zweig, Arnold: *Dialektik der Alpen. Fortschritt und Hemmnis.* Berlin, 1997

Heidi. Magazin. Eine helvetische Spurensuche. Sargans, 2008/2009

«Wann wir schreiten Seit an Seit …». Eine Sammlung von Aufsätzen über Wandern und Jugendherbergen mit vielen schönen Bildern. Reichsverband für deutsche Jugendherbergen Hilchenbach/Westfalen, 1931/32

Filme

Der Berg ruft. Regie: Luis Trenker. Deutschland, 1938

Die Eiger Nordwand. Schauplatz der Tragödien. Regie: Gerhard Baur, 2008

Die weiße Hölle vom Piz Palü. Regie: Arnold Fanck, Georg Wilhelm Pabst. Deutschland, 1929

Eiger Nordwand, durch das Tor des Scheiterns. Regie: Gerhard Baur, 2008

Gesprengte Berge. Krieg in den Alpen 1915–1918. ZDF, 2007

Kohlhiesels Töchter. Regie: Axel von Ambesser. BRD, 1962

Schrei aus Stein. Regie: Werner Herzog. BRD, 1991

Sturz ins Leere. Regie: Kevin Macdonald. Großbritannien, 2003

Via Mala. Regie: Tom Toelle. BRD, 1985

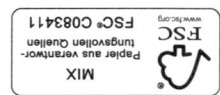